Penguin Books

**Un Four-Pack de Franglais**

Miles Kington was born in 1941, a hundred years to the very month after the birth of *Punch* magazine. The event was received coolly in Britain, but the Americans celebrated immediately by entering the War, with results that we all know. Miles Kington himself celebrated some years later, in the 1960s, when he joined the staff of *Punch* and began the long, slow apprenticeship involved: polishing Mr Coren's shoes, undoing bundles of old jokes, dealing with cartoonists' hangovers, forwarding rude jokes to *Private Eye* and so on. In 1979 he was finally permitted to start his own column, 'Let's Parler Franglais', which was a sincere attempt to drive another wedge between us and France, and the year after that he was permitted to leave the magazine and go independent, which by coincidence is the name of the paper for which he now works.

# Miles Kington

# UN FOUR-PACK DE FRANGLAIS

## Illustrations by Merrily Harpur

Penguin Books

Penguin Books Ltd, 27 Wrights Lane, London W8 5TZ (Publishing and Editorial)
and Harmondsworth, Middlesex, England (Distribution and Warehouse)
Viking Penguin Inc., 40 West 23rd Street, New York, New York 10010, USA
Penguin Books Australia Ltd, Ringwood, Victoria, Australia
Penguin Books Canada Ltd, 2801 John Street, Markham, Ontario, Canada L3R 1B4
Penguin Books (NZ) Ltd, 182–190 Wairau Road, Auckland 10, New Zealand

*Let's Parler Franglais!* first published by Robson Books Ltd 1979
Published in Penguin Books 1981
Copyright © Punch Publications, 1979

*Let's Parler Franglais Again!* first published by Robson Books Ltd 1980
Published in Penguin Books 1982
Copyright © Punch Publications, 1980

*Parlez-Vous Franglais?* first published by Robson Books Ltd 1981
Published in Penguin Books 1983
Copyright © Punch Publications, 1981

*Let's Parler Franglais One More Temps* first published by Robson Books 1982
Published in Penguin Books 1984
Copyright © Punch Publications, 1982

First published in one volume in Penguin Books 1987
Copyright © Punch Publications, 1979, 1980, 1981, 1982, 1987
All rights reserved

The author would like to thank the proprietors of *Punch* magazine for permission to
reproduce the material in this book

Made and printed in Great Britain by
Hazell Watson & Viney Limited,
Member of the BPCC Group, Aylesbury, Bucks

# Contents

# Special Four-Pack Introductory Offer!

Avec ce four-pack de Franglais, nous vous donnons un cast-iron guarantee.
C'est un no-strings attached four-pack!
Oui, nous vous donnons une promise:-

NO competition à entrer
NO libre, give-away lipstick cellotapée au front cover
NO weekend for deux personnes dans un crummy hôtel sur les outskirts de Paris
NO kitchen coûteau offer, An stainless steel, seulement £6.99
NO accompanying Franglais Songbook LP (aussi tape et CD)
NO fiddly coupon à remplir et remettre à la poste avec 18p stamp
NO nothing

Non, ce Franglais four-pack est un no-nonsense, no frills, honnête-à-goodness pack de quatre livres, et rien de plus.
Money back si trouvez un free offer.

Fair play?
Fair play.
Merci.

# Introduction

Ladies, et gentilhommes. C'est un proud moment pour moi. *Un Four-Pack de Franglais* n'est pas seulement un handy petit reading-kit pour un long air-flight ou un blunt weapon, c'est aussi une grande honneur pour moi.

Parce que le four-pack, c'est les Collected Works. Oui, vous avez ici les Collected Works en Franglais de Miles Kington! [*Chorus de "Get on with it!"*] OK, OK, dans un moment. Un petit speech, first.

Quand je dis les Collected Works, ce n'est pas strictement accurate. Il y a un few stray pieces dans *Punch*, trop rotten pour le reprinting. Il y a un few morceaux de Franglais dans des magazines que j'ai perdues, ou qui sont bankrupts. Et j'ai écrit une épisode de Franglais sur un napkin dans un restaurant, et le waiter a fait le clearing away du napkin! Tragique, eh? Money dans le drain. [*Cris de: "Allez au point!"*] OK, OK, patience, patience.

Quand nous surveillons la periode d'histoire couverte par ce four-pack, well, c'est mind-boggling. Dans la decade de Franglais, nous avons eu le Falklands War, l'arrivée de Madonna, l'invention de la disque compacte, l'epidemique d'AIDS, l'epic struggle entre Ronald Reagan et Spitting Image, et ma divorce et remarriage. Beaucoup, beaucoup d'histoire. Et never a mention dans le four-pack! Oui, Franglais n'est pas un boring record de jour-à-jour histoire — c'est une reflexion de la condition humaine. Je ne vous donne pas les facts — je vous donne le truth! [*Chorus de: "Step on it! Nous n'avons pas tout le jour, vous savez!"*]

Pour cette re-édition de Franglais, nous avons inspecté le texte original pour les mistakes, les misprints, les erreurs de fact, etc. Nous avons été scrupuleux. Nous avons passé un fine tooth comb sur les quatre livres. Et puis nous avons pensé: Why bother avec les changements? Better préserver les mistakes originales. C'est plus historique comme ça. Et plus cheap, aussi.

Anyway, maintenant nous venons au crux. Comme vous savez, les shares de Franglais International vont sur l'open market aujourd'hui. Oui, après British Telecom et British Gas, vous avez British Franglais! [*Cheers, whistles, etc.*] Dans un moment, vous pouvez tous faire un headlong rush, avec trampling et rioting, pour acheter vos 100 shares de British Franglais. Et puis faire un quick profit. Moi, je le trouve disgusting. Mais c'est le progrès, je suppose. La privatization, la thatcherization – où va-t-il finir, bon Dieu? [*Screaming, whistling, jeering, cat-calling, etc.*] OK, OK, here we go. Sur vos marques . . . get set . . . allez!

> [*Voulez-vous avoir des shares en British Franglais?*
> *Simplement envoyez une envelope pleine de used*
> *fivers à cette adresse:*
>    Miles Kington
>    Slush Fund Bay
>    Cayman Isles
> *Laissez quelques jours pour une réponse.*
> *Pour etre sur le safe side, laissez quelques années.*
> *Merci.*
> *N'oubliez pas l'argent!*]

# Let's Parler Franglais!

# WARNING

**Ce livre n'est pas suitable pour :–**

1  les schoolteachers
2  les browsers qui n'ont pas l'intention
   d'acheter le livre
3  les touristes qui pensent, wrongly, que
   c'est un genuine phrase book
4  les Français sérieux
5  M. Edouard Heath

Il contient des scènes explicites de contacte entre les langues
françaises et anglaises qui peuvent causer distress, chagrin,
malheur, heartburn, indigestion, travel sickness et insomnie
aux personnes d'un tempérament sensitif.

# Preface

Bonjour.

Parlez-vous Franglais?

C'est un doddle.

Si vous êtes un fluent English-speaker, et si vous avez un 'O' Level français, Franglais est un morceau de gâteau.

Un 'O' Level de French est normalement inutile. Un nothing. Un wash-out. Les habitants de la France ne parlent pas 'O' Level French. Ils ne comprennent pas 'O' Level French. Un 'O' Level en français est un passeport à nowhere.

Mais maintenant "Let's Parler Franglais!" vous offre une occasion d'utiliser votre schoolboy French!

Avec ce livre, vous pouvez être un maître linguistique, amazer vos amis, sentir une nouvelle confiance, développer vos muscles, perdre le flab et attracter les birds.

Pas mal, hein?

Le Franglais n'est pas un gimmick. Il n'est pas un quick-improvement-method. Il est simplement un wonder-new-product qui remplace tous les autres wonder-new-products sur le market. Non, straight up, squire, vous ne le regretterez pas si vous achetez "Let's Parler Franglais". Tell you what, pour vous, pas £6. Pas £5. Pas meme £4.35. Pas £3! *Mais £2.29!*

Je suis crazy. A ce prix, je fais le give-away.

Un copy? Bon. Cash sur le nail. Merci, mate.

Maintenant je vais me rendre scarce.

Voici le fuzz.

Toodle-oo.

# Acknowledgements

L'auteur reconnaît sa gratitude à beaucoup de personnages, trop numéreux à mentionner, mais spéciallement aux suivants:–

Les ambassadeurs de France et d'Angleterre, les producteurs du vin de Bordeaux, M. Pernod, the late Marcel Proust, Kensington Library, le 27 bus, le Wrexham football team, Henri Winterman, the wife, the late *Times* newspaper, Bob, Madge, Rod, Susie, Sharon, Rover le chien et tout le monde à 25 Fairfield Gardens, Alexander Solzhenitsyn pour sa suggestion dans Lesson 24, le Guggenheim Foundation, le Gulbenkian Fund, la Post Office, le monsieur anonyme qui a trouvé mon parapluie, Pierre Boizot, L'IMF, l'Arts Council, the wife, Buckingham Palace, Nicholson's Street Finder, Who's Who (1972), the late Chelsea football team, Fifi (salut, Fifi!), the wife, Alan "Hot Lips" Coren, les producteurs de Fab Greasy Shampoo pour lemony hair, Alphonse Allais, Le Liberal Party Mobile Discotheque, the wife, Pete Odd, Alka Seltzer, la Bibliothèque Nationale de Bulgaria, le Maryon-Davis School of Ballroom Dancing, les producteurs d'un certain product *(continué dans volume 2 de "Let's Parler Franglais!")*.

# Lessons

*Avertissement aux Lecteurs*

# A la Gare

*Guichet:* Oui?

*Client:* Un second class return à Bexleymoor, s'il vous plaît.

*Guichet:* Parlez dans le trou marqué SPEAK HERE s'il vous plaît.

*Client:* Un second class return à Bexleymoor, s'il vous plaît.

*Guichet:* Plus haut.

*Client:* UN SECOND CLASS RETURN A BEXLEYMOOR, S'IL VOUS PLAIT!

*Guichet:* OK, OK, je ne suis pas deaf.

*Client:* Est-ce que je puis acheter un cheap return?

*Guichet:* Ça depend. Vous préférez le Weekend Return, le Mid-Month Special, le Day Rover, le Off-Peak Excursion ou le Limited Gadabout?

*Client:* Je ne sais pas.

*Guichet:* Bleeding enfer. Eh bien, quel train vous voulez prendre?

*Client:* Le 16.32 à Stainforth.

*Guichet:* Il n'y a pas de 16.32 à Stainforth. C'est dans un withdrawn situation, à cause de staff problems. Prenez le 17.05.

*Client:* OK.

*Guichet:* Si vous prenez le 17.05, le Weekend Return et le Mid-Month Special do not apply. Nous avons un très bon Bargain Break à Billericay, à 17.36.

*Client:* Je n'aime pas Billericay. Billericay est le back de beyond. Je veux aller à Bexleymoor.

*Guichet:* OK, OK, vous êtes le boss. Alors, je peux vous offrir un Golden Outing à Bexleymoor, return Monday, seulement £1.56.

*Client:* Terrifique. Et le departure time?

*Guichet:* Yesterday.

*Client:* Et today?

*Guichet:* £15.60, Full Price.

*Client:* Holy Guinness Book of Records!

*Guichet:* Si j'étais vous, je prendrais le Football Special à West Bromwich et tirerais le communication cord à Bexleymoor.

*Client:* Combien?

*Guichet:* £2.80. Plus £25 si vous êtes nicked.

*Client:* OK. Voilà £2.80.

*Guichet:* Environ ruddy time, aussi. La prochaine fois, make your mind up first. Next, s'il vous plaît.

# Dans le Taxi

*Chauffeur:* Marble Arch? Blimey, monsieur, c'est un peu dodgy aujourd'hui. Le traffic est absolument solide. C'est tout à fait murder. Il y a un tailback dans le Bayswater Road de Shepherds'Bush jusqu'à flaming Lancaster Gate, mais si vous avez un couple d'heures spare... Personellement, je blâme le one-way system. Et la police. Le one-way system et la police. Je vous donne un typical exemple—chaque soir à cinq heures Hyde Park Corner est OK, un peu busy j'admets, mais basicallement OK, et puis la police arrive pour diriger le traffic et pouf! il y a un jam almighty *immédiatement.* Flaming flics. Je n'ai rien contre la police, marquez-vous, ils font un job terrifique, et moi je ne serais pas un gendarme pour tout le thé de Chine, mais ils sont un lot de thickies. (*Il sonne le klaxon.*) Maniaque! Excusez mon français, c'était un bleeding minicab. Vous prenez les minicabs quelquefois?

*Client:* Non, je ....

*Chauffeur:* Les minicabs ruinent tout. Un tas de no-hopers. Ils ne peuvent pas distinguer entre un steering wheel et un roulette wheel. Vous faîtes le gambling, vous?

*Client:* Non, je . . . .

*Chauffeur:* J'ai vu des choses, moi. L'autre soir, j'avais un Arabe et vous savez combien il avait perdu? 5,000 flaming livres! Course, pour lui c'est du pocket money. C'est rien pour lui d'acheter un Rolls pour le weekend. Personellement, je blâme le gouvernement—ils n'ont absolument nulle idée de comment l'autre moitié existe. Prenez les taxis, exemple. Combien vous croyez est le cost de keeping ce taxi sur la route, chaque semaine, including le rent et le diesel et les taxes et l'upkeep et la licence et le radio et le cleaning et le wear and tear et l'insurance? Hein? Pouvez-vous faire un guess?

*Client:* Non, je . . . .

*Chauffeur:* Presque 100 nicker! C'est diabolique. Quelquefois je crois que je dois être mad. Personellement, je blâme les noirs. Vous n'êtes pas noir, vous?

*Client:* Non, je . . . .

*Chauffeur:* Ah, voilà, Marble Arch. Merci, monsieur. Et merci. C'est un plaisir d'avoir un peu de conversation intelligente. Au revoir, guv.

23

# Chez le Coiffeur

*Coiffeur:* L'usuel?

*Client:* Oui, merci. Ça va?

*Coiffeur:* Peux pas complain. Et vous?

*Client:* Peux pas complain. Et vous?

*Coiffeur:* Peux pas complain. . . .Vous avez vu le game?

*Client:* Oui, England était shocking.

*Coiffeur:* Ils sont un gang d'old ladies. Ils ne pourraient pas frapper le ball avec leur handbag.

*Client:* Le team du Royal College for the Blind joue better que ça.

*Coiffeur:* Vous avez vu le penalty?

*Client:* Diabolique. La décision du ref était diabolique.

*Coiffeur:* Il me rendit sick.

*Client:* Moi, je vis rouge. . . .Vous avez vu le programme?

*Coiffeur:* Oui. Mike Yarwood était pathétique.

*Client:* Shocking. Je crois que le script fut trouvé dans un dustbin. Incredible.

*Coiffeur:* Et c'est avec notre licence money qu'on fait ça!

*Client:* Quelquefois je pense que les commercials sont meilleurs que les programmes!

*Coiffeur:* Nice one, client. . . .! Vous avez vu les newspapers?

*Client:* Oui. C'est diabolique.

*Coiffeur:* David Owen peut être le pin-up boy du Labour Party—pour moi, il stinke.

*Client:* Le vieux Enoch parle beaucoup de sense, vous savez.

*Coiffeur:* Vous avez un point là. Et voilà! C'est fini.

*Client:* Vous avez mis un peu de Dr Lister's Wonder Sycamore Essence hair tonic?

*Coiffeur:* Oui, m'sieu. Quelque chose pour le weekend, peut-être?

*Client:* Non, merci. Fat chance.

*Coiffeur:* Never say die, m'sieu. Oh, merci beaucoup.

*Client:* Toodle-oo.

*Coiffeur:* Toodle-oo, m'sieu, et mind how you go.

# Le Phone-in Programme

*Brian:* Et maintenant nous allons over à Keith dans Ealing. Vous avez une question, Keith? (*Silence*) Etes-vous là, Keith? Oh, dear. Nous semblons avoir perdu Keith dans Ealing.

*Keith:* Allo?

*Brian:* Ah! Nous avons Keith dans Ealing! Et vous avez une question?

*Keith:* Bonsoir, Brian.

*Brian:* Bonsoir, Keith. (*Silence*) Vous avez une question?

*Keith:* Well, Brian, il faut dire que je suis un long-time listener à votre programme, mais je suis un first-time caller.

*Brian:* Bon, bon. Et vous avez une question?

*Keith:* Je trouve le programme très enjoyable. Je ne suis pas un bon sleeper, Brian, et votre programme me donne une sorte de company.

*Brian:* Je suis glad. Et vous avez une question?

*Keith:* Well, Brian, il me semble que les newspapers . . . at any rate, j'ai lu quelque part dans les newspapers . . . non, c'est Wedgwood Benn . . vous pouvez m'écouter?

*Brian:* Oui. Carry on, Keith.

*Keith:* Well, Brian, un ami à work m'a dit que Brussels a dit au Government que le postman anglais va disparaître. I mean, après 1980 le postman sera illegal. (*Silence*)

*Brian:* Et votre question?

*Keith:* Non, well, I mean, cela me semble not right. C'est un terrible liberty. N'est-ce pas?

*Brian:* It happens que je n'ai pas lu cet item particulier dans les newspapers. Vous êtes sûr? Que le postman va devenir illegal?

*Keith:* Oh, oui.

*Brian:* Well, Keith, si c'est vrai, je suis d'agreement avec vous. Le postman est une institution. Sans le postman, il y aura beaucoup de chiens avec rien à look forward to!

*Keith:* Ce n'est pas le point, Brian. I mean, je suis, moi, personellement, un postman. Je ne veux pas disparaître en 1980.

*Brian:* Bon. Merci, Keith dans Ealing.

*Keith:* J'ai seulement une chose de plus à dire, Brian. Qui blâmez-vous pour le football hooliganism?

*Brian:* Je crois que tout le monde est un peu guilty. C'est un social question.

*Keith:* Because je crois qu'un bon whipping leur ferait un world de good. Quand j'étais un kid, mon père m'a battu chaque jour. Cela a fait un homme de moi.

*Brian:* Merci, Keith, thanks for calling. Et maintenant Elsie dans Lambeth. Vous avez une question, Elsie? (*Silence*)

# Dans le Portobello Road

*Touriste:* Excusez-moi...

*Dealer:* Oui?

*Touriste:* Qu'est-ce que c'est que ce strange device?

*Dealer:* C'est un genuine eighteenth century tortoise shell egg-cutter. C'est très rare.

*Touriste:* C'est exactement comme un eighteenth century shoehorn.

*Dealer:* C'est un egg-cutter-cum-shoehorn. C'est presque unique. Quand je dis eighteenth century, c'est peut-être Georgian. Ou Edwardian. Mais c'est definitely period.

*Touriste:* Le label dit que cela coûte £FR/GH. C'est vieux pence?

*Dealer:* Non, c'est dealer's language.

*Touriste:* Et en tourist language?

*Dealer:* It depends. Vous êtes d'Iran?

*Touriste:* Non. Je suis de Turkey.

*Dealer:* In that case, £30.

*Touriste:* Non, merci.

*Dealer:* OK, £25.

*Touriste:* Non, je regrette.

*Dealer:* Blimey, vous conduisez un hard bargain. Pour vous, £22, et je ne vais pas plus bas. Il m'a coûté £21.50, mate.

*Touriste:* Mmm.... Et cet objet-ci?

*Dealer:* Ça, c'est un genuine hand-made Regency cherry wooden leg, un d'un pair. £30. Ou £25.

*Touriste:* Et cela?

*Dealer:* C'est un genuine antique Victorian travelling egg-grinder, silver gilt with brass clasps. £30. Pour vous, £21.50.

*Touriste:* Et ça?

*Dealer:* Ce n'est pas for sale. C'est mon bottle-opener. Dorothy, fetch encore un couple de Guinness de Henekey's, there's a pet. Quelle espèce d'antique vous intéresse, m'sieu?

*Touriste:* A vrai dire, je n'aime pas les antiques. Je collectionne les German Nazi military equipment et insignia.

*Dealer:* Blimey, maintenant il me le dit! Dorothy, forget les Guinness. Apportez le Helmets/Armbands / Swastikas/ Million-Mark Notes box.

*Touriste:* Et toute chose est £30?

Naturellement.

# Dans le Pub

*Landlord:* Vous désirez?

*Punter:* Oui. We've got deux pints, un demi de lager, un Campari et soda, un Bloody Mary et un Scotch.

*Landlord:* Je regrette, nous sommes right out of Campari.

*Punter:* Oh. Hold on un moment. Il dit qu'il est right out of Campari.... Right, maintenant nous avons trois pints de Guinness, un demi de lager, un Pimms No 1, et pour moi un Screwdriver.

*Landlord:* C'est-à-dire, le Pimms No 1...

*Punter:* Vous n'avez pas de Pimms Numéro Un?

*Landlord:* Si, si, mais aujourd'hui le cucumber est un peu floppy.

*Punter:* Dommage. Il dit le concombre est un peu flaccide.. . OK, d'accord. Alors, c'est maintenant cinq Dubonnets et un pint de Guinness.

*Landlord:* OK, cinq Dubonnets. Mais le Guinness, euh, il faut vous aviser que c'est un peu heady à ce moment-là. Si vous pouvez attendre un quart d'heure....

*Punter:* Oh, la, la. Il dit maintenant que le Guinness est dans un froth situation.

*Landlord:* C'est à cause du temps qu'il fait.

*Punter:* Dans un meteorological froth situation.. ... OK, ça va. Nous désirons maintenant six verres de vin. Vous avez du vin, peut-être?

*Landlord:* Mais oui! Toute sorte de vin!

*Punter:* Six verres de rosé.

*Landlord:* Toute sorte avec l'exception de rosé. Je pourrais toujours mélanger le rouge et le blanc.

*Punter:* Non, je crois pas. ...

*Landlord:* Je n'ai pas d'objection si vous sortez pour acheter une bouteille de rosé et puis la boire ici.

*Punter:* Parfait!

*Landlord:* Il y un off-licence, seulement deux kilomètres d'ici. Et le corkage est £1.

*Punter:* Sod that. Six pints de bitter, s'il vous plaît.

*Landlord:* Voilà.

*Punter:* Et six packets de crisps, fromage et oignons.

*Landlord:* Je regrette, ils sont épuisés.

*Punter:* Il dit que les cheese 'n'onions sont exhausted ... OK, un paquet de streaky bacon, un paquet de prawn cocktail flavour....

# Soho, Après Dark

*Monsieur:* Taxi! Taxi! *(Mais le taxi est plein)* … Damn … taxi! *(Le deuxième taxi est vide, mais le cabby ne le voit pas)* … Merde … Taxi! *(Le troisième taxi est vide, le cabby le voit, mais il fait un V-signe au monsieur et drives home)* Ah, c'en est trop!

*Stranger:* Monsieur désire un taxi?

*Monsieur:* Oui, mais … je ne vois pas de taxi.

*Stranger:* Suivez-moi. C'est round the corner.

*Monsieur:* OK…

*Stranger:* Through cette porte ici et down the stairs.

*Monsieur:* Vous avez un taxi au sous-sol?

*Stranger:* C'est une espèce de basement garage.

*Monsieur:* Alors, pourquoi il dit, à l'entrance, THE NAUGHTIEST SHOW IN LONDON!?

*Stranger:* Vous voulez un taxi ou vous voulez pas?

*Monsieur:* Oui, je veux.

*Stranger:* Alors, suivez-moi… Eh, maintenant, ça sera £3.

*Monsieur:* Pour le taxi?

*Stranger:* Non, pour le temporary membership.

*Monsieur:* OK.

*Stranger:* Et £2 admission charge.

*Monsieur:* Ah, non!

*Stranger:* OK, pas de taxi.

*Monsieur:* OK, OK. Voilà £2.

*Stranger:* Vous désirez un petit drink en attendant?

*Monsieur:* Non, merci.

*Stranger:* Fifi, une bouteille de champagne pour le gentleman. Dis bonjour au gentleman, Fifi.

*Fifi:* Hello, darling, having a good night out?

*Monsieur:* C'est vous, le driver du taxi?

*Stranger:* Non, Fifi est plutôt une autre passagère. You don't mind?

*Monsieur:* Non, je … Mais elle va catch cold comme ça. Elle porte presque rien.

*Fifi:* You don't like Fifi?

*Monsieur:* Oui, mais … Où est le taxi?

*Stranger:* Il vient, il vient. First, un petit entertainment! *(Cinq filles entrent. Elles ôtent leurs vêtements. Elles se rehabillent. Elles sortent. Clapping desultory.)* Et maintenant, le bill. £78.50.

*Monsieur:* £78.50?

*Stranger:* Ah, oui, vous avez raison. C'est seulement £78.

*Monsieur:* Pour un taxi? £78?

*Stranger:* Mais non, mais non, le taxi est libre! Merci, monsieur. Bonsoir, monsieur.

# Les Renseignements

*Monsieur:* Excusez-moi, pouvez-vous m'indiquer la route à Chesterfield Avenue?

*1er Passant:* Chesterfield Avenue ... Chesterfield Avenue ... Cela fait sonner une cloche ... Chesterfield ... C'est tout près de Farm Street, n'est-ce pas?

*Monsieur:* Je ne sais pas.

*1er Passant:* Oui, j'en suis pretty sure. Farm Street.

*Monsieur:* Et où est Farm Street?

*1er Passant:* Farm Street ... Farm Street ... D'ici, je ne sais pas. Sorry.

*Monsieur:* Excusez-moi, connaissez-vous Chesterfield

Avenue?

*2ème Passant:* Chesterfield Avenue? Non, c'est Chesterton Road. Il n'y a pas de Chesterfield Avenue.

*Monsieur:* Mais j'ai l'adresse ici.

*2ème:* Quand même.

*Monsieur:* Alors, vous connaissez Farm Street?

*2ème:* Farm Street? Je vous croyais à la recherche de Chesterton Road. D'ailleurs, il n'y a pas de Farm Street—c'est Farham Street.

*3ème Passant:* Farham Street est tout près d'ici. C'est le 5ème à gauche après le "Three Jolly Gardeners and Goat", bang next to Ron's Car Marché.

*2ème Passant:* Non, ça c'est *Parham* Street. Any road, Ron n'est plus là—c'est maintenant un restaurant de kebab/fish/pizza, le "Shish and Chips".

*3ème Passant:* Amazing, n'est-

ce pas? Next thing vous savez, on aura un local sex shop. Le mind boggles.

*4ème Passant:* Excusez mon eavesdropping, mais il y a en effet un nouveau sex shop in town. C'est absolument mind-blowing. Il faut que le council fasse quelque chose. J'étais là ce matin et c'est dégoûtant. C'est dans Chesterfield Avenue.

*Monsieur:* Chesterfield Avenue! Vous connaissez, donc! Donnez-moi, s'il vous plaît, les precise directions.

*4ème Passant:* Pour aller au sex shop? Pas sur votre Nelly!

*Monsieur:* Non, non, je cherche le "Jack et Ethel Wainwright Academy de Dancing et Disco". Cette semaine ils ont un Special Introductory Boogie Offer.

*2ème:* Connais pas cette école.

*3ème:* Jamais entendu parler.

*4ème Passant:* Je crois, monsieur, que vous pensez à Jack et Doris Wainwright qui sont les tenants du "Lord Lucan Arms". Mais j'ignorais qu'ils avaient commencé des dancing lessons.

*3ème:* Ils font un very nice chicken dans le panier, avec sangria.

*2ème:* Vous appelez cela du sangria? C'est plutôt un runny fruit salad. Moi, j'ai été à Benidorm, et à Jimmy's Bar ils font un real sangria ...

*4ème:* Jimmy's Bar? Dans le Calle Juan Carlos?

*3ème:* Non, ça c'est la Bodega El Vino. Jimmy's Bar est dans l'Avenida Turistica. C'est le 8ème turning à gauche après Onkel Willis Dive Bar ...

*Monsieur:* Excusez-moi, monsieur, mais je cherche Chesterfield Avenue.

*5ème:* Moi aussi.

# Aux Summer Sales

*Shopper:* C'est combien, cette blouse à £6.99?

*Shopgirl:* C'est £5.50.

*Shopper:* C'est réduit de £6.99?

*Shopgirl:* Non, c'est dramatically slashed de £7.30.

*Shopper:* Alors, £7.30 est le prix normal?

*Shopgirl:* Non, c'est le Special Pre-Sale Purchase Price. £6.99 est le Sale Price. £5.50 est le Last Week of Sale Fantastic Reduction.

*Shopper:* Bon. Size 12, s'il vous plaît.

*Shopgirl:* Hélas, Size 12 n'est pas dans le Sale. Dans le Sale il y a seulement le Larger Woman, le Shorter Girl, le Extra Long Arms et le Outsize Shoulders. Size 12 est normal price.

*Shopper:* £7.30?

*Shopgirl:* Non, £10.

*Shopper:* £10!

*Shopgirl:* Oui, c'est le Full Luxury Garment Price, designed by Polly Flinders, exclusif à nous.

*Shopper:* Mais les autres sizes sont £5.50!

*Shopgirl:* Ah, les autres ne sont pas Polly Flinders Originals. Ils sont des exact copies, mass produced par Half-Price Sales Separates.

*Shopper:* Mais pas dans Size 12.

*Shopgirl:* Si. Il y avait plenty de Size 12. Ils étaient tous snapped up par "Bargain-Crazy Crowd of Pavement Campers on First Record-Breaking Day of Wildest Yet Sale", *Evening Standard*, July 12, all editions.

*Shopper:* Maintenant vous avez seulement les odd sizes?

*Shopgirl:* Oui, les sales shoppers sont toujours average build. C'est curieux, ça. Où sont toutes les freaks, les dwarfs, les giantesses, les long-armed ladies, les women wrestlers et les beanpoles? Cela vous donne à penser. Mark you, hier nous avions une one-armed lady. C'était triste, really.

*Shopper:* Pour une blouse?

*Shopgirl:* Non, pour le Fantastic Odd Single Glove Clearance Bargain Rack. Elle a acheté douze gants pour la main droite. C'est all go pendant les Sales. Alors, vous voulez une blouse à £10?

*Shopper:* Non merci.

*Shopgirl:* Entre vous et moi, il faut rentrer dans un fortnight pour le Special After-Sale Clearance Season. On va mettre les Polly Flinders Creations dans le Discontinued Line Bin, à £4.

*Shopper:* Pourquoi ils sont discontinued?

*Shopgirl:* Parce qu'ils sont trop chers à £10, of course.

# A la Police Station

*Monsieur:* Je veux annoncer le vol d'un chat.

*Constable:* Ah, vous avez un chat volant? C'est rare.

*Monsieur:* Non, ce n'est pas un flying cat. Il a été volé. C'est stolen. Gone. Spirited away.

*Constable:* Quel nom, s'il vous plaît?

*Monsieur:* Mr Fortescue-Brown.

*Constable:* Curieux nom, pour un chat.

*Monsieur:* Non, c'est moi qui suis Mr Fortescue-Brown.

*Constable:* Cela ne me regarde pas. Vous n'êtes pas volé, vous. Comment s'appelle le chat? Il me faut remplir le Missing Pet Form.

*Monsieur:* Il s'appelle Peabody.

*Constable:* Goes by the name of Peabody. Description?

*Monsieur:* Il était five foot six, avec un macintosh.

*Constable:* C'est grand, pour un chat.

*Monsieur:* C'est une description du voleur.

*Constable:* First things first, sir. Approximate breed of beast?

*Monsieur:* Half Burmese, half Siamese.

*Constable:* Foreign-type cat. Y avait-il de distinguishing marks?

*Monsieur:* Il etait très gentil avec les enfants. Il n'aimait pas le poisson. Il a fait des cris horribles quand Russell Harty est à la TV.

*Constable:* Ce ne sont pas des distinguishing marks. Je veux dire des trucs comme, Three Legs, No Tail, Small Mink Coat, Cross-eyed ou Smells of Garlic.

*Monsieur:* Non, rien comme ça.

*Constable:* Approximate Value of Beast?

*Monsieur:* C'etait un kitten perdu. On l'a trouvé dans un sac.

*Constable:* On a volé le sac aussi?

*Monsieur:* Non.

*Constable:* Bon; il n'y a pas un Missing Sack Form. Alors, Approximate Value, nil.

*Monsieur:* Mais pour moi, Peabody est irreplaceable!

*Constable:* Approximate Value, £30. Eh bien, il n'y a pas beaucoup de clues. Nondescript foreign cat, n'aime pas Russell Harty. Il y a des millions comme ça.

*Monsieur:* Je veux offrir un reward de £50.

*Constable:* Ah, c'est différent! Par amazing coincidence, on a un chat ici qui correspond exactement à cette description. Je suis sûr que c'est le même. Mais first—le Missing Pet Reward Form.

# Au Filling Station

*Motoriste:* Six gallons, s'il vous plaît.

*Pompiste:* De Trois-star, Quatre-star, Cinq-star, Multi-Blend, Super-Kick ou Wonder-flow?

*Motoriste:* Eeuh … Il y a une différence?

*Pompiste:* Non.

*Motoriste:* Alors, six gallons du cheapest … A propos, pouvez-vous donner un coup d'oeil à la machine après? Quand je déprime le clutch, il y a un peu de knocking dans le rocker box, et le fine tuning souffre.

*Pompiste:* C'est un filling station ici, pas un garage. Je suis pas méchanique. Gasket, tuning, clutch—pour moi, c'est double hollandais. Mais si vous désirez des tea-cloths avec views of England, ou un magnificent whisky-type tumbler offer, ou un Near-Hits-of-1941 album joué par Bob Barratt's Golden Strings…

*Motoriste:* Non, merci. Mais si vous pouvez donner un wipe au windscreen…

*Pompiste:* Non, je regrette. Mais si vous désirez un paquet de giant aniseed balls, ou un dangle dolly pour cacher le rear window mirror…

*Motoriste:* Mais si vous pouvez m'indiquer la route à Macclesfield, bon Dieu!!

*Pompiste:* Alors, vous tournez gauche au last petrol pump.

*Motoriste:* Oui.

*Pompiste:* Carry on par le signe TOILETS / TWO STROKE/AGENCY/OPEN.

*Motoriste:* Oui.

*Pompiste:* Cela vous mène au road. Après ça, vous n'avez qu'à suivre les road signs pour Macclesfield. Vous allez à Macclesfield on business?

*Motoriste:* Non, question de crime passionnel. Je cherche ma femme qui s'en va avec les enfants, le chien Hamish, le family silverware et un insurance man nommé Bresler.

*Pompiste:* Un petit bald bloke avec un silly Jimmy Hill beard?

*Motoriste:* Oui. Pourquoi?

*Pompiste:* Ils étaient ici five minutes ago. Il a acheté pour elle un Princess Anne tea cloth, une paire de dangle soccer boots et un sachet de *Mon Adultère*. Puis ils ont demandé la route à Macclesfield.

*Motoriste:* Salaud! Bastard! Deux-timers! Mais je les rattrape!

42

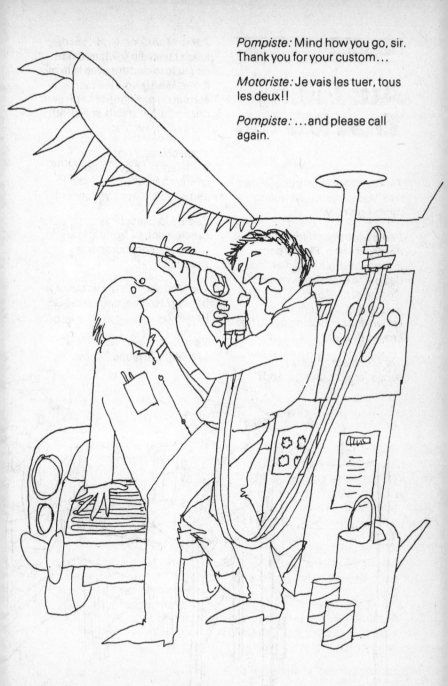

## Lesson Douze

# Au
# Test Match

*1er Monsieur:* Sorry que je suis late. Vous avez vu un riveting morning's play?

*2ème Monsieur:* Non. Il y a eu le delay pour rain. Puis la pitch inspection. Puis le conferring des umpires. Puis la visite de la Queen, et le départ de la Queen. Puis le tossing du vieux half crown. Puis le picking up du half crown. Puis etc.

*1er Monsieur:* Puis un sensational opening stand?

*2ème Monsieur:* Non. Puis lunch taken early. Maintenant on fait le to-and-fro avec le heavy roller. Mais je vois les teams qui sortent du pavilion, dans un petit drizzle qui fait splish-splash sur leurs safety helmets.

*1er Monsieur:* Ah! Et les fielders, est-ce qui'ils courent, crient, chantent, célèbrent, cartwheelent et calypsonnent!?

*2ème Monsieur:* Pas exactement. Ils frottent leurs mains pour encourager la circulation.

*1er Monsieur:* Et qui va ouvrir le batting? Hadlee, peut-être? Ou Radley?

*2ème Monsieur:* Non, c'est Madleigh, le jeune Derby

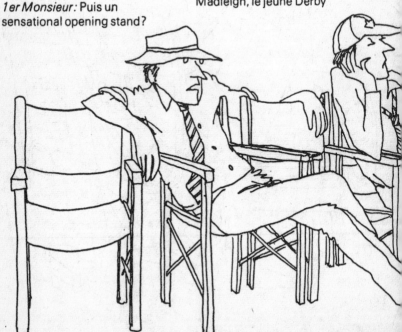

opener et Sadly, le Somerset tout-rondeur, avec Tradly à numéro trois. Je prévois deux heures de careful stone-walling, suivi par un swift collapse.

*1er Monsieur:* Mais vous êtes pessimiste. Le cricket, c'est une gripping bataille intellectuelle! C'est un five-day chess match! C'est un enthralling, blow-by-blow, supremacy-type situation!

*2ème Monsieur:* Vous ne seriez pas un Radio 3 commentateur, par hasard?

*1er Monsieur:* Ah, Badlee va ouvrir le bowling.

*2ème Monsieur:* Avec un troisième homme profond…

*1er Monsieur:* Un mid-off stupide…

*2ème Monsieur:* Treize slips…

*1er Monsieur:* Et un floppy white sweater. Il s'approche, avec ce long loping stride…il accélère…ses pieds battent la terre comme un mad drummer…il passe l'umpire à 180 mph!

*2ème Monsieur:* Il bowle à 230 mph!

*1er Monsieur:* La balle hurtle à 460 mph! C'est un blur de rouge!

*2ème Monsieur:* C'est comme un shooting star!

*1er Monsieur:* Ou le bullet d'un assassin!!

*2ème Monsieur:* Mais Madleigh la pousse défensivement à mid-off…

*1er Monsieur:* Fadley fait le pick-up…

*2ème Monsieur:* Et la retourne au bowler.

*1er Monsieur:* Maintenant la pluie commence à tomber en earnest et tous les players laissent le field comme l'armée italienne. Still, c'était terrific stuff pendant que ça durait, n'est-ce pas?

*2ème Monsieur:* Non. Moi, je vais au cinéma.

*1er Monsieur:* Moi aussi.

45

# Avec la Traffic Warden

*Motoriste:* OK, OK, je pars, je pars! Ne me donnez pas un ticket!

*Warden:* Trop tard, luv.

*Motoriste:* Chère demoiselle, ayez pitié!

*Warden:* Chère nothing. Vous êtes sur une ligne single jaune.

*Motoriste:* Mais j'ai laissé la voiture pour cinq minutes seulement, pendant que ... euh ... pendant que je dépensais un penny.

*Warden:* La voiture était ici il y a 45 minutes, à mon certain knowledge.

*Motoriste:* Quoi? Ah, oui! Oui, j'ai dépensé un autre penny il y a 45 minutes.

*Warden:* Alors, ça fait totalement £6.02. Amusement expensif, le penny-spending.

*Motoriste:* Mais soyez généreuse, ma petite demoiselle de la meter! J'étais aussi attrapé dans l'ascenseur!

*Warden:* Vous avez un ascenseur dans votre convenience? Très chic, ça!

*Motoriste:* Non, le WC à lequel j'ai fait visite est au 56ème étage du Monolith Building. J'étais attrapé dans l'ascenseur *après* la première visite. Quand j'étais finalement libéré par le maintenance engineer, j'avais déjà envie de faire une seconde visite. Cette fois j'ai grimpé l'escalier. Tous 56 étages. J'étais près de bursting.

*Warden:* Quel tissu d'old rope. Tirez l'autre, mate, il a des cloches, et prenez le ticket.

*Motoriste:* OK, OK, je veux faire confession. C'est pas vrai. J'ai menti. Je voulais tirer la laine pardessus vos yeux. Je suis liar et scoundrel.

*Warden:* Bon. Dites douze Ave Marias et prenez le ticket.

*Motoriste:* Parce que, en vérité, je faisais visite à ma femme qui est très, très malade. C'est un mercy dash.

*Warden:* Il n'y a pas d'hôpital près d'ici.

*Motoriste:* Non, c'est vrai ... ma femme est très malade au 56ème étage du Monolith Building. Elle est Assistant Marketing Director (Strategy) du Monolith, mais elle n'aime pas les hauteurs et souffre de vertigo.

*Femme: (arrive en courant)* Sorry, darling, mais je fus attrapée dans l'ascenseur.

*Warden:* Vous êtes la femme de ce motoriste?

*Femme:* Non, je suis le secrétaire de sa femme.

*Motoriste:* Je vais être brutalement franc. Je conduis une affaire passionnée avec la secrétaire de ma femme.

*Warden:* Et votre femme est malade, oui ou non?

*Motoriste:* Non. Elle n'est pas même là.

*Warden:* Alors, vous êtes liar, illegal parker, home-breaker, philanderer et une menace au corporate well-being de Monolith.

*Motoriste:* Oui.

*Warden:* £6, c'est cheap au prix.

# Au Théâtre

*Client:* Je veux réserver cinq places pour l'Agatha Christie, ''Strangler on the Shore''

*Guichet:* Stalls, circle, matinée, evening, £3, £4, £6 ou box?

*Client:* Stalls, evening, £6, deux programmes et une boîte de Magie Noire, s'il vous plaît.

*Guichet:* Jl–5. Mais ils sont very sideways.

*Client:* Oh.

*Guichet:* M13–17. Mais ils sont very far back, et vous avez un pillar problem.

*Client:* Oh.

*Guichet:* Ou A6–10.

*Client:* Ah !

*Guichet:* Mais on voit seulement les souliers des comédiens, et les underneath de leurs chins.

*Client:* Oh.

*Guichet:* Et en Acte II vous êtes vis-à-vis avec le corpse pour une demi-heure. De A6–10 on peut l'écouter qui respire. Un breathing corpse, c'est un peu putting-off, si vous me demandez. La semaine dernière, c'était terrible ; il avait les sniffles.

*Client:* Je n'aimerais pas attraper une maladie d'un corpse.

*Guichet:* Ni moi non plus. Eh bien, je peux vous offrir cinq autres places.

*Client:* Ah ! !

*Guichet:* D6, E18, H11–12 et J10.

*Client:* Mais ils sont tous séparés.

*Guichet:* Pourquoi pas? Dans le théâtre, quel est le point de s'asseoir ensemble? On ne fait pas le hand-holding, on ne demande pas le sel et poivre, on ne se parle pas. Sauf les Américains, bien entendu.

*Client:* Pourquoi les Américains?

*Guichet:* Parce qu'ils ne comprennent jamais ce qui se passe. Ils disent: "Gee, I don't understand why the old guy was knocked off" ou bien "Which one is Charles, for heaven's sake?" Je parie que quand Lincoln fut tué…

*Client:* Oui?

*Guichet:* Mrs Lincoln a dit, "Goldarn it, I suspected the wrong murderer all along!"

*Client:* Mais "Strangler on the Shore"…

*Guichet:* Même chose. Personne ne devine jamais que c'est le long-lost cousin qui est l'assassin.

*Client:* Ah, c'en est trop! Maintenant vous avez révélé l'identité du meurtrier! C'est un waste of time pour moi d'acheter les tickets!

*Guichet:* Ce sont nos orders, monsieur. Quand un show est totalement booked out, nous faisons le turn-away en révélant le plot. Next, please.

# Aprés l'Accident

*Scrounch!*

*Lui:* (*qui saute de son 1975 Escort*) Sacré bleu! Flippin' enfer!

*Elle:* (*qui saute de son Citroën estate*) Nom d'un chien! Rover!

*Lui:* Pourquoi vous m'avez fait un ramming au backside, grand Dieu?

*Elle:* Pourquoi vous avez fait le sudden pulling-out sans signal, indicateur, beau geste ou autre espèce de communication préemptive, espèce de St Dunstan's?

*Lui:* Regardez, vous avez gratté la peinture au boot et donné une forme plutôt neo-expressioniste à mon bumper, jusqu'ici très Henry Moore, espèce d'art vandal!

*Elle:* Et vous, grand vieux hooligan en pin-stripe, vous avez cassé mon headlight avec toute la finesse d'un Rangers fan! What the Dickens...?

*Lui:* Mais, grand Scott...!

*Elle:* Mais, grand Balzac...!

*Lui:* Mais, espèce de Trollope...!

*Elle:* Cessez vos insultes superficiellement littéraires, monsieur. Sticks et stones peuvent casser mes os, mais les grands auteurs du 19th siècle ne peuvent jamais me blesser. Je veux savoir quelle sorte de récompense vous avez en mind.

*Lui:* Vous pensez que je vais tirer un wad de used fivers de ma poche? Jamais! C'est vous, madame, qui allez faire forfeit de votre pocket money pour les next five years.

*Elle:* Mais c'est vous, cochon de la route, qui conduisait comme un maniaque! C'est le South Circular, pas le Nurburgring!

*Lui:* Mais c'est vous, madwoman of Chaillot, qui s'est approchée comme si aux contrôles d'un $5\frac{1}{2}$ litre souped-up dodgem!

*Elle:* Ah! Assassin! Liberal voter!

*Lui:* Ah! Espèce de Thatcher enragée!

*Elle:* Sachez, monsieur, que mon mari est magistrat, à Bow Street!

*Lui:* Sachez, madame, que je suis Inspecteur Trottman de Scotland Yard!

*Elle:* Ah, oui? Mon mari, M. Wilkinson, m'a beaucoup parlé de vous.

*Lui:* Vous êtes la femme de Humphrey Wilkinson? Madame, je suis enchanté.

*Elle:* Moi, likewise.

*Lui:* Je fais mes excuses d'avoir conduit comme un Stirling Moss manqué.

*Elle:* Non, non, c'était moi qui dormait au wheel.

*Lui:* Non, madame, c'est moi qui...

# Une Ligne Croisée

*Monsieur: (qui fait, avec son doigt, au téléphone, les numéros 2..6..2..6..7..6.. 7..)* Allo—âllo? C'est Train Enquiries, Paddington?

*Ron:* Karen?

*Karen:* Ron?

*Ron:* T'es là, chérie?

*Karen:* Oui, Ron. Qu'est-ce que c'est, ce tic-tic-tic-tic horrible?

*Ron:* Une crossed line, je pense. Anyway, je peux faire rendezvous avec toi ce soir? Tu veux bop the night away à The Green Bottle? Ils ont un terrifique new band—The Wrong Numbers.

*Karen:* Je ne sais pas. Je suis not so sure.

*Ron:* Comment, not so sure? Je croyais qu'on avait un good thing going.

*Karen:* Moi aussi. Mais à la disco…hier soir…tu dansais beaucoup avec cette brunette.

*Ron:* Qui? Quelle brunette?

*Karen:* Tu sais, Ron. Margot. La salesgirl chez Hunk o' Punk. Avec la frock bleue. Avec le bosom show-off.

*Ron:* Ah. Oui. Margot. Oui. C'est un peu vrai. Elle a les choses fantastiques. Oui. Mais elle est une woodentop. C'est toi que j'aime. Elle est less than nothing.

*Karen:* C'est as maybe. C'est toujours la même histoire. On va à la disco. On danse. On boit un Coca-Cola. Et puis je te vois avec une autre fille. *(Un petit sniff.)*

*Ron:* Ce soir, à The Green Bottle, je danse seulement avec toi.

*Karen:* Non, Ron. Ce soir, je me lave les cheveux. Je veux essayer le New So-Gentle Raspberry-Yoghurt Non-Fattening Shampoo. Et regarder le film à la TV avec Roger Moore. Il est terrif.

*Ron:* Charmant, je suis sûr.

*Karen:* Mais demain je suis libre.

*Ron:* Ah … c'est que … demain je ne suis pas libre. Demain je fais visite à Mum et Dad à Basildon.

*Monsieur: (qui est maintenant un èavesdropper fasciné)* Ce n'est pas vrai. Il a un meeting secret avec Margot, de Hunk o' Punk, la sex bomb d'Oxford Street.

*Karen:* Ron?

*Ron:* Oui?

*Karen:* C'est vrai, ce qu'il dit?

*Ron:* Non! Non, non, non! Je n'aime que toi! Je te le jure! Je suis ton Ron!

*Karen:* Je ne te crois pas. Adieu. Farewell. C'est fini. Good-bye for ever, Ron.

*Monsieur:* Thank God for that. *(Il fait, avec son doigt, les numéros bien connus 2 . . 6 . . 2 . . 6 . . 7 . . 6 . . 7 . . )* Allo? Paddington? 125 and all that jive?

*Ron:* Karen?

*Karen:* Ron?

*Monsieur:* OK, OK, you win.

# A La Poste

*Monsieur:* Dog licence, s'il vous plaît.

*Official:* Je regrette, on ne fait pas les dog licences ici.

*Monsieur:* Où, alors?

*Official:* A Swansea.

*Monsieur: A Swansea?* Mais je ne peux pas aller à Swansea!

*Official:* Je ne fais pas les régulations, moi.

*Monsieur:* Alors, je vais mettre le chien dans un paquet, et l'envoyer à Swansea.

*Official:* Impossible.

*Monsieur:* Pourquoi?

*Official:* Je ne fais pas les paquets. C'est à côté.

*Monsieur:* Que faîtes-vous, donc?

*Official:* Les timbres. Les télégrammes.

*Monsieur:* Alors, je vais envoyer le chien letter post.

*Official:* Impossible Letter post est seulement pour les inanimate objects.

*Monsieur:* Alors, je vais lier ses pieds avec heavy duty garden twine, lui donner un knock-out drop (chocolate flavour, il adore ça) et coller les timbres sur son dos.

*Official:* OK, si vous voulez prendre le risque.

*Monsieur:* Et envoyer un télégramme à Swansea: ENVOYEZ DOG LICENCE HAIRY LETTER NOM DE FIDO.

*Official:* Ça fait £8.60.

*Monsieur:* Avez-vous des timbres commémoratives?

*Official:* Il y a le 5p "100ème Anniversaire de la Naissance de W H Smith," le 9p "Tribute à British Achievement: Invention de l'Alarm Clock" et 13p "Death de *Picture Post* Mourning Issue".

*Monsieur:* Hmm. Vous n'avez pas de leftover Battle of Hastings?

*Official:* Non. Pour cela il faut aller à Edimbourg, à la Philatelic Office.

*Monsieur:* Alors, je vais envoyer le chien à Cardiff via Edimbourg. Par avion.

*Official:* Par avion? OK, mais il y a un autre risque.

*Monsieur:* Lequel.

*Official:* Si l'avion rencontre des foggy conditions et il faut le divertir à Orly...

*Monsieur:* Oui?

*Official:* C'est forgery! Nous avons des dog detector vans partout! Prenez garde!

*Monsieur:* Partout?

*Official:* Eh bien… presque partout. Partout à Swansea, du moins.

*Monsieur:* Merci pour le tip. Au revoir, monsieur. Viens, Fido.

*Official:* Next please.

*Official:* Votre lettre doit passer six mois de quarantine, en revenant en Angleterre.

*Monsieur:* C'est vrai. Je n'y avais pas pensé. En ce cas, je vais changer la date sur le current licence.

# Au Motor Show

*Salesman:* Bonjour, m'sieu. Vous voulez voir le nouveau Gandulf X-2 1978?

*Monsieur:* Le new Gandulf? Hmm. Cela a l'air un peu du Gandulf X-1 1977.

*Salesman:* Mais mon, mais non! Le Gandulf 1978 est chock-plein de this-year-type features. Regardez: le back-flip reclining seat, le chewing gum disposer, les heavy rock quad speakers, le hanger pour le shiny suit du travelling salesman, le safety belt Yves St Laurent qui est so-kind-to-clothes-dans-un-crash ...

*Monsieur:* C'est all very well, mais ...

*Salesman:* Ah! Je sais. Je sais ce que vous allez dire. Vous allez dire, n'est-ce pas, c'est all very well, mais la *performance*. What about la performance? Et vous avez raison. La performance du Gandulf X-2 est la même que jamais——et encore mieux! Il mange les kilomètres. Il cruise comme un hoverboat. Il est "very impressive" (*Car* magazine), "stunning" (*Autocar*) et "fan-bloody-

tastique" (*Gramophone*).

*Monsieur:* C'est all very well, mais ...

*Salesman:* Ne me le dites pas! Je prévois votre drift. Vous pensez: les accessoires sont superbes, la performance est blistering, mais le *finish?* Vous êtes un expert, je le vois d'ici. Heureusement, le finish est sa carte de trumps. Le paint est superbond paint qui vient en quatre couleurs (Blue Streak, Fireball Red, Purple Heart et Mellow Yellow). La chrome est rustproof, skateboardproof, actofGodproof, et même kidproof. Essayez vous-même. Donnez un petit kick au Gandulf. Non—donnez un *grand* kick!

*Monsieur:* Oui, mais ...

*Salesman:* Et vous avez raison! Ça serait un crime que de donner un kick au Gandulf. C'est presque trop bon pour mettre sur la route. Mais c'est just the thing pour un rising executive comme monsieur.

*Monsieur:* C'est all very well, mais je ne suis pas un rising executive. Je suis un prematurely balding architecte avec quatre enfants, un sheepdog nommé Killer et une femme qui commence la menopause.

*Salesman:* Et un petit drinking problem?

*Monsieur:* Oui, un peu.

**Salesman:** Je m'en doutais bien. Je connais exactement ce que vous désirez. Vous désirez, n'est-ce pas, un tough, non-nonsense station wagon?

**Monsieur:** Oui, mais …

**Salesman:** Avec un knob pour le yacht?

**Monsieur:** Oui, mais …

**Salesman:** Ce qu'il vous faut, ce n'est pas le Gandulf X-2 qui est, entre vous et moi, un flashy, over-priced tin palace. C'est le Gandulf Estate Runabout Bootboy Country Special. Venez voir!

**Monsieur:** Oui, mais …

**Salesman:** Et vous avez raison!

# Au Kiosque à Journaux

*Monsieur: Times,* s'il vous plaît.

*Newsagent:* Il n'y a pas de *Times.* Toujours en suspension.

*Monsieur:* Alors, le *Guardian.*

*Newsagent:* Pas de *Guardian.* Les *Times*-readers ont pris tous les *Guardian.*

*Monsieur:* Et les *Guardian*-readers?

*Newsagent:* Le *Guardian* n'a pas de readers. Cela explique tous les misprints.

*Monsieur: (Il rit)* Ah, ah! Nice one, newsagent. *(Sérieux)* Le *Financial Times?*

*Newsagent:* N'est pas venu ce matin. Question de chapel meeting.

*Monsieur:* Je suis agnostique, moi.

*Newsagent:* Je suis écumenical, moi. Je vends le *Tablet* et le *Jewish Chronicle.*

*Monsieur:* Je prends le *Tablet*, alors.

*Newsagent:* Je regrette, mate, ça arrive demain.

*Monsieur:* Oh well, le *Telegraph.*

*Newsagent:* Faîtes-nous une faveur, squire! Le *Telegraph* est enfermé dans une management/employé confrontation.

*Monsieur:* Dear, dear. De quel journal vous avez un glut, alors?

*Newsagent:* Nous avons beaucoup de *Daily Express* de yesterday. J'ai un *Daily Mail*, très mauvaise condition, manquant pp 5–20, réduit à 3p. Il y a quelques *Svenska Dagbladet*, mais la date est incertaine. Et nous avons le *Morning Star*, avec exclusive scoop: "Maggie's Plan to Crush Proletariat"

*Monsieur:* Hmm. C'est vraiment tout?

*Newsagent:* Non. Il y a un *Blackburn Advertiser*, envoyé par erreur. Il y a le *Goole Times.*

*Monsieur:* C'est un horreur comic?

*Newsagent:* Ah ah! Nice one, customer! Il y a aussi *Knitting Weekly* (Free Needle Offer!), *World Medicine* (aussi Free Needle Offer!), le late lamented *Skateboard Monthly incorporating Punk Trash* et *Pocket Calculator News, Beano, Randy ...*

*Monsieur:* Vous avez *Punch?*

*Newsagent:* Ah, non. Il n'y a pas la demande, voyez-vous.

*Monsieur:* En tout cas, je voulais seulement savoir le résultat du 3.15 a Haydock Park.

*Newsagent:* Mais il fallait le dire, bon Dieu! C'était White Streak par un cou de Good Food Guide, avec Piano Tuner un mauvais troisième.

*Monsieur:* Merci beaucoup. Je prends le latest *Lovely Lesbian Ladies*, donc.

*Newsagent:* Ah, je regrette. On a saisi toutes les 150,000 copies.

*Monsieur:* Alors je vais m'asseoir dans la Tube et lire le journal du gentleman à côté.

*Newsagent:* Bonne idée. Next, please.

# A la Librairie

*Madame:* Bonjour.

*Bookseller:* Bonjour, madame.

*Madame:* Je cherche le

nouveau roman.

*Bookseller:* Le new novel? Bon!
Nous avons beaucoup de
nouveaux romans. Comment

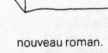

s'appelle-t-il?

*Madame:* Le titre exact m'échappe, mais c'est un peu comme "Love Came Flying". Ou peut-être "A Girl Like Rodney" Quelque chose comme ça.

*Bookseller:* Hmm. Et le nom de l'auteur?

*Madame:* Je l'ignore. Mais il porte un bow-tie.

*Bookseller:* Ah! Vous ne connaissez pas le nom de l'auteur, mais vous pouvez décrire son appareil. C'est curieux.

*Madame:* Il était à la TV hier soir. Il parlait de son livre. C'était exactement mon type de book. Bon story. Beaux caractères. Et un greeny-browny cover.

*Bookseller:* Alors, on sait que c'est un livre greeny-browny appelé "Rodney came Flying" par un homme au bow-tie.

*Madame:* Non, je me trompe. L'homme au bow-tie était le chairman de la discussion. L'auteur etait très ordinaire, mais il avait lovely eyes.

*Bookseller:* Il était vieux?

*Madame:* Non, jeune. Environ 60. Tiens, je me souviens du plot! Il y a un mari qui est middle-aged, et il rencontre cette jeune fille, et ils ont une affaire, mais ce n'est pas une affaire parce que la femme découvre les lettres et puis…

*Bookseller:* Cela me fait penser à "A Certain Lady" par Henry James.

*Madame:* C'est ça! Le nom de l'homme etait Henry James! Il avait les yeux tellement lovely.

*Bookseller:* Henry James est mort.

*Madame:* C'est soudain. A la TV, il avait l'air très healthy.

*Bookseller:* Il est mort en 1916.

*Madame:* Oh. Et il a été mis en prison en South Africa.

*Bookseller:* Qui? Henry James?

*Madame:* Non, non—l'homme dans le plot.

*Bookseller:* Madame, je suis un bookseller. Je n'ai pas le temps de lire les livres dans mon magasin. Je regrette, mais si vous ne connaissez ni le titre, ni l'auteur, ni le publisher, je ne peux pas vous aider.

*Madame:* Alors, donnez-moi any old new novel.

*Bookseller:* OK. Voilà "Jake's Thing" par Kingsley Amis.

*Madame:* C'est ça! C'est le roman dont je parlais! "Jake's Thing"!

*Bookseller:* Bon. Ça fait £4.95.

*Madame:* £4.95! Oh. En ce cas, je vais attendre le paperback. Au revoir.

*Bookseller:* Au revoir, madame.

# Dans la Bus Queue

*Madame:* Excusez-moi, monsieur. C'est le stop pour le 15 bus?

*Monsieur:* Je l'espère bien.. C'est le bus que j'attends personellement, moi.

*Madame:* Bon ... vous attendez le 15 depuis longtemps?

*Monsieur:* Oh non, pas tellement longtemps. Depuis mercredi.

*Monsieur:* Un jour et demi, plutôt. J'ai commencé mercredi soir, très tard. A closing time.

*Madame:* Et vous n'avez pas vu un seul bus?

*Monsieur:* Si, si. Mais quelques-uns étaient full up, d'autres allaient seulement au Strand, et

*Madame:* Depuis mercredi? Mais c'est aujourd'hui vendredi! Ça fait deux jours que vous attendez.

les autres ont oublié de stopper. Nowadays, c'est par pour la course.

*Madame:* Et vous allez loin?

*Monsieur:* Je vais en Egypte.

*Madame: En Egypte!* Par le 15 bus?

*Monsieur:* Oui. Mais il faut changer.

*Madame:* Cela ne m'étonne pas.

*Monsieur:* Au 502 bus.

*Madame:* Et le 502 va en Egypte?

*Monsieur:* Non. Il va à Waterloo, où je prends le train.

*Madame:* Pour Cairo?

*Monsieur:* Pour Portsmouth, où j'embarque sur le tramp ship *Russell Harty.*

*Madame:* C'est none of my business, mais pourquoi vous allez en Egypte?

*Monsieur:* Je cherche la source du Nil.

*Madame:* Excusez-moi pour nose-poking, mais je pensais qu'on avait découvert la source du Nil?

*Monsieur:* Oui. C'est un check-up.

*Madame:* Ah . . . . Tiens! Voici un 15 bus.

*Conductor:* Room for one seulement.

*Madame:* C'est pour vous, monsieur.

*Monsieur:* Non, j'insiste, madame.

*Madame:* C'est très gentil, monsieur.

*Conductor:* Come on, come on, on n'a pas tout le jour.

*Madame:* Au revoir, monsieur.

*Monsieur:* Enchanté, madame. Je vais même nommer une rivière après vous. A propos, comment vous appellez-vous?

*Madame:* Gladys.

*Monsieur:* Rio Gladys. C'est parfait. Dites-moi, Gladys, qu'est-ce que tu fais ce soir?

*Madame:* Enfin…rien.

*Monsieur:* Tu veux dîner avec moi?

*Madame:* Volontiers.

*Conductor:* Bon dieu, vous voulez monter ou vous voulez pas monter?

*Madame:* Non, merci.

*Monsieur:* Non, merci.

*Conductor:* Bleedin' enfer. 'Old tight, tout le monde.

63

# Chez le Greengrocer

*Madame:* Bonjour. Vous avez des tomates?

*Greengrocer:* Oui, madame. Des Salad Tomatoes à 40p, des Rock Hard Salad Tomatoes à 45p et des Superb Rock Hard Salad Tomatoes à 60p.

*Madame:* C'est cher.

*Greengrocer:* Nous avons aussi des tomatoes à 18p.

*Madame:* De quelle sorte?

*Greengrocer:* Ce sont des Small Squashy Suppurating Soup Tomatoes. Ils sont very nice.

*Madame:* Hmm. Que sont-ils, ces petits objets de sexe indeterminé?

*Greengrocer:* Des strawberries hot-house de Peru. Seulement £5 per punnet.

*Madame:* Eeeugh. Vous avez des leeks?

*Greengrocer:* Les leeks sont so-so. Ils sont first crop. Très woody. Très taste-free. Très cher.

*Madame:* Qu'est-ce que c'est, cette espèce de driftwood?

*Greengrocer:* Ce sont des yams.

C'est très populaire avec les shoppers ethniques. Nous avons aussi des swedes, des turnips, des mangel wurzels.

*Madame:* C'est bon?

*Greengrocer:* Si vous êtes une vache.

*Madame:* Ce n'est pas le cas. Et les pommes—quelle sorte de pommes vous avez?

*Greengrocer:* Nous avons toute sorte de pomme. Semi-Cox, Quasi-Cox, Presque-Cox, Sort-of-Cox, Look-alike-Cox, et Damn-Near-Cox.

*Madame:* Non merci. Alors, des pommes de terre?

*Greengrocer:* Ah! Nous avons des new taters.

*Madame:* New?

*Greengrocer:* Ils sont très specials. Ils sont *vieux* new potatoes. Très grands, très solides, très loamy…

*Madame:* Non merci.

*Greengrocer:* Nous avons aussi des très late spring greens, des late season courgettes, des early caulis, des avocados Israelis, des choux chinois et

une légume verte tordue que je ne reconnais pas.

*Madame:* A un prix raisonnable?

*Greengrocer:* Oui! Eh bien, non. Enfin, non, à un prix scandaleux.

*Madame:* Et ce growth bushy et intéressant?

*Greengrocer:* C'est un Christmas tree. Premier du new crop. Délicieux steamed et servi avec porc, agneau ou poussin.

£10 seulement.

*Madame:* Non, merci. Un paquet de frozen peas, s'il vous plaît.

*Greengrocer:* Les frozen peas ne sont pas prêts à manger. Encore quelques jours…

*Madame:* Alors, je reviens samedi.

*Greengrocer:* Bon, au revoir, madame. Next, please…

# Le Hôtel Breakfast

*Garçon:* Vous êtes prêt à choisir?

*Monsieur:* Je n'ai pas un menu.

*Garçon:* Il n'y a pas un menu. Je fais une récitation des choses availables.

*Monsieur:* Alors, récitez. Je suis tout oreilles.

*Garçon:* Il y a le breakfast continental à 95p ou le full English breakfast à £1.60.

*Monsieur:* En quoi ça consiste, le continental?

*Garçon:* Toast, beurre, jam, thé ou café.

*Monsieur:* Toast et jam est trop exciting, trop foreign et daring pour moi. Dites-moi le breakfast full English.

*Garçon:* Pour commencer, il y a des fruit juices…

*Monsieur:* Des fruit juices anglais? Bon! Quelle sorte?

*Garçon:* Eh bien, d'orange, de grapefruit, de tomates…

*Monsieur:* Pas les oranges anglaises. Ce n'est pas la saison.

*Garçon:* Il y a segments…

*Monsieur:* Non, merci.

*Garçon:* Ou des céréales. Il y a Rough-Brek, Ready-Shreds, Man-Made Fibres, Wholemeal Kleenex ou Timber-Bits. C'est fantastique pour les bowels.

*Monsieur:* Non, merci.

*Garçon:* Pour continuer, il y a bacon, egg, sausage et tomatoes. Ou egg, bacon et sausage. Ou sausage et bacon. Ou n'importe quelle combinaison de toutes ces ingrédients. Avec chips extra.

*Monsieur:* Corrigez-moi si j'ai tort, mais c'est exactement la même chose que le full lunch anglais, en changeant son nom en "mixed grill".

*Garçon:* Oui, monsieur.

*Monsieur:* Extraordinaire. Il n'y a pas une alternative?

*Garçon:* Si, monsieur. Kippers.

*Monsieur:* Expliquez-moi ça.

*Garçon:* C'est un petit animal qui consiste en 1,000 bones, brown dye et une odeur de poisson.

*Monsieur:* Non, merci.

*Garçon:* Puis il y a toast, beurre, jam et thé ou café.

*Monsieur:* Ah? Après un full English on mange un continental breakfast?

*Garçon:* C'est normal. On peut le manger aussi avec le high tea.

*Monsieur:* Extraordinaire.

*Garçon:* Qu'est-ce qu'il va prendre, monsieur, alors?

*Monsieur:* Rien, merci. J'ai soudain perdu tout appétit. Seulement une demi-bouteille de champagne et *The Times*.

*Garçon:* Le bar n'est pas ouvert, monsieur, et *The Times* est closed.

*Monsieur:* Bon. Je pars.

*Garçon:* Au revoir, monsieur.

# Le Christmas Shopping

*Shopman:* Bonjour, monsieur.

*Monsieur:* Bonjour. Avez-vous un perdrix?

*Shopman:* Dans un pear tree?

*Monsieur:* Bien sûr.

*Shopman:* Non. Les perdrix dans le pear tree sont épuisés. Maintenant seulement dans le privet hedge, dans le box tree ou dans le creeper de Virginie.

*Monsieur:* Hmm. OK, le box tree. Deux turtle doves?

*Shopman:* Vous voulez des tortues qui volent, ou des oiseaux avec turtle markings?

*Monsieur:* Le deuxième.

*Shopman:* Dommage. On n'a que le premier.

*Monsieur:* OK, ça va. Trois poules françaises? Pour ainsi dire.

*Shopman:* Deux seulement. Il y a un trés bon line en poules néo-zélandaises.

*Monsieur:* OK. Deux françaises, une néo-zélandaise. Cinq anneaux d'or?

*Shopman:* Vous ne voulez pas de calling birds?

*Monsieur:* Si, si ! Silly moi.

*Shopman:* Calling birds sont discontinued. Les Japonais font un très cheap bird recording device. Et nous faisons le demi-douzaine d'anneaux d'or à un discount remarquable.

*Monsieur:* Parfait. Et les geese a-laying?

*Shopman:* Ce n'est pas la saison pour les oies pregnantes. Nous avons des deep-frozen goose pieces. Et des table mats très tasteful avec swans a-swimming, en sept attitudes différentes.

*Monsieur:* Merveilleux. Avez-vous huit demoiselles capables de retirer le lait des vaches, own stool provided?

*Shopman:* Est-ce que vous accepteriez un milk-float Unigate pour une semaine?

*Monsieur:* Mmmmm…

*Shopman:* Unlimited mileage?

*Monsieur:* OK. Maintenant, les joueurs de flûte et tambour…

*Shopman:* Pas de problème, squire. Nous avons un contingent moonlighting des Scots Fusiliers, très bons lads.

*Monsieur:* Alors, il ne reste que les lords et les ladies.

*Shopman:* Voyons. Lord Lucan n'est pas available, Lord Snowdon tient un low

profile…On peut faire un mixed lot de crowned heads, oui. Mais il y a plusieurs ex-kings…

*Monsieur:* Cheap stuff, eh? Never mind. Vous acceptez Dinars Card?

*Shopman:* Yugobank? Bien sûr.

*Monsieur:* Merci. Au revoir.

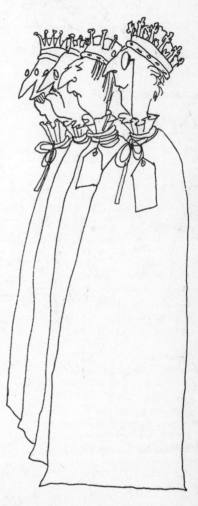

# Le Flag Day

*Flagseller:* Monsieur, vous voulez donner?

*Passant:* C'est pour quelle bonne cause?

*Flagseller:* C'est pour le *Distressed et Homeless Flagsellers Benevolent Fund,* monsieur. Oxflag, for short.

*Passant:* Hmm. Vous savez,

madame, que selon le "Mobile Charity and Itinerant Collectors Act, 1949", j'ai le droit de connaître le destin de mon 10p.

*Flagseller:* Meaning?

*Passant:* Que vous devez, on request, me donner le financial breakdown de votre charity collection.

*Flagseller:* Ah! C'est bien simple. 8% est earmarked pour la construction des petites boîtes de flags suspendues par non-stretch all-weather string de nos cous (y compris cost de raw materials, labour etc). Encore 10% pour la construction et importation des flags eux-mêmes.

*Passant:* Un moment! S'ils sont importés, il n'y a pas occasion de les faire construire. Expliquez-moi ça, madame!

*Flagseller:* Volontiers. Les pins et les flags sont importés séparémment, l'un de Czechoslovakie, l'autre du Third World. Ils sont assemblés dans nos workshops par hand-picked disadvantaged ex-flagsellers.

*Passant:* Pardon, madame; je ne savais pas. Continuez, je vous prie.

*Flagseller:* Il y a une allocation de 27% pour tous les frais d'administration, accountancy, bureaucratie et recounting. Il y a un 2% write-off pour tous les halfpennies perdus. Il y a un 3% allowance pour les collecting tins avec des trous trop petits, de manière qu'ils n'acceptent pas les 50p. Et un 5% running fund pour "encouragement money".

*Passant:* Encouragement money?

*Flagseller:* Le money dans le tin, qu'on y met dans le seul but d'attirer l'attention des passants. *(Elle agite le tin, dans un rythme vaguement tango.)* Ah! J'avais oublié. Il y a aussi 45% pour Sundries.

*Passant:* Voilà un Sundries dazzling, même charismatique. Il y a une belle raison, naturellement.

*Flagseller:* Naturellement. C'est pour les overseas expeditions de nos directeurs, pour étudier les méthodes de flagsellers étrangers à St Moritz, Monte Carlo, Hawaii et aux Seychelles. Alors, vous donnez, monsieur?

*Passant:* Non. Ma première femme a élopé avec un flagseller.

*Flagseller:* Cela ne fait rien. Je suis aussi l'agency pour trois autres bonnes causes! Je collectionne pour *Prevention of Cruelty to Lifeboatmen's Children, Save the Auk* et *The Next Big Earthquake Fund.*

*Passant:* Voilà 10p pour le next big earthquake.

*Flagseller:* Merci, monsieur. Next, please.

# Le Paiement

*Shopman:* Voilà, monsieur. Trois paires de night-glo socks. Quelque chose d'else? Trois-morceau suit? Spotty mouchoirs? Trendy underpants de Paris presqu'invisibles?

*Monsieur:* Non, merci.

*Shopman:* Alors, ça fait £2.70.

*Monsieur:* Vous acceptez Excess Card?

*Shopman:* Non, je regrette. Trop de risque.

*Monsieur:* Chèque avec carte de banque?

*Shopman:* Je regrette. Ditto.

*Monsieur:* Alors, vous acceptez le hard cash, je suppose.

*Shopman:* Hmmmm… quelquefois. Dollars?

*Monsieur:* Non. Sterling.

*Shopman:* Sterling, eh. On préfère Deutschmarks. Vous avez identity proof?

*Monsieur:* Preuve d'identité? Pour trois pound notes?

*Shopman:* C'est très risky, les pound notes.

*Monsieur:* Mon Dieu. OK, voici mon wallet, qui contient mon driving licence, mon parking permit, mon union card NUJ, mes library tickets et une photo des mes trois enfants, Barry, Sheila et Barry.

*Shopman:* Ce n'est pas une preuve de votre identité, une photo de vos enfants.

*Monsieur:* C'est une preuve de leur existence.

*Shopman:* Le cut-rate philosophy ne m'impressionne pas. Avez-vous encore de proof?

*Monsieur:* Vous voulez mes "O" Level certificates, peut-être.

*Shopman:* En quels sujets?

*Monsieur:* Histoire, Anglais et Art Appreciation.

*Shopman:* Histoire, hein? Dites-moi, donc, la date de la Bataille de Trafalgar.

*Monsieur:* 1815. Non, je dis un mensonge. C'est Waterloo. Trafalgar est… 17…

*Shopman:* Hmm. Art Appreciation. Qui a peint *Le Déjeuner sur L'Herbe*?

*Monsieur:* Ah, ça c'est facile! C'est Monet. Non, Manet. Ou Millais. Millet…?

*Shopman:* Dernière chance. Van Dyck est a) un peintre hollandais b) un TV comédien américain.

*Monsieur:* Un peintre hollandais!

*Shopman:* Non, je regrette. Van Dyck est une lesbienne hollandaise. On ne peut pas accepter votre cash, monsieur.

*Monsieur:* Ah, je commence a m'énerver! C'en est trop! *(Il tire un révolver.)* C'est un stick-up! Donnez-moi les socks!

*Shopman:* Mais monsieur n'a pas dit qu'il avait un arrangement ici…! Vous voulez quelque chose d'autre? Les pullovers? Les 'Arris Tweeds? Les dressing-gowns style de Noël…?

# Le Hangover

*Mari:* Oah. Oah.

*Femme:* Quoi?

*Mari:* Oh. Ouf. Oah.

*Femme:* Comment, oh, ouf, et oah?. Tu n'aimes pas les cornflakes?

*Mari:* Non, je n'aime pas les cornflakes. Ils font un bruit comme une division de Panzers.

*Femme:* Ah! Tu as un hang-over!

*Mari:* Ce n'est pas seulement un hangover. C'est la fin du monde.

Il y a un petit homme dans ma tête, qui fait le démolition work. Je crois qu'il est irlandais. Je suis dans un passing awaÿ situation. On me démolit pour l'érection d'un homme plus moderne.

*Femme :* Pauvre toi. Et pas de *Times* pour l'obituary : "Après un short hang-over, bravement supporté…"

*Mari :* Ne te moque pas des mentally handicapped, je t'en prie. Ouf. Aouah.

*Femme :* J'ai lu un article très intéressant par Kingsley Amis sur les cures de hang-over.

*Mari :* Ah, oui ? Quand ?

*Femme :* Chaque année depuis 1968.

*Mari :* Et son verdict ?

*Femme :* Que toutes les cures de hang-over sont inefficaces. Inutiles. Un dead loss.

*Mari :* Merci.

*Femme :* Mais tu peux essayer un Super Prairie Oyster Special.

*Mari :* En quoi ça consiste ?

*Femme :* Lea et Perrins, oeuf raw, poivre, garlic, Horlicks, cognac, baking powder, radish de cheval, aspirin…

*Mari :* Non, cesse, je t'implore. Ce n'est pas un pick-moi-up, c'est un embalming.

*Femme :* Alors, un poil du chien ? Un petit pick-moi-up ? A propos, qu'as-tu bu hier soir ?

*Mari :* Où étais-je hier soir ?

*Femme :* A la partie de bureau.

*Mari :* Ah, oui. Eh bien, j'ai commencé avec deux petits whiskys, puis quelques verres de vin rouge, puis, trois pints de Theakstons Vieux Bizarre, et après…

*Femme :* Et après ?

*Mari :* Et après, la partie a commencé.

*Femme :* Mon Dieu. En ce cas, je recommande un bumper de potassium cyanide.

*Mari :* Il y a une chose. Nous avons un jour tranquille aujourd'hui. Pas de visiteurs. Je peux mourir en paix.

*Femme :* Tu as oublié ?

*Mari :* Oublié ? Oublié quoi ?

*Femme :* Les in-laws arrivent ce matin. Et ce soir, un lovely family outing de dix-huit personnes à la pantomime.

*Mari :* Soddez-cela pour une alouette. Quelle pantomime ?

*Femme : Sleeping Beauty.*

*Mari :* Bonne idée. Au revoir. Eugh. Ouaoaoah…

# Chez le Fortune-Teller

*Madame Gitane:* C'est la première fois que vous consultez un sooth-sayer?

*Monsieur:* Oui.

*Madame Gitane:* Bon. Maintenant, les cartes. Je shuffle, coupe et deal. Et la première carte…ah!

*Monsieur:* Quoi?

*Madame Gitane:* Je vois…je vois votre genou. Vous avez un genou?

*Monsieur:* J'ai deux.

*Madame Gitane:* Et vous avez un scar, ou distinguishing mark?

*Monsieur:* Oui! C'est fantastique!

*Madame Gitane:* Quand vous étiez enfant, je crois que vous aviez un pet favori, n'est-ce pas?

*Monsieur:* Mon ferret, Fred! Oui!

*Madame Gitane:* Il est mort maintenant. Mais il m'a demandé de vous dire qu'il est très heureux dans le happy hunting ground. Et maintenant vous êtes marié?

*Monsieur:* Oui!

*Madame Gitane:* Avec une femme?

*Monsieur:* Oui!!

*Madame Gitane:* Et vous avez un job, qui est all right, mais un peu boring; si la promotion ne vient pas bientôt, vous pensez sérieusement à faire le looking round, parce qu'à votre âge les cushy billets ne poussent pas sur les arbres.

*Monsieur:* C'est uncanny! C'est exactement mon dilemma. C'est à cause de Mister Anderson. Il ne m'a jamais approuvé.

*Madame Gitane:* Les cartes me disent que M. Anderson va être écrasé par un juggernaut lorry avec un load de lemon verbena shampoo, 2p off.

*Monsieur:* Fabuleux! Quand?

*Madame Gitane:* Pas just yet. Ah! Le valet de pique!

*Monsieur:* Quoi?

*Madame Gitane:* Le J ◊ C'est mauvais, cela.

*Monsieur:* Mon Dieu! Pourquoi?

*Madame Gitane:* Je crois, peut-être, que vous avez un spot de

bother avec un enfant?

**Monsieur:** Oui! C'est ma fille, Susie. Elle voit ce bloke, Rick, qui est un jamais-fait-bien. Il est rubbish. Mais elle pense qu'il est la chose la plus merveilleuse sur two legs.

**Madame Gitane:** Voilà. Les cartes ne me disent plus rien.

**Monsieur:** Mais… vous n'avez pas d'advice? Des plans pour l'avenir? Des share tips?

**Madame Gitane:** Oui, sans doute, mais ça vient un peu plus expensif…

**Monsieur:** Oh, mais je paie tout ce que vous demandez…!

**Madame Gitane:** Bon. Maintenant la balle de crystal…

# Dans le Travel Agency

*Agent:* Bonjour, monsieur! Vous désirez une no-trouble, sun-blanched, soleil 'n' sable vacance?

*Monsieur:* Non, merci. Je désire un fortnight historique et culture-riche en Yugoslavie.

*Agent:* J'ai la very thing! Un 14-jour monument 'n' mausoleum package avec Yugorelic.

*Monsieur:* Non, merci. Je veux loger au Hôtel Adriatik, 9 rue Tito, Splenk.

*Agent:* Splenk, eh? Jolie petite resorte, avec ses ikons, ses cafés et son twice-daily train…

*Monsieur:* A la chambre 128.

*Agent:* Ah. Je suis désolé, monsieur. Chambre 128 est totalement mass-booked. C'est une bloque-réservation pour Swedohols. Je peux vous donner Chambre 127…?

*Monsieur:* Non, merci. C'est exactement au-dessus des cuisines. Je déteste la fragrance de Yugochips. En ce cas, je fais ma seconde option: une there-et-back ocean outing.

*Agent:* J'ai la very thing! 14 jours de sparkling, sec, vintage sunshine avec Medcruise.

*Monsieur:* Non, merci. Je désire 14 jours de ciel gris à la Mer du Nord avec Durham Ferries, sur la *SS Visibility Nil*, dans la cabine No 46. Top bunk.

*Agent:* Oui, c'est libre! En effet, c'est le premier booking de 1979 pour Durham Ferries.

*Monsieur:* Bon. J'aime les no-passenger boats. Et les services du vieux Harry Palmer, le steward fidèle avec ses yarns et sa tendance à refuser les tips.

*Agent:* Hélas, Harry Palmer est maintenant dans le retirement. Il a été remplacé par le jeune Vic Pitt, qui contrôle aussi le night-time disco.

*Monsieur:* Quelle horreur! Cancellez le Durham Ferries booking. J'arrive à l'option dernière: un day return à Peking pour afternoon thé.

*Agent:* Rien de plus facile. Du lait?

*Monsieur:* Un soupçon.

*Agent:* Combien de lumps?

*Monsieur:* Deux, s'il vous plaît.

*Agent:* Bon. Voilà votre ticket. Day return à Peking, £450. Tea, gratuit. Shortbread, £3.50 extra.

*Monsieur:* Bon. Voilà mon chèque.

*Agent:* Bon. Vous prenez le Jump Jet Harrier Shuttle de Heathrow à 0530, le 6 juin.

*Monsieur:* Bon.

*Agent:* Bon. N'oubliez pas les jabs.

*Monsieur:* Bon.

*Agent:* Bon.

# Dans le Chip Shop

*Kevin:* Que manges-tu, Sheila?
Je n'ai pas beaucoup d'argent
ce soir, je regrette.

*Sheila:* Fish 'n' chips, s'il te plaît.

*Kevin:* Bon. Deux poisson frites,
s'il vous plaît.

*Fishman:* Quelle espèce de
poisson?

*Kevin:* Ah. Quelle espèce vous
avez?

*Fishman:* Plaice, cod, haddock,
skate. Tous à 90p. Avec frites,
£1.15.

*Kevin:* C'est cher.

*Fishman:* C'est un give-away.
Pour £1.15 vous avez aussi un
Special Free Gift Offer!

*Kevin:* Ah, oui?

*Fishman:* Oui, Free Paper
Wrapping Offer, maintenant
avec Free Salt, Free Vinegar,
Free Pepper et Free Brown
Sauce!

*Kevin:* Hmm. Vous n'avez pas de
poisson moins cher?

*Fishman:* Dans le Cheap Fish
Range, nous avons rig, skad,

plath et drit.

*Kevin:* ???

*Fishman:* Ce sont des autres
noms pour rock salmon. Ou dog
fish. A 70p.

*Kevin:* Avez-vous un Cheap
Cheap Fish Range?

*Fishman:* Oui. Un New Line.
*Onomatheicus Pseudopisces* n'
chips. 40p.

*Kevin:* ????

*Fishman:* C'est un nouveau
poisson, qu'on a trouvé dans le
*Angler's Guide to Apparently
Inedible Fish.* Dans les vieux
jours, c'était un throwaway au
quayside. Maintenant, c'est un
New White Fish Taste
Sensation. Nous avons fait le
double-checking avec le Natural
History Museum, et ce n'est pas
toxique.

*Kevin:* Fascinant. C'est un
poisson de mer?

*Fishman:* Oui…Eh bien, non.
C'est un poisson de canal,
reservoir, gravel pit et lac
industriel. Il mesure 3 mètres, il
a trois yeux, la bone structure est
formidable et il a l'expression
d'un dachshund désillusionné.
Mais la viande est superbe.

*Sheila:* Oh, Kevin, que pensez-
vous?

*Kevin:* Je ne sais pas … Il y a un
Ultra Cheap Fish Range?

*Fishman:* Mmmm … Nous

avons eeltails, à 35p, mais ce
soir ils sont un peu tough. Il y a
mackerel eyes à 20p. Et, à 10p,
fish-flavoured wrapping paper.
C'est très populaire, cela.

*Kevin:* Bon——deux fish-flavoured
wrapping papers.

*Fishman:* 'N' chips?

*Kevin:* Vous avez un Cheap Chip
Range?

*Fishman:* Oui. Chipped Turnip à
20p, Bag de Chipped Bread à
15p, et Chipped Paper Bag à 5p.

*Kevin:* Merci. Deux paper 'n'
bags, s'il vous plaît.

*Fishman:* Coming up.

# Dans le Stately Home

*Guide:* Nous entrons maintenant dans la Grande Salle. C'est le plus grand appartement du château. Il y a 6,789,000 morceaux de bois dans le plancher de parquet, qui a exactement les mêmes dimensions que Fulham Football Ground. Le ceiling est peint par Zugarelli, le pupile de Peffermill.

*Touriste:* Et il a les mêmes dimensions?

*Guide:* Pardon?

*Touriste:* Le ceiling. Il a aussi les dimensions de Fulham Football Ground?

*Guide:* Eeuh… eh bien… oui, je le suppose. A la droite vous voyez une chaise Chippendale, fabriquée par Chippendale, hence le nom Chippendale. Au mur en face, notez le portrait du 10th Duc, avec le distinctif drooping ear de la famille. L'artiste est Gaspachquez.

*Touriste:* Et qui est la bird?

*Guide:* Pardon?

*Touriste:* Le morceau de skirt dans le portrait. C'est qui?

*Guide:* La dame dans le portrait est la 10th Duchesse. Elle a

élopé avec Gaspachquez. Le sujet est taboo dans la famille. Nous passons maintenant dans le Library … Le 11th Duc a fait une grande collection de livres sur l'histoire de la Crimea War. Il y en a 15,000.

*Touriste:* Qui a gagné la Crimea War?

*Guide:* Eeuh … Je ne sais pas, mais c'est dans ces 15,000 livres. On passe maintenant dans le Conservatoire. C'est ici que le 12th Duc a tenu

beaucoup de conversations avec Oscar Wilde, l'esprit fameux.

*Touriste:* Le 12th Duc était un raging vieux poofter, alors?

*Guide:* Mais non! Il a eu douze enfants, dont les portraits sont tous ici, par Sargent, Constable, Corporal, Bailiff, du Maurier, de Reszke, Sullivan, Powell, Moya, Whistler, Singer et Dancer.

*Touriste:* Tous tués pendant World War I, sans doute?

*Guide:* Oui, sauf Dorothy, qui a servi avec le Machine Gun Corps et était gravement blessée. Nous passons maintenant dans le Souvenir Shop, où il est traditionnel de dépenser beaucoup d'argent.

*Touriste:* Pour soutenir le pocket money du 14th Duc, sans doute.

*Guide: (avec un air très digne):* Monsieur, le 14th Duc, c'est moi!

*Touriste:* Et moi, je suis Barry Gaspachquez, descendant de la 10th Duchesse qui a élopé avec l'artiste en New South Wales!!

*Guide:* Mais je suis enchanté! Oui, vous avez le distinctif drooping ear! Venez crack une bouteille avec moi, vieux chap. Vous ne voudriez pas faire un take-over pour le château, par hasard?

# Chez le Dentiste

*Dentiste:* Ouvrez ... encore ... ouvrez! Grande ouverte! Bon. Confortable?

*Patient:* Grungh ...

*Dentiste:* Bon. Eh bien, seulement un petit check-up. Oui?

*Patient:* Greungh ...

*Dentiste:* Bon ... Tut, tut. Oeufs 'n' bacon pour le petit déjeuner, n'est-ce pas?

*Patient:* Euurgh ...

*Dentiste:* Vous avez oublié de manger la plupart. C'est dégoûtant. Ouvrez!

*Patient:* Reeeugh ...

*Dentiste:* La prochaine fois que vous venez ici, brossez vos dents avant. Et rasez-vous aussi. Vous avez un shaver?

*Patient:* Ouh aah ...

*Dentiste:* Bon. Parce que votre chin est comme coconut matting. Chaque fois que je bouge, cela déchire mon nice clean white coat. A propos, votre halitose. C'est affreux. Ce n'est pas un problème dental, c'est un problème social. Vous permettez que je mette une masque? Ouvrez!

*Patient:* Brough ...

*Dentiste:* C'est intéressant, l'intérieur du nez, vous savez. Vous ne pouvez pas vous imaginer la différence entre les nez. Il y a des types avec des nez comme des tunnels du Circle Line, y a des autres dans lesquels on pourrait faire pousser des champignons. Le vôtre, c'est plus comme un molehill.

*Patient:* Meeaugh ...

*Dentiste:* Ne parlez pas, s'il vous plaît. Cela donne du brouillard à mon petit miroir. Et j'en ai besoin pour regarder vos dents de sagesse. A propos, vous savez que vous n'avez pas de dents de sagesse? Vous êtes né comme ça, sans wisdom teeth?

*Patient:* Neeugh, vousgh ...

*Dentiste:* Moi, je les ai extractés? Bon. J'ai bien fait. A propos, je ne trouve pas le petit morceau de cotton wool que j'ai mis dans votre bouche. Vous l'avez mangé?

*Patient:* Aaaeugh ...

*Dentiste:* Dommage. C'était mon dernier. Eh bien, j'ai terminé mon examen. Je trouve que vous souffrez de dandruff, baldness incipient, halitose, acne, myopia et Richardson's Disease.

*Patient:* Queeugh?

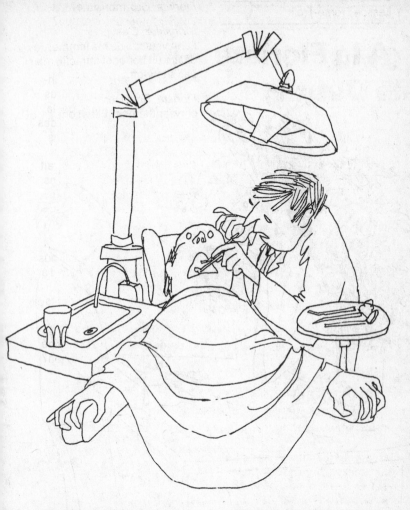

*Dentiste:* C'est un ami à moi. Belle petite disease. Ca attaque les ear-lobes.

*Patient:* Greugh?

*Dentiste:* Mais vos dents sont OK.

*Patient:* Aaaaeugh!

*Dentiste:* Aussi vais-je les tirer tous, pendant qu'ils sont sains. Faîtes un appointement, s'il vous plaît, avec Miss Floss pour une extraction complète.

*Patient:* Mais ...

*Dentiste:* Et ne parlez pas pendant trois heures. Next!

85

# A la Floriste

*Floriste:* Oui, monsieur?

*Monsieur:* C'est pour l'anniversaire de ma femme. Je désire un bouquet attractif, mais pas show-off.

*Floriste:* Bon. Des chrysanthèmes? Elles sont £1.50.

*Monsieur:* C'est beaucoup pour un bunch, madame.

*Floriste:* Ce n'est pas pour le bunch. C'est pour le sprig.

*Monsieur:* Bon Dieu! Je suis visibly shaken.

*Floriste:* Les tulipes sont belles et très long-lasting. Seulement 80p per bunch.

*Monsieur:* Combien dans un bunch?

*Floriste:* Trois.

*Monsieur:* Ce n'est pas un bunch, c'est un over-grown button-hole.

*Floriste:* Pour quelque chose de différent, pourquoi pas un display de dried grass?

*Monsieur:* Pour la femme? Ce n'est pas diplomatique, voyez-vous.

*Floriste:* Vous avez un point là.

*Monsieur:* Donnez-moi le run-down sur ces fleurs ici.

*Floriste:* Très lovely, très délicats. Ils sont des myosotis.

*Monsieur:* Hmm. Ils sont très rares?

*Floriste:* Pas spécialement. On les appelle aussi forget-me-not. Ils sont £2.50 le big bouquet.

*Monsieur:* Et le single forget-me-not?

*Floriste:* On ne fait pas le single forget-me-not. Ce n'est pas économiquement viable.

*Monsieur:* Eh bien, je prends une rose solitaire. Le message est ''Pour Sylvia'' et l'adresse est 51, Lammermoor Gardens.

*Floriste:* Curieux. C'est le cinquième ce matin.

*Monsieur:* Oui, Sylvia est un nom très populaire.

*Floriste:* Et 51 Lammermoor Gardens est une adresse très populaire.

*Monsieur:* Comment? Vous avez eu d'autres clients qui ont envoyé des fleurs à ma femme?

*Floriste:* Deux douzaines de roses, un sac de freesias, une cascade de gladioli et une orchide.

*Monsieur: Une* orchide?

*Floriste:* A £12.

*Monsieur:* Mais . . . c'est horrible! Qui étaient ces hommes, ces gigolos?

*Floriste:* Je ne peux pas dire. La relation entre une floriste et ses clients est sacrée. Jamais je ne trahis les confiances!

*Monsieur:* Bon. Donnez-moi £15 worth de daffs. Et vite!

*Floriste:* Marqué ''Pour Sylvia''?

*Monsieur:* Non. C'est pour Stephanie, Flat 5, Clarges St.

# Après
# le Match

*Supporter 1 :* Typique.
*Supporter 2 :* Absolument typique.
*Supporter 3 :* La même vieille histoire.

*Supporter 1 :* On avait 90% du play.
*Supporter 2 :* On l'avait sewn up à half-time.
*Supporter 3 :* Et puis Shackleton fait un give-away goal sur une assiette.

*Supporter 1 :* Et c'est un 1-1 draw.
*Supporter 2 :* Typique.
*Supporter 3 :* Quelquefois, je me demande pourquoi je bother.

*Supporter 1 :* Ce Shackleton est un no-no.
*Supporter 2 :* Il est un woodentop.
*Supporter 3 :* Il est une positive liabilité. Il vaut un goal aux visiteurs, chaque fois. C'est un Muppet. Il joue sur stiltes. Il ne vaut pas même un free transfer. C'est un joke.

*Supporter 1 :* Marquez-vous, les conditions étaient très difficiles.
*Supporter 2 :* Et le ref était diabolique.
*Supporter 3 :* Et la balle ne courait pas pour nous.

*Supporter 1 :* Mais, quand tout est dit et fait, on aurait dû les massacrer.
*Supporter 2 :* C'est un point dans le drain.
*Supporter 3 :* C'est un nail dans le coffin de nos chances.

*Supporter 1 :* Quelquefois, je me demande pourquoi je bother.
*Supporter 2 :* Still et all, Murphy a bien joué.
*Supporter 3 :* Dommage qu'il n'avait pas de support.

*Supporter 1 :* Il a donné toute sorte de trouble au goalie.
*Supporter 2 :* Il est perdu ici.
*Supporter 3 :* Ils sont tous un gang de no-hopers.

*Supporter 1 :* Les visiteurs n'étaient pas mauvais.
*Supporter 2 :* Ils avaient leurs moments.
*Supporter 3 :* Leur Numero 9 était OK.

*Supporter 1 :* C'était bad luck qu'ils n'ont pas gagné.
*Supporter 2 :* Contre nous, tout le monde devrait gagner.
*Supporter 3 :* C'est vrai . . . Et le next match?

*Supporter 1 :* C'est mercredi. Un midweek fixture. Contre Arsenal.
*Supporter 2 :* 5-0 à Arsenal.
*Supporter 3 :* 6-0 si Shackleton joue.

*Supporter 1 :* Désastre.
*Supporter 2 :* Catastrophe.
*Supporter 3 :* Alors, à mercredi?

*Supporter 1 :* Oui. Même lieu, même heure.
*Supporter 2 :* See you.
*Supporter 3 :* See you.

# Dans le Surgery

*Médecin:* Bonjour, M. Midgley. Comment va l'arthrite?

*Patient:* Je ne suis pas Midgley. Je suis Menzies.

*Médecin:* Bon. Alors, vous n'avez pas l'arthrite. Qu'est-ce que vous avez?

*Patient:* Je ne sais pas, docteur. Si je savais, je ne serais pas ici.

*Médecin:* Bon. Alors, donnez-moi un bref conducted tour de vos symptomes.

*Patient:* C'est difficile. J'ai short breath. Mes bras sont très lourds. Et j'ai perdu mon appétit.

*Médecin:* Bon. Je vais vous donner ces pilules rouges.

*Patient:* Pardon, mais vous m'avez donné ces pilules rouges la dernière fois.

*Médecin:* Bon. Avec quel résultat?

*Patient:* J'ai developpé short breath, des bras lourds et un appétit perdu.

*Médecin:* Bon. Il faut maintenant abandonner les pilules rouges. Je vais vous donner ces pilules jaunes.

*Patient:* Mais j'ai déjà pris des pilules jaunes, bleues, brunes et parti-colores.

*Médecin:* Hmm. Il me semble que vous prenez trop de pilules. Je vais vous prescrire un nouveau traitement. Pas de pilules!

*Patient:* Bon. Je vais essayer de ne pas oublier . . . Mais, après tout, quel est le nom de ma maladie?

*Médecin:* Eh bien . . . c'est à dire . . . il n'y a pas exactement un nom . . . c'est une condition . . . cela serait plus facile si vous aviez des symptomes plus concrètes. Vous n'avez pas, par hasard, un nez bloqué?

*Patient:* Oui, un peu.

*Médecin:* Bon! Et le sore throat, et tired eyes, et dicky tummy, et dodgy legs?

*Patient:* Oui, un peu.

*Médecin:* Très bon! C'est un bug qui fait les rounds. Il s'appelle Watford 'Flu.

*Patient:* Et le traitement?

*Médecin:* Il n'y a pas de traitement. On se sent ghastly pendant trois jours, puis il s'en va. Je vais vous donner un sick note.

*Patient:* Eh bien . . . j'ai une confession. Ce n'est pas pour moi. C'est pour ma femme.

*Médecin:* Votre femme? *Elle* est malade?

*Patient:* Oui. Trop malade pour venir au surgery.

*Médecin:* Mais c'est une moquerie de la médecine! Il faut absolument que je fasse une diagnose exacte! Sans le patient, je suis perdu.

*Patient:* Je pensais . . . peut-être les pilules rouges?

*Médecin:* Bonne idée. Et si cela ne produit un effet . . . les pilules jaunes, brunes etc.

*Patient:* Bon. Merci, docteur. C'est un grand relief.

*Médecin:* Bon. Next, please!

# La Telly

*BBC-1 :* "... Dans l'an 5,000,000 BC, ce petit fossile était alive and well dans les rain forests tropicals qui sont maintenant Dulwich. C'est incroyable."

*Père :* C'est rubbish. Quel programme c'est?

*Mère : That's Life on Earth* par Esther Rantzen et ce nice M. Attenborough.

*Père :* Essaie BBC-2.

*Mère :* Sur BBC-2 il y a *Darwin : The Dancing Years* – une histoire expérimentale du monde par Dennis Potter.

*Père :* Ah, j'aime lui! Son *Oneupmanship* était spot on.

*BBC-2 :* "...Votre théorie d'Evolution est trop dangéreuse, M. Darwin. Il est élitiste! Tu veux danser...?"

*Père :* C'est Lionel Blair?

*Mère :* C'est Colin Blakeley.

*Père :* Essaie ITV.

*ITV :* "...Non, Jake! Jake, non! Ne tirez pas! Pas de shooting! Il est mon baby brother!"

*Père :* Oh, un western. Bon.

*ITV :* "...Je regrette, Kate. C'est un homme à homme situation. C'est la fin du trail pour votre baby brother."

*Père :* Bon. Shoot!

*ITV :* "...Donnez-lui une dernière chance!"

*Père :* Non, shoot!

*ITV :* "A la fin du jour, une tasse de Bed-Sit. Bed-Sit vous relaxe. Bed-Sit vous donne deep-down comfort. Bed-Sit. Maintenant métrique."

*Père :* Bleeding' enfer. Essaie BBC-1 encore.

*BBC-1 :* "...une histoire de sexe, violence, drama, intrigue et Glenda Jackson."

*Père :* Bon. Je la fancie, Glenda.

*BBC-1 :* "Tomorrow, sur BBC-1."

*Père :* Ah, non, ce n'est pas juste! Essaie ITV-2.

*Mère :* Cela n'existe pas, ITV-2.

*Père :* ESSAIE ITV-2!

*Mère :* Bon, bon. Retiens tes cheveux.

*ITV-2 :* "Oscar Tango to Victor Mature. Am approaching Farley Street. Il y a un grand punch-up entre Millwall supporters et la National Front, coin de Lincoln Street."

*Père :* C'est une police drame?

*Mère :* Non, c'est un vrai police car. Il a attrapé le wavelength de ITV-2.

*Père :* Coin de Lincoln Street? Mais c'est ici! Ouvre les rideaux! ...Oui, voilà! Hé, c'est magnifique!

*Mère :* Je fais le switch-off de la TV?

*Père :* Oui. Nous avons un vrai programme dans la rue, avec violence, passion, drame et Millwall, qui joue gauche à droite.

*Mère :* Et Glenda Jackson?

*Père :* Ssh! N'interromps pas. Je regarde la real life. Passe-moi un lager.

# Les Oiseaux et les Abeilles

*Père:* John …

*Fils:* Oui, papa?

*Père:* Ta mère a proposé que toi et moi … Elle pense que tu es maintenant assez vieux . : . Il faut que nous ayons un petit talk au sujet de … de …

*Fils:* Sexe?

*Père:* Oui. C'est très à propos, parce que le printemps commence enfin à arriver. Le sap se lève, et les pensées d'un jeune homme passent legèrement à…

*Fils:* Sexe?

*Père:* Oui. C'est un instinct très naturel. C'est sain et normal. Ce n'est pas …

*Fils:* … furtif et honteux?

*Père:* Exactement.

*Fils:* C'est l'expression physique d'une attraction mutuelle entre deux personnes.

*Père:* Comment tu sais tout cela?

*Fils:* Parce que je suis second year student de Sexual Studies à York.

*Père:* Vraiment? Je te croyais un trainee heating engineer.

*Fils:* C'est Frank, mon frère. Papa! J'ai 20 ans et j'habite avec ma girl-friend! C'est un peu tard pour le petit talk informal.

*Père:* Dommage. Je rencontre si rarement l'occasion d'avoir un coeur-à-coeur.

*Fils:* En ce cas, ma mère a proposé que je te parle un peu … Elle veut que nous parlions sérieusement au sujet de …

*Père:* L'argent?

*Fils:* Sexe. Tu sais, il y a un certain âge pour un homme, environ 40-45, quand il sent que la vie le dépasse. Sur le grand motorway de la Vie, il commence à décélérer. Les jours de la Fast Lane sont partis. Donc, il … il …

*Père:* Fait retraite au Hard Shoulder et appelle le RAC?

*Fils:* Non. Pour se persuader qu'il est toujours attractif et virile, il fait un dernier grand fling. Tu comprends?

*Père:* Oui. Fling, c'est une danse écossaise.

*Fils:* Il faut que je parle franchement. Ton affaire avec Mrs Louise Bedworthy embarrasse ma mère. Oui, je sais que c'est le printemps, que chaque petite brise semble murmurer Louise, mais …

*Père:* Mais c'est naturel et normal.

*Fils:* C'est aussi très dangéreux et risqué. Sois ton âge, papa!

*Père:* Tu as raison. J'ai été un fou. Je ne la reverrai jamais. Mon Dieu, j'ai été aveugle.

*Fils:* Bon. Si tu as encore de questions au sujet de sexe, tu sais, tu peux me demander n'importe quand.

*Père:* Merci. J'apprécie ce petit get-together.

*Fils:* Voilà un petit livre qui est très bon sur le sujet.

# Dans le Lost Property

*Monsieur:* Vous êtes le lost property?

*Homme:* Oui. J'ai 2,000 parapluies, 5,000 chapeaux, 300 gumboots (odd), 400 necklaces de diamant (398 pastiche), un sawn-off shotgun et un four-poster bed. Cela, c'est pour starters. Prenez votre pick.

*Monsieur:* Eh bien, je voyageais dans le 15.38 de Birmingham à Euston et j'ai laissé : ...

*Homme:* Non ! Laissez-moi deviner. Donnez-moi trois guesses. C'est à vous, le dressing table style Art Deco avec un drawer plein de lingerie et l'autre plein de top quality cocaine?

*Monsieur:* Non.

*Homme:* Ah, donc c'est le briefcase marqué Top Secret qui contient les plans hush hush British Leyland pour le nouveau Austin Panatella?

*Monsieur:* Non, c'est ...

*Homme:* Ou peut-être le cockatoo qui répète sans cesse les early works de T S Eliot dans un fort accent allemand? "Let us go, tsen, you and I I"

*Monsieur:* Non, non plus.

*Homme:* Dommage. J'ai envie d'étrangler ce flamin' bird.

*Monsieur:* La chose que j'ai laissée est, je regrette à dire ...

*Homme:* ... est le super de-luxe two-man Swiss Army knife, avec 128 fonctions, including electric toothbrush, cigarette vendomat et petit non-lethal bazooka ! Dans ce cas, il faut vous aviser que la fag machine a été vandalisée.

*Monsieur:* Non, non, non. C'est simplement ...

*Homme:* Simplement? Ah, vous me donnez un clue ! Simple ... simple ... c'est un doddle ! C'est le plain gold cigarette case avec l'inscription "Get lost, soap-face".

*Monsieur:* Look, je suis busy ...

*Homme:* Alors. Voilà. Regardez. Je vais faire des déductions rigoureuses. Vous étiez sur le 15.38?

*Monsieur:* Oui.

*Homme:* Facing? Dans un smoker?

*Monsieur:* Oui, c'est ça.

*Homme:* 1ére classe? A8?

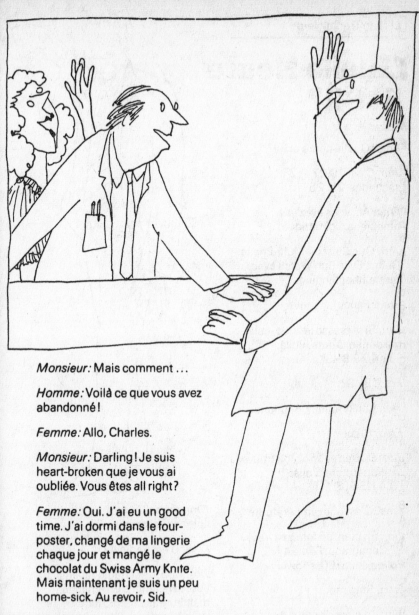

*Monsieur:* Mais comment …

*Homme:* Voilà ce que vous avez
abandonné!

*Femme:* Allo, Charles.

*Monsieur:* Darling! Je suis
heart-broken que je vous ai
oubliée. Vous êtes all right?

*Femme:* Oui. J'ai eu un good
time. J'ai dormi dans le four-
poster, changé de ma lingerie
chaque jour et mangé le
chocolat du Swiss Army Knite.
Mais maintenant je suis un peu
home-sick. Au revoir, Sid.

*Homme:* Au revoir, chérie. Oh,
merci, monsieur.

# Quelle Heure Est-il?

*Fred:* Quelle heure est-il?

*Jim:* C'est 19.07 et 24 secondes, 25, 26 . . .

*Fred:* Ah, vous avez une timepiece digimatique!

*Jim:* Oui. C'est un Multi-Phase Quartz Ever-Run Watch avec real leather binding.

*Fred:* Fancy.

*Jim:* Si je presse le knob, cela me donne la date. Voilà. "31.4.79.BHS".

*Fred:* BHS?

*Jim:* Bank Holiday, Scotland.

*Fred:* Blimey.

*Jim:* Et avec ce knob, on trouve la température. Voilà: "8.4.NE.80S".

*Fred:* C'est une température?

*Jim:* Eh bien, un forecast, really. 8° Centigrade, Force 4 NE, Pollen count 80, showery.

*Fred:* Stap moi.

*Jim:* Ce n'est pas tout. Avec un autre knob, on trouve Radio 4. Ecoutez.

*Timepiece:* ". . . krutz va na pot lipsk, en va merzli . . ."

*Fred:* C'est Radio 4?

*Jim:* Non, c'est Radio Albania. Les wavelengths ont changé, malheureusement. Tiens, ce knob ici est la memo-cassette, pour enrégistrer mes passing thoughts.

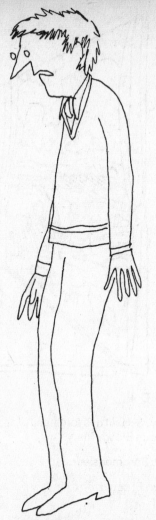

*Timepiece:* "Ce bundle de sweet Bordeaux est rubbish. Lucky si on recoupe la valeur des labels . . ."

*Jim:* Ah, le sale n'a pas commencé. C'est l'auctioneer qui parle à son sidekick.

*Fred:* J'ai oublié. Quelle heure est-il?

*Jim:* Voyons.

*Timepiece:* ". . . et beaucoup d'amour à granny et grandpa, et maintenant voici Andy Williams qui chante *That Yawning Feelin'* . . ."

*Jim:* Curieux. C'est Radio 2. Essayons ce knob.

*Fred:* Le dial dit: "1984". Je ne l'aime pas, Jim.

*Jim:* Moi non plus. Les knobs malfonctionnent. Encore un essai.

*Timepiece:* "Maintenant écoutez. Maintenant écoutez. C'est votre timepiece qui parle. C'est votre timepiece qui parle."

*Jim:* Mon Dieu! Qu'est-ce qui se passe?

*Timepiece:* "Voilà vos ordres."

*Fred:* C'est . . . c'est un take-over par les digimatiques!

*Timepiece:* "Je ne suis pas un digimatique. Je suis de la planète Quartzon. Maintenant écoutez . . ."

*Timepiece:* ". . . N'oubliez pas les sprouts . . . n'oubliez pas lunch avec Miranda . . . n'oubliez pas fleurs pour la femme . . ."

*Jim:* Hmm, well, yes. Et voilà un special exclusive feature. Direct radio link-up avec Sotheby's salerooms! Aujourd'hui c'est un sale de vins rares. Essayons un peu voir . . .

# Déjeuner sur BR

*Steward:* Bonjour, Monsieur. Vous déjeunez?

*Voyageur:* Oui.

*Steward:* Vous avez un petit "First Sitting" card?

*Voyageur:* Non.

*Steward:* Ce n'est pas important. Vous êtes seul?

*Voyageur:* Non, je suis marié. Mais ma femme n'est pas ici.

*Steward:* Ce n'est pas important. Il y a toujours une place pour vous.

*Voyageur:* Merci.

*Steward:* Et pour commencer, il y a soupe, ou jus de fruit, ou salade.

*Voyageur:* Quelle sorte de soupe?

*Steward:* Tomate.

*Voyageur:* Quelle sorte de fruit juice?

*Steward:* Tomate.

*Voyageur:* Hmm. Et la salade, as like as not, est . . .

*Steward:* Oui.

*Voyageur:* S'il faut des tomates, je prends un Bloody Mary.

*Steward:* Bon, monsieur.

*Voyageur:* Et pour suivre, le steak.

*Steward:* Hélas, il n'y a pas de steak. Le shipment de beef, qui devait nous attendre à Nuneaton, a été dérouté à Doncaster.

*Voyageur:* Pourquoi?

*Steward:* Adverse conditions de weather.

*Voyageur:* Mais c'est un jour

glorieux!

*Steward:* Précisément. C'était une surprise totale.

*Voyageur:* Alors, roast lamb.

*Steward:* Je regrette, monsieur, le roast n'est pas available.

*Voyageur:* Snow sur les points?

*Steward:* Non, pas encore défrosté. Snow sur les joints.

*Voyageur:* Nice one, steward! Alors, vous recommandez . . . ?

*Steward:* Un bon petit can de Newcastle Brown.

*Voyageur:* D'accord. Et après?

*Steward:* Fromage, fromage, fruit salad ou fromage.

*Voyageur:* Du café, s'il vous plaît.

*Steward:* Et avec?

*Voyageur:* Un cognac, je crois.

*Steward:* Alors, ça fait un Bloody Mary, un Newkie, un café, un cognac.

*Voyageur:* C'est ça.

*Steward:* Bon appétit, monsieur.

*Voyageur:* Merci.

# Avertissement aux lecteurs

Le 12″ LP LET'S PARLER FRANGLAIS
avec Peter Ustinov et
Sacha Distel

Le BBC-2 show LET'S PARLER FRANGLAIS
avec guest stars Peter Ustinov,
Sacha Distel, John Williams
et Cleo Laine

Le West End smash hit musical
LET'S CHANTER FRANGLAIS avec
Cleo Laine, Sacha Distel et
Michel Crawford, book par Benny Green,
lyrics par Herbert Kretzmer, costumes
par Hardy Amies, dictionnaires
by courtesy of Harraps

Les FRANGLAIS novelty dolls en
vente partout


N'ONT AUCUNE CONNECTION AVEC CE LIVRE.


Ils ne sont pas autorisés par nous.
Ils sont strictement pirate productions.
Prenez garde.
Merci.

**Let's Parler Franglais Again!**

# Preface

par sa Hautesse Royale
Prince Phillipe
Duc d'Edimbourg
c/o Palais de Holyrood
ECOSSE etc

(N'oubliez pas la postcode)

Bonjour. Hrumph. OK, stand facile. Bon.

Vous savez, chaque jour 6,000,000 dolphins sont exterminés. Moi, je trouve cela un très mauvais show. Mais au Fund de la Wildlife du Monde il y a un effort tremendeux pour combattre ce mayhem. Donc, envoyez vos cheques marqués 'Sauvez le Dauphin'. Immédiatement!

A propos, savez-vous que le mot *dauphin* signifie 1) un dolphin 2) le fils de la monarque? Donc, Charles, Prince de Wales, est un dolphin!

Il y a une joke là, quelque part.

Meanwhile, je recommande ce livre de tout mon coeur.

Tous les profits vont directement à la construction du Chunnel.

Damn bon, je dis.

*Phillipe*

# Introduction

Mesdames!
Messieurs!
Salut.
Le succès de **Let's Parler Franglais!** a été unspeakable.
Le Franglais est maintenant une langue internationale.
Fantastique.
Ace.

Il y a un 'O' Level en Franglais.
On voit des graffiti en Franglais ('Le Shed Règne OK', etc).
Le Franglais est une langue officielle au Parlement de
l'Europe.
Le Club Franglais de Basildon a joué un cricket match
contre Les Gentlemen de Strasbourg (148 et 7, 4 pour 9
declaré et 153 t.o. : résultat, une tie).
La Ligue Franglais de La Rochelle a fait une day-excursion
à Neasden (not many hurt).
Mais ce n'est pas assez.
Il faut redoubler les efforts!
Onwards le Franglais!
Ever upwards!

Mais comment contribuer?
C'est simple.
Acheter **Let's Parler Franglais Again!**
Le Cours Avancé pour Beginners!
Vous l'avez déjà fait?
Bon.
Merci.
Maintenant, read on.

# Acknowledgements

(*Continué de Vol I de* Let's Parler Franglais!)

. . . aux fabricateurs du whisky de malt Glen Grant, le forecast de weather (sur 01-246 8091) qui est toujours bon pour un laugh, Anthony Blunt pour ses recommandations visuelles, the wife, the girl-friend, la famille, quoi, Beethoven pour la musique incidentelle, Pete Odd, ma fille Sophie pour help avec mon homework, au Natwest pour leur tolerance, à Dr Christie qui a diagnosé mon pied d'athlete, l'hôpital Middlesex qui a sauvé mon bras droit, Clive James et le Baldness Bureau, the late W.H. Smith, le Late Night Bar au British Museum, au Prince Phillipe pour ses tips de chevaux, au boyo Clive Jenkins et le Rhetoric Bureau, au Warsaw Pact qui a trouvé mes suggestions 'très intéressantes', les producteurs de Listerine (un knock-out drop, lads!), mon fils Tom pour son invention de Florence of Arabia, au gouvernement du Pérou (¿que pasa, chicos?), à Merrily Harpur qui a toléré la présence de Marc Boxeur sur le cover, à Marc Boxeur qui ne parle même pas Français, à Lord Lichfield pour m'avoir donné l'adresse des femmes les plus belles du monde (mais elles ne sont jamais là), Pierre Boizot, Habib Issa, le gentleman qui a trouvé mon corkscrew, l'Arts Council pour son refusal très courtois, David pour les haircuts et le small-talk, à Leonid Brezhnev pour le free trip à Minsk (t'as reçu les microdots, Léonid, vieille fruit? – tu n'écris jamais), Zoot, Django, Ronnie, Stan et tous mes héros de jazz, Charlie et Fred les chats, blimey, qui else? . . . . .

(*Continué dans Vol III de* Let's Parler Franglais!)

# Lessons

# Le Sailing

*Capitaine:* Welcome aboard,
vieux chap ! C'est votre
première visite dans un boat ?

*Ami:* Oui. C'est à dire, j'ai pris
le ferry de Douvres à Calais . . .

*Capitaine:* Mais non, mais non,
ce n'est pas le real thing.
Boating, c'est le smack de la
mer contre les wellies, le sel
dans les cheveux, le vent dans
les oreilles . . .

*Femme:* (*dans le galley*) . . . Le
tonic dans le gin ?

*Capitaine:* Oui, merci. (*A l'ami*)
C'est Liz, la femme.
Elle déteste le sailing. Pauvre
Liz. Maintenant, un peu
d'explication. C'est très simple.
Ici le helm. Le m'ns'l. Le
sp'nn'k'r-h'ly'rd. Le j'b-sh't-
w'nch. Et voilà ! C'est tout.

*Ami:* Hmm. Et ceci, ils sonts les
ropes ?

*Capitaine:* Non, non, ce sont les
sheets.

*Ami:* Je croyais que les sheets
étaient les sails ?

*Capitaine:* Non, les sails sont
les jibs, les genoas, les m'ns'ls,
etc. C'est très simple.

*Femme:* Du citron dans le gin ?

*Capitaine:* Oui, merci !
Maintenant, vieux chap, let's go.

*Ami:* Bon.

*Capitaine:* OK, cast off.

*Ami:* Pardon?

*Capitaine:* Cast off le warp. Le warp, c'est le sheet qui attache le boat à l'Angleterre. Cast off le warp.

*Ami:* Bon.

*Capitaine:* Mais, espèce de flaming idiot, vous avez cast off le wrong end! Vous avez laissé le warp sur terra firma!

*Ami:* Mais . . .

*Capitaine:* Mais rien, Maintenant hissez le m'ns'l.

*Ami:* Avec quel rope? Quel sheet? Quel warp?

*Capitaine:* Avec le halyard, twitface. Non, pas celui-là, celui-là!

*Ami:* Celui-là?

*Capitaine:* Non, celui-là. Oh, for God's sake, prenez le helm, pendant que je fais le straightening out.

*Femme:* De la glace dans le gin et tonic?

*Capitaine:* Pas maintenant, Liz, fais-nous une faveur! Oui, deux lumps. OK, squire, steady as she goes. Bear away un peu.

*Ami:* Pardon?

*Capitaine:* Bear away. Bear away! Jesus wept, on va frapper cette Contessa 32!! BEAR AWAY!

*Femme:* Il veut dire, donnez un push au morceau de bois dans vos mains.

*Ami:* Ah. Comme ça?

*Capitaine:* Oui, très bien. Vous voyez, c'est très simple, le sailing. Je suis sûr que vous allez vous amuser beaucoup.

*Ami:* Je ne suis pas sûr. J'ai un feeling un peu . . .

*Capitaine:* Un peu quoi?

*Ami:* Un peu queasy.

*Capitaine:* C'est normal. Liz, donne-lui un gin et tonic et Kwells. Maintenant, on va essayer le spinnaker . . .

# Dans le Health Food Shop

*Client:* Bonjour. Je cherche un plain strong white flour.

*Assistant:* Ne cherchez pas ici, monsieur. White flour est toxique et deadly. Nous sommes un magasin sérieux.

*Client:* Oh. Quelle sorte de farine vous avez?

*Assistant:* Nous avons wholemeal, wheatmeal, mealwhole, 110% fullwheat, 120% wheat-of-the-loom ou 150% millstone grit.

*Client:* Et la différence?

*Assistant:* Nulle. Elles sont toutes organically grown avec real dung et hand ground dans notre mill à Buckminster Fuller. Elles sont transportées ici dans un organically built farm wagon.

*Client:* Et les sacs sont rangés sur les shelves ici par ruddy-cheeked yokels dans smocks traditionnels?

*Assistant:* Of course.

*Client:* Hmm. Je prends un 1 lb sac de 200% stonewheat.

*Assistant:* Ça fait £4.80.

*Client:* C'est cher.

*Assistant:* Health food est toujours cher. C'est le wholepoint. Nous ne voulons pas avoir chaque Tom, Dick and Harry dans le shop.

*Client:* Hmm. Et je veux acheter un carrier bag.

*Assistant:* Quelle sorte de carrier?

*Client:* Il y a différentes sortes?

*Assistant:* Oui, bien sûr. Wholeweave, brownbag recycle, Third Worldweave, Arty Dartington ou Jethrotwill.

*Client:* On peut les manger?

*Assistant:* Non. On peut manger les Chinese rice paper bags, mais ils ne sont pas très forts.

*Client:* OK. Un sac de stonewheat et un Chinese paper bag.

*Assistant:* Un moment, je vais calculer sur mon abacus. £4.80 + 60p, c'est . . . c'est . . .

*Client:* £5.40.

*Assistant:* £5.80.

*Client:* Votre abacus est sur le blink.

*Assistant:* Un abacus ne va jamais sur le blink . J'ai simplement ajouté 40p pour le Save The Honeybee Appeal.

*Client:* Le honeybee est en danger?

*Assistant:* Non. Pas encore. Mais il faut anticiper. Sauvons le honeybee maintenant

pendant qu'il est sauf ! Plus
tard, il sera trop tard ! !

*Client:* OK, OK. Voici £5.80.
Merci et au revoir.

# Quel Temps Fait-il?

*Lui:* Tu as écouté le weather forecast?

*Elle:* Oui. A 7 am le radio a dit: 'Cool et cloudy, avec showers.' A 8 am il a dit: 'Tempête, Force 8-9, visibilité limitée à 10 mètres.'

*Lui:* Cela représente une vive détérioration. Pourquoi les forecasts sont si différents?

*Elle:* Je crois que le second forecast était pour inshore shipping.

*Lui:* Hmm. Que disent les journaux?

*Elle:* Le *Telegraph* dit: 'Squally, avec scattered showers.' Le *Mail* dit: 'Squally, avec scattered showers.' Le *Guardian* dit: 'Squatters, avec silly showers,' mais je crois que c'est une mistake. Le *Hi-Fi Review* ne dit rien.

*Lui:* Pourquoi les forecasts sont tous les mêmes?

*Elle:* Ils viennent tous du roof du London Weather Centre.

*Lui:* C'est scandaleux! Dans une libre société, il faut avoir un choix! Si j'étais le nouveau gouvernement, je rendrais le weather forecasting à l'entreprise privée.

*Elle:* Et qu'est-ce qu'on ferait avec le roof du London Weather Centre?

*Lui:* Eh bien, je le vendrais à Sotheby's à un Yankee millionnaire. C'est unique.

*Elle:* Et les gens dans les bureaux sur le top floor du London Weather Centre? Cela ne serait pas comfortable, sans un roof.

*Lui:* Eh bien, ils auraient un lovely outdoor working situation en midsummer.

*Elle:* Mais s'il neigeait?

*Lui:* Eh bien, ils écouteraient le weather forecast avant le rush hour, et ils resteraient chez eux.

*Elle:* Mais si le forecasting était dénationalisé, comme tu recommandes, les forecasts seraient tous différents. Comment distinguer le best buy?

*Lui:* Toss un penny, juste comme maintenant.

*Elle:* Toi, tu fais le penny-tossing quand tu écoutes le forecast?

*Lui:* Non, ils font le penny-tossing sur le roof du London Weather Centre. Ecoutons le radio à 9 am . . .

*Radio:* '. . . et aujourd'hui il sera mild et cool, avec soleil et scattered showers, et neige sur le very high ground. Le vent . . . hold on, je vais tosser mon penny encore . . . damn! Je l'ai laissé tomber du roof du London Weather Centre.'

*Lui:* Tu vois ? Eh bien, je vais au bureau. Je prends mon overcoat pour le temps mauvais et mes sunglasses en cas de heat-wave.

*Elle:* Tu ressembleras à un film star incognito.

*Lui:* Merci, chérie.

*Elle:* Je pensais à Telly Savalas.

*Lui:* Charmé, je suis sûr.

# A la Barbecue

*Mari:* Qui attend un hamburger ?

*Femme:* Dave, Susan, Phil, Liz, Tony, Maggy, Jim, Harry, Una, Sylvia, John et les treize enfants.

*Mari:* Dommage. Sur le griddle il y a espace pour quatre hamburgers seulement.

*Femme:* Cet hamburger semble well-cooked.

*Mari:* Ce n'est pas un burger. C'est un morceau de solid fuel. Les burgers sont les burnt offerings.

*Femme:* Dear God. Et les sausages ?

*Mari:* Malheureusement, les saucisses ont glissés par les petits trous dans le griddle.

*Femme:* Elles sont perdues ?

*Mari:* Perdues, non. Elles brûlent, et donnent un terrific heat.

*Femme:* Eh bien, je vais tourner les hamburgers et leur donner un cooking sur le flipside.

*Mari:* Non, non, ne les touche pas ! Si tu essaies . . . ! Regarde maintenant.

*Femme:* Dear God. Ils se sont fragmentés comme une

momie ancienne d'Egypte.

*Mari:* Au revoir, saucisses. Au revoir, burgers. Bring on les beefsteaks !

*Femme:* Le feu est un peu faible.

*Mari:* Faible ? Oui. C'est presque mort. Demande à Dave, Susan, Phil, Liz, Tony, Maggy, Jim, Harry, Una, Sylvia, John et les treize enfants de me donner leurs paper plates pour emergency incineration.

*Femme:* Non, c'est trop embarrassant. Verse un peu de High Octane Barbecrude Oil, 'actif même dans les downpours !'

*Mari:* Tu crois ? Eh bien, OK. Here goes. *(On entend un Whoosh, suivi de cris de terreur.)* Jehosaphat ! Le jardin est en flammes. Curieux, que l'herbe si verte peut brûler comme ça. *(On entend une sirène, suivie de quelques fire officers.)*

*Fireman:* Bonsoir, monsieur. Un peu de trouble ?

*Mari:* Eh, oui. Basicallement, le jardin brûle mais les steaks sont underdone.

*Fireman:* Nul problème, monsieur. Le Barbecue Brigade est ici pour vous aider.

*Mari:* Barbecue Brigade ?

*Fireman:* Special Off-Duty Group, spécialistes dans les out-of-hand fry-ups dans le Belt Vert. Nous sommes les Red Adairs des suburbes. Maintenant, donnez-moi le slice, les tongs et mon petit barrel.

*Mari:* C'est un barrel de fire-fighting foam ?

*Fireman:* C'est mon barrel de fire-proof piquant barbecue sauce. Dans 10 minutes vous aurez un souper parfait al fresco.

*Mari:* Merci. Vous resterez pour manger avec ?

*Fireman:* Merci. Par coincidence, j'ai couteau et fourchette dans ma poche. Maintenant, stand clear !

# Le Commissionnaire

*Visiteur:* Je veux voir M. Whitworth.

*Commissionnaire:* Le chairman? Fat chance. Vous avez un appointement?

*Visiteur:* Non, pas un appointement exactement.

*Commissionnaire:* Pas un appointement exactement. Quoi, alors? Un blind date?

*Visiteur:* Non, mais je suis expected.

*Commissionnaire:* Oh, vous êtes expected, hein? Il a dit: 'Pop in any time'?

*Visiteur:* Non, pas exactement, mais . . .

*Commissionnaire:* Regardez. Je suis un homme très busy. Toute la journée il y a des gens qui vont et viennent. Ils disent: 'Je suis pour le Marketing Director.' Je dis: 'Troisième étage.' Cinq minutes plus tard, le Marketing Director vient à mon desk et dit: 'Pourquoi vous avez laissé entrer ce nutter?' Maintenant, je détourne tout le monde.

*Visiteur:* Alors, vous pouvez téléphoner à la secrétaire du chairman.

*Commissionnaire:* Non.

*Visiteur:* Comment, non?

*Commissionnaire:* Elle est allée à lunch.

*Visiteur:* Oh. Alors, on peut téléphoner au chairman?

*Commissionnaire:* Charmant. Lovely. J'appelle le chairman et je dis: 'Pardon de vous interrompre, M. Whitworth, mais c'est Hodgkins au desk ici, et il y a un jeune homme qui a l'air de quelque chose que le chat a apporté, et peut-être, M. le chairman, vous pouvez descendre pour lui dire bonjour.' Savez-vous ce qu'il me dirait, le chairman? Il dirait: 'Hodgkins, vous êtes un blithering idiot!'

*Chairman: (qui sort soudain du lift)* Graham! Te voilà!

*Visiteur:* Oncle! Bonjour!

*Chairman:* Mais pourquoi tu n'es pas monté à mon bureau?

*Visiteur:* C'est le commissionnaire qui m'a bloqué la route . . .

*Chairman:* Hodgkins, vous êtes un blithering idiot!

*Commissionnaire: (avec beaucoup de dignité)* Monsieur le chairman, je suis un homme simple. Je suis un ex-soldat qui s'est battu dans trois guerres. J'ai été décoré dans le jungle de Burma, pour ma lutte contre les communistes. Maintenant, je conduis la même bataille ici contre les IRA bombers, les shareholders avec un chip sur l'épaule, et les ex-maîtresses d'un certain gentleman dans Advertising. Si j'ai mal fait, je m'excuse.

*Chairman:* Hodgkins, de tous les blithering idiots que j'ai rencontrés, vous prenez le gâteau. Viens, Graham—saute dans le Rolls, et allons déjeuner au Garrick.

# Le Jogging

*Premier Joggeur:* Je peux courir avec vous ?

*Deuxième Joggeur:* Oui, si vous voulez.

*1er Joggeur:* C'est pour la compagnie, vous savez.

*2ème Joggeur:* Ah, vous courez sur company business ?

*1er Joggeur:* Non, non. Je n'aime pas courir seul.

*2ème Joggeur:* Ah.

*1er Joggeur:* C'est un merveilleux matin pour cette sorte de chose.

*2ème Joggeur:* Quelle sorte de chose?

*1er Joggeur:* Le jogging.

*2ème Joggeur:* Ah, vous faites le jogging?

*1er Joggeur:* Oui. Vous aussi, non?

*2ème Joggeur:* Non.

*1er Joggeur:* Ah . . . Mais pourquoi vous courez, alors?

*2ème Joggeur:* Je vais à un job.

*1er Joggeur:* Un *job*? Vous êtes un Running Doctor, comme en Australie?

*2ème Joggeur:* Non. Je suis un gendarme. Je vais à un 999 appel.

*1er Joggeur:* C'est curieux. Je croyais que la police avait des motocyclettes et des voitures avec sirènes.

*2ème Joggeur:* Oui, mais nous sommes under-equipped. Le 999 appel est venu, on n'avait plus de véhicules, on m'a dit: 'Run, you blighter, run.'

*1er Joggeur:* Mais . . . vous n'avez pas d'uniforme.

*2ème Joggeur:* Je suis plainclothes.

*1er Joggeur:* Ah. Cela explique le trois-piece suit, la cravate natty et la rose au revers. Quand je vous ai vu, je me suis dit: 'Pour un joggeur, ce n'est pas tres joggy. Ce n'est pas mon idée d'un jog-suit.' A propos, où vous allez?

*2ème Joggeur:* 19 Lauderdale Road. Séparer un mari et une femme. Ils se battent. La même vieille histoire. Blimey, je suis knackered. C'est loin?

*1er Joggeur:* Pas si vous êtes dans la rose de santé. Vous n'avez pas une petite sirène pour arrêter la traffique?

*2ème Joggeur:* Non. Il faut que je me repose un peu. Dites donc, vous êtes en peak form— pouvez-vous aller à l'avance?

*1er Joggeur:* A 19 Lauderdale Road?

*2ème Joggeur:* Oui. C'est bien simple. Vous entrez, vous criez, 'Je suis la loi,' et vous craquez les têtes ensemble.

*1er Joggeur:* Mais . . . mais je fais un time trial! Cela dérangera ma schedule!

*2ème Joggeur:* C'est un ordre!! Par la majesté de la loi je vous ordonne . . . !

*1er Joggeur:* OK, OK. J'y cours.

*2ème Joggeur:* Et prenez garde! Le mari a un revolver! Au revoir, jusqu' après mon petit lie-down.

# A la Douane

*Official:* Vous avez quelque chose à déclarer ?

*Voyageur:* Non. Rien. Pas une saucisse.

*Official:* Les saucisses sont duty-free.

*Voyageur:* Ah. En ce cas, je me souviens soudain que j'ai quelques saucisses dans ma valise. Pas beaucoup. Presque rien.

*Official:* Combien ?

*Voyageur:* 15 lb chipolates de porc, 15 lb thick Irish et 15 lb black pudding. C'est un cadeau pour Tante Emily.

*Official:* Black Pudding n'est pas tax-free.

*Voyageur:* Quand je dis black pudding, je suis inexact. Ce

n'est pas noir, c'est gris, presque vert.

*Official:* Ce n'est pas un black pudding alors. On vous a vendu un concombre.

*Voyageur:* Ah. Bon. C'est tax-free?

*Official:* Oui. Les légumes sont tax-free.

*Voyageur:* Sans blague? Alors je veux déclarer 10 kg de carottes, 15 kg de choufleurs, et un navet, dans ce carrier bag ici.

*Official:* Un navet? Pourquoi un seul turnip?

*Voyageur:* Parce qu'il a les dimensions 2m x 1.5m x 1.3m.

*Official:* Ce n'est guère une lègume, c'est plutôt une arme offensive.

*Voyageur:* C'est tax-free, les armes offensives?

*Official:* Oui.

*Voyageur:* Alors, j'ai l'intention d'employer le navet dans un booby-trap.

*Official:* Mais pourquoi un *turnip* dans un booby-trap?

*Voyageur:* Pour divertir les enquêtes de la police à l'IRA, naturellement.

*Official:* Bonne idée. En passant, les autres légumes sont seulement tax-free s'ils sont pour consommation immédiate.

*Voyageur:* C'est le cas. J'invite quelques amis à un souper ce soir. Environ 150.

*Official:* Ah, oui. Et ils sont teetotallers?

*Voyageur:* Les vins sont tax-free?

*Official:* Un litre pour chaque personne.

*Voyageur:* Bon! J'ai exactement 150 litres.

*Official:* Un litre pour chaque voyageur, non pas pour chaque ami.

*Voyageur:* J'ai dit 150 litres? Silly moi! Je voulais dire 1.50 litres! Je dois payer le duty sur un demi-litre, alors.

*Official:* Oui, monsieur. Je vous souhaite bon appétit, et amusez-vous bien.

*Voyageur:* Oui, on va s'amuser bien!... A propos, les drogues, elles sont tax-free?

*Official:* Les drogues? Comme cocaïne?

*Voyageur:* Oui, exactement comme cocaïne.

*Official:* Non, les impositions sur les drogues sont *très* lourdes. *Très, très* lourdes. Pourquoi?

*Voyageur:* Pour rien. Aucune raison. Curiosité, seulement. Au revoir.

*Official:* Au revoir, monsieur.

# Où est la Plume de ma Tante?

*Lui:* Où est la plume de ma tante ?

*Elle:* C'est un joke, ou quoi ?

*Lui:* Non, c'est for real. Tante Betty, qui vient manger notre TV dinner ce soir, m'a donné une plume à Noël. Un superslim exécutive fountain pen avec bleep.

*Elle:* Et ça marche ?

*Lui:* Non. C'est un ornamental fountain pen. Mais si Tante Betty vient nous voir, reste assurée qu'elle vient aussi voir sa plume. Donc, je demande : où est la plume de ma tante ?

*Elle:* Je parie que c'est la première fois dans l'histoire du monde que cette question ait été sérieusement posée.

*Lui:* Ah, non ! Vous vous souvenez de Tante Beryl ? Tante Beryl était dans show-biz. En 1950 elle était une Bluebell girl.

*Elle:* Vraiment ? J'adore les chemins de fer miniatures.

*Lui:* Non, c'était à Paris. Elle était une danseuse très glam, très leggy, très ooh-la-la.

*Elle:* Une strippeuse, en effet.

*Lui:* Oui. Elle avait cet acte sensationnel avec un ostrich feather.

*Elle:* Comme Rod Hull et Emu, quoi ?

*Lui:* Oui, mais moins intellectuel. Anyway, mon holiday job à Paris en 1950 était comme dresseur de Tante Beryl. C'était facile, elle portait *seulement* cette queue d'ostrich. Pendant le jour je soignais le feather : je lui donnais du grooming, du dry cleaning, de la maintenance, des running repairs, etc. Et puis, un jour affreux, le feather était missing ! Un stage-door Johnny l'avait volé comme souvenir ! Ma tante allait être *nue* !

*Elle:* Et tu as crié partout dans le théâtre : 'Où est la plume de ma tante ?' !

*Lui:* Ah. Vous connaissez cette histoire déjà ?

*Elle:* Non, pas du tout. Dis-moi, c'est vrai ?

*Lui:* Non, pas du tout. Une fabrication totale.

*Elle:* Ah ! Un moment ! Ta plume ! Maintenant je me souviens. A la weekend, chez Oncle Richard, j'admirais ses roses, et il m'a donné l'adresse de son nurseryman . . .

*Lui:* Oui ?

*Elle:* . . . et je t'ai dit : 'Donne-moi ta plume et je vais l'écrire . . .' Je l'ai laissée derrière l'oreille de son gnome.

*Lui:* C'est à dire : la plume de ma tante est dans le jardin de mon oncle.

*Elle:* Je parie que c'est la première fois dans l'histoire de l'univers que cette remarque ait été faite.

*Lui:* Mais non ! Vous vous souvenez de mon oncle Benjamin ? Qui est retiré à Kendal pour fabriquer un Kendal mint cake liqueur, 90% proof ? Eh bien, en 1948 il était à Damascus . . .

# Au Super-market Check-Out

*Cashgirl:* Les 12 paquets de fresh-frozen Greek-style pitta bread, c'est à vous?

*Monsieur:* Oui.

*Cashgirl:* Ils sont combien?

*Monsieur:* Je ne sais pas. Le label est gone missing.

*Cashgirl:* DORIS! C'EST COMBIEN, LE GREEK RUBBISH?

*Doris:* 75p PER PAQUET.

*Cashgirl:* TA, CHERIE! Le sac de fancy coffee sugar en trois couleurs, c'est à vous?

*Monsieur:* Oui.

*Cashgirl:* 89p . . . 6 boîtes de kippers en huile edible, £1.60 . . . sac géant économie de marshmallow, avec libre toasting fork offer, £1.80 . . . sac vaste bulk discount de Hi-Energy Popcorn, Quatre Star, £4.24 . . . 8 boîtes de cocktail snails, £3.60—tenez! Vous allez jeter un trendy party, ou quoi?

*Monsieur:* Non.

*Cashgirl:* Oh. 24 cylindres de free-flow lavatory paper, £5.60—ah! Je comprends maintenant. C'est un football supporter get-together.

*Monsieur:* Non.

*Cashgirl:* Hmm. DORIS, C'EST COMBIEN LES PETITS GREEN JOBS?

*Doris:* 60p PER POT!

*Cashgirl:* MERCI! Un gift-pak de gherkins, £1.80. Un slab de Kendal mint 'n' rhum après-huit chocolat, avec snapshot gratuit de Wastwater, 85p. Une boîte d'oeufs de plover, £130.

*Monsieur:* £1.30.

*Cashgirl:* Oops, ma mistake! Un paquet de tunaburgers, £3.40. Une bouteille de dressing de mille îles, 46p . . . ah, I get it! Vous assemblez un relief package très up-market pour les pauvres gens de Nicaragua?

*Monsieur:* Non.

*Cashgirl:* Mmm. DORIS, C'EST COMBIEN L'UNDERWATER STUFF DE JAPON?

*Doris:* 20p PER PAQUET!

*Cashgirl:* MERCI! 3 bags de seaweed crackers, 60p. Alors, c'est tout?

*Monsieur:* Excepté ce haggis.

*Cashgirl:* Haggis? Oh, ça! Je croyais que c'était votre handbag! DORIS, C'EST COMBIEN L'OFFAL DE MOUTON?

*Doris:* £2.10!

*Cashgirl:* Bon. Ça fait £48.50. Maintenant, dites-moi la destinée de tous ces comestibles, pour l'amour de Mike.

*Monsieur:* C'est pour le musée de Victoria et Albert. Roy Strong et moi, nous organisons une exposition : 'The 70s, the Disposable Decade—From Fast Foods to Fancy Fads'.

*Cashgirl:* Of course ! C'est obvious quand vous savez.

# Dans le Phone Box

*Monsieur:* Ah ! Opérateur ?

*Opératrice:* Quel numéro vous diallez?

*Monsieur:* J'ai déjà perdu 20p.

*Opératrice:* En ce cas, il faut écrire une lettre au Département de 10p Rebates, PO Boîte 765, EC43. On vous donne un refund de 20p. N'oubliez pas un SAE.

*Monsieur:* Mais, bon Dieu, je veux téléphoner *maintenant*!

*Opératrice:* Insérez une autre pièce.

*Monsieur:* Je n'ai plus d'argent. Vous acceptez un chèque?

*Opératrice:* Hmm. C'est très irrégulier, mais je vais vous donner une conversation gratuite. Quel numéro vous diallez?

*Monsieur:* Munich 54983.

*Opératrice: Munich?* Mais pour 10p vous avez seulement une seconde.

*Monsieur:* Je vais parler seulement une seconde. Je vais appeler Herr Meinertzog, un collègue de business, qui m'a invité au Munich Toy Soldiers' Fair. J'ai un petit factory qui produit les Household Cavalry absolument authentiques, mais c'est by the by. Anyway, je veux informer Herr Meinertzog que je ne peux pas visiter le Toy Soldiers' Fair.

*Opératrice:* En deux secondes?

*Monsieur:* Oui. Je vais crier: 'Nein!'

*Opératrice:* C'est très, très irrégulier.

*Monsieur:* C'est très, très important.

*Opératrice:* OK, juste cette une fois . . . Je regrette, mais toutes les lignes au Continent sont engagées. Essayez plus tard, s'il vous plaît.

*Monsieur:* Chére madame, je ne peux pas essayer plus tard. Je suis déjà en retard pour un high-level merger talk avec Plastic Bandsmen de Hendon. Dites-moi, est-ce possible que vous pouvez téléphoner à Munich pour moi?

*Opératrice:* Peut-être . . . oh, à propos. C'est l'anniversaire de mon neveu demain. Il adore les modèles de soldats. Est-ce que vous faites un Welsh Guard?

*Monsieur:* Mais oui! On fait le Welsh Guard en cinq couleurs à £1.39! Il marche, il questionne les suspects, et il fait le strikebreaking pendant une emergencie nationale. Nous avons aussi un modèle très populaire—le fainting parade guardsman.
Allo . . . Allo? Oh, mon Dieu. *(Il dialle encore.)* Opérateur?

*Opérateur:* Oui?

*Monsieur:* Re votre ordre pour un Welsh Guardsman . . .

*Opérateur:* Pardon?

*Monsieur:* Ah. Vous n'êtes pas la femme avec qui je parlais?

*Opérateur:* Non. Je suis un homme.

*Monsieur:* Eh, bien, j'appelle Munich 54983 . . .

133

# Une Visite à l'Hôpital

*Visiteur:* Bonjour, grand'mère. Comment ça va ?

*Malade:* Terrible.

*Visiteur:* Bon. Je vous apporte des bananes, une *Cosmopolitan* et une knitting pattern.

*Malade:* Je déteste les bananes.

*Visiteur:* Mais si, vous aimez les bananes. Comment sont les nurses ?

*Malade:* Elles sont rudes, ignorantes, étrangères et elles volent my belongings.

*Visiteur:* Mais non, elles sont wonderful. Elles ont un job sans merci.

*Malade:* J'ai lu cette *Cosmopolitan.*

*Visiteur:* J'ai beaucoup de news pour vous. Sandra a passé ses examens. Rod a cassé l'autre jambe, en hang-gliding. Et Len a été arrêté à Manchester.

*Malade:* Ne laissez pas les bananes là. Les nurses vont les voler.

*Visiteur:* Et Len a été arrêté à Manchester.

*Malade:* Je vous écoutais la première fois. C'est toutes les nouvelles ?

*Visiteur:* Eh, bien . . . oui.

*Malade:* Ce n'est pas beaucoup. Moi, j'ai du news, moi, Vous voyez l'homme à côté ?

*Visiteur:* Avec la tête en plâtre ?

*Malade:* On le traite pour fractures multiples. Mais il a seulement le pied d'athlète. Il proteste tout le temps. Mais il est Arabe, et ils ne le comprennent pas.

*Visiteur:* Il ne faut pas dire ces choses, grand'mère !

*Malade:* Et vous voyez cette vieille dame là-bas ? Qui est immobile ? Avec les six visiteurs ? Qui parlent tout le temps ? Mais elle ne parle pas du tout ?

*Visiteur:* Oui ?

*Malade:* Elle est morte.

*Visiteur:* Grand'mère !

*Malade:* Elle est morte depuis trois jours. Tout le monde sait. Sauf les nurses. Les nurses ne savent rien.

*Visiteur:* Il ne faut pas dire . . . C'est vrai. Elle a l'air un peu mort.

*Malade:* Merci pour la knitting pattern. Je vais la donner à Nurse Syronganaike. Elle accepte tous mes cast-offs. Sans doute elle les envoie à ses relations destitutes en Sri Lanka. Nurse!

*Nurse:* Oui, Mrs Threadgold?

*Malade:* Voilà des bananes pour les millions tragiques de Sri Lanka, une *Cosmopolitan* pour vos parents illitérés et une knitting pattern pour vous. By the way, je veux protester que Dr Barlow m'a molestée encore une fois dans le couloir.

*Visiteur:* Grand'mère, vous êtes impossible!

*Nurse:* Mais non, elle est la vie et l'âme du ward. Sans Mrs Threadgold, il serait très dull.

*Visiteur:* Je dois partir maintenant.

*Malade:* Prochaine fois, apportez un demi de Scotch et le nouveau Harold Robbins.

# Un Breakdown sur le Motorway

*Motoriste:* Ah ! Vous voilà !
Enfin !

*Homme AA:* Bonjour, guv.
Mornin', tous. Quel glorieux
jour, eh ?

*Motoriste:* Never mind that.

*Homme AA:* Et quel glorieux
stretch du M23 vous avez
choisi. Les fleurs ! Les couleurs !

*Motoriste:* Et les flaming
carburetteurs ! Stuff les fleurs !

*Homme AA:* Ah. Votre
carburetteur est flaming ? C'est
sérieux, n'est-ce pas ?

*Motoriste:* Je ne sais pas, moi !
Je ne suis pas expert. Vous êtes
l'homme AA, pas moi. Faites
votre stuff.

*Homme AA:* Ah. Il y a un petit
mistake. Je suis un homme AA,
oui. Mais je ne suis pas
Association Automobilière
Moi, je suis Alcooliques
Anonymeux. Mobile Motorway
Temperance Patrol Unit à
votre service, sir !

*Motoriste:* Bon Dieu !

*Homme AA:* Je m'appelle M.
Une fois, je buvais 20 pints de
bitter par jour, et six shorts.
C'est beaucoup, pour un
fireman. Ma famille m'a
abandonné. Mon chien a fait
semblant de ne pas me
connaître. Même mes
collègues m'ont accusé d'avoir
le bad breath. Puis j'ai
contacté l'AA et maintenant je
mène une vie nouvelle. Et vous,
monsieur, je vous implore de
donner un kick au habit.
Monter sur le wagon.
Abandonnez le stuff dur !

*Motoriste:* Je suis un drinker
tres modéré. Seulement un
sherry à Noël.

*Homme AA:* Oh. Ah. En ce cas,
je suis inutile ici. Au revoir.

*Motoriste:* Non, restez ! Pour
l'amour de Mike, donnez un
petit look à mon carburetteur.

*Homme AA:* OK . . . Où est-il,
le carburetteur ?

*Motoriste:* Gordon Bennett !
Vous êtes plus amateur que
moi.

*Homme AA:* Je n'aime pas
beaucoup votre attitude. Vous
n'êtes pas drinker en secret,
par hasard ?

*Monsieur:* Non. Mais je
donnerais beaucoup pour un
quick one en ce moment.

*Homme AA:* Hmm. J'ai une
petite réserve dans mon van
pour les hard cases. Un petit
gin et tonic ?

*Monsieur:* Super. *(Soudain, un
van RAC arrive.)* Hourah ! C'est
la 7ème Cavalerie au nick de
temps !

*Homme RAC:* Bonjour, tout le
monde. Royal Academy de
Choreography à votre service.
Je cherche des recruits.

*Motoriste:* Ah non, ah non,
ah non . . .

*Homme AA:* On lance un party
impromptu. Vous prenez un
petit quelque chose ?

*Homme RAC:* Je ne dirais pas
non.

# Le First Aid

*Lui:* Vite ! Viens ! Au secours ! Mayday !

*Elle:* Mmm ?

*Lui:* Non, mais viens, mais ne sois pas un twit ! C'est une émergencie !

*Elle:* Pas de kidding ?

*Lui:* Je me suis coupé avec le corkscrew ! Regarde le sang ! Je suis un steak saignant.

*Elle:* Et un bébé. Préserve ton cool.

*Lui:* Applique un tourniquet. Appelez 999. Inscris-toi à BUPA. Mais fais quelque chose !

*Elle:* OK, OK, j'apporterai la boîte de first aid . . .

*Lui:* Il y a des bandages, et du lint, et une miniature de cognac ?

*Elle:* Attends un moment . . . elle est pleine de bric-à-brac . . . Tiens ! Tu te souviens de nos vacances de '76 ? Quand il y avait la plague de poissons de jelly à Bridlington ? Nous avons toujours la tube de repellent pour jelly-fish, sharks, lobster Homard et autres fruits de mer.

*Lui:* Je n'ai pas été attaqué par une écrevisse sauvage. Je perds le sang ! Je suis un drawing-room motorway victim !

*Elle:* OK, OK, je cherche . . . C'est pour quoi, le Tertastegmycil ?

*Lui:* Je ne sais pas. Pourquoi ?

*Elle:* Nous avons une bouteille de 140 Tertastegmycil. Ils sont des pilules oranges et mauves. Un peu comme des depth-charges. Il dit : 'Trs fs par jour. Chew thoroughly. *Ne donnez pas aux enfants.*' Pour l'ear-wax ? Le snake-bite ? Qui sait ?

*Lui:* Look. Je suis un homme condamné. Je saigne comme un cochon. Je ne veux pas de pilules. Donne-moi le soin intensif !

*Elle:* Bon. Mets ce thermomètre dans la bouche.

*Lui:* Mais . . . greungh . . . !

*Elle:* En cas de doute, prenez la température. C'est ma grand' mère qui me l'a dit.

*Lui:* Frououngh . . .

*Elle:* Et ne mange pas le thermomètre. C'est fatal, le mercure. C'est *You and Yours* qui m'a dit cela. Curieusement, le ground glass n'est pas fatal. Donc, on peut manger un thermomètre, mais ne pas le boire. C'est merveilleux, le radio.

*Lui:* Meeungh . . .

*Elle:* Voyons. Là, là, là ! Tu as une température de 32°. C'est bien différent de 98.4°. Tu es mort, je crois.

*Lui:* C'est Centigrade.

*Elle:* Mmm. En ce cas, tu es bien normal. Reste chez toi pour un couple de jours, et tu seras OK comme la pluie.

*Lui:* Mais le bleeding !!

*Elle:* Quel bleeding ?

*Lui:* Ah. Oui. Oh, tu as raison. Il a cessé. Je ne saigne plus.

*Elle:* Très bien. Next please.

139

# Le Training Olympique

*1er Athlète:* Aagh ! Eugh ! Ouf !

*2ème Athlète:* Que faites-vous là ?

*1er Athlète:* Je fais le training Olympique. Greuggh ! Yecch !

*2ème Athlète:* Ah, moi aussi. Pour quel event vous compétez ?

*1er Athlète:* Je ne sais pas encore. Le 1,500 metres, peut-être. Ou le 5,000. Ou le 10,000.

*2ème Athlète:* Running ? Ou swimming ?

*1er Athlète:* Peut-être. Je ne sais pas encore. Et vous ?

*2ème Athlète:* Oh, moi. Je fais l'espadrille, c'est tout.

*1er Athlète:* Espadrille ?

*2ème Athlète:* Oui. Fencing. Il y a épée, foil, sabre et espadrille.

*1er Athlète:* Je pensais qu'une espadrille était un rope beach shoe.

*2ème Athlète:* C'est possible. Il y a un event pour toute chose dans l'Olympique moderne, même les rope beach shoes. Espécialement si c'est un rope beach shoe Adidas.

*1er Athlète:* Vous trainez beaucoup ?

*2ème Athlète:* Seulement 16 heures par jour. Je ne veux pas être stale. Et vous ?

*1er Athlète:* Oh, vous savez. Je punis mon corps jusqu' à l'agony barrier. Je torture chaque fibre de mon being. Le normal, quoi. Pour le Bridge team.

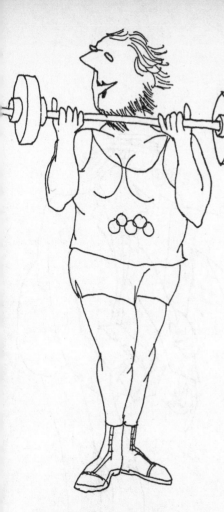

**2ème Athlète:** Vous êtes une sélection pour le team de Britain?

**1er Athlète:** Mais non, mais non! J'ai refusé! Cela ruinerait mon programme. Je veux être à mon peak pour les Olympiques.

**2ème Athlète:** A Moscou?

**1er Athlète:** Mais non! A Los Angeles en 1984. Et vous?

**2ème Athlète:** Pour Los Angeles, je ne sais pas si je compète pour le basket ball *ou* le free-style knitting *ou* le Greco-Roman.

**1er Athlète:** Wrestling?

**2ème Athlète:** Sculpture. L'autre jour, j'ai battu *Le Penseur* de Rodin avec deux submissions et un fall, mais c'était dur. Dites-moi . . . vous prenez les drugs?

**1er Athlète:** Les drugs? Un peu d'aspirine. J'ai une migraine féroce.

**2ème Athlète:** Non, non, les superdrugs body-building de Bulgarie. Les diaboliques steroides.

**1er Athlète:** Oui, bien sûr. Mais cela me donne une supermigraine. Eh bien, bonne chance dans le men's espadrille.

**2ème Athlète:** Men's? Mais je suis une femme! Male cochon chauviniste!

**1er Athlète:** Moi aussi, je suis une femme. C'est seulement que je ne me suis pas rasée aujourd'hui.

**2ème Athlète:** Ah. Alors, bonne chance.

# Dans le Shoe Shop

*Salesman:* Oui, monsieur?

*Monsieur:* Je cherche une paire de souliers.

*Salesman:* Vous cherchez des shoes? Mais quelle coincidence extraordinaire! Vous êtes dans un shoe shop! C'est votre lucky jour, m'sieu.

*Monsieur:* Je cherche une paire de tough, pas-de-nonsense, waterpruf brogues.

*Salesman:* Mais quelle coincidence fantastique! Les tough all-weather brogues, c'est exactement ce que nous n'avons pas en ce moment.

*Monsieur:* Eh bien, c'est combien les souliers à la fenêtre? Les slip-ons avec real leather laces?

*Salesman:* Ils sont £99.99.

*Monsieur:* Oh. Et les casual slip-offs avec real brown colouring?

*Salesman:* Ne les achetez pas, monsieur. Ils sont des imitations espagnoles sans qualité. Ils sont rubbish. C'est du cardboard en forme de soulier. Ils sont £66.66.

*Monsieur:* Mon Dieu!

*Salesman:* Si monsieur me dit ce que monsieur désire, je peux aider monsieur, peut-être, monsieur.

*Monsieur:* Eh bien. Les souliers sont très chers maintenant. Donc je veux . . . je veux acheter *une* paire seulement pour *toutes* les occasions.

*Salesman:* Ah! Je comprends.

Vous cherchez les souliers all-purposes?

*Monsieur:* Oui.

*Salesman:* Vous cherchez une paire de casuals très tough, versatile, élégant, butch, convenable pour le Chelsea disco et pour le Désert de Gobi?

*Monsieur:* Oui!

*Salesman:* Cela n'éxiste pas.

*Monsieur:* Oh.

*Salesman:* Mais . . .

*Monsieur:* Oui!

*Salesman:* J'ai une surprise ici. Regardez. /

*Monsieur:* Ce sont des chaussettes.

*Salesman:* Oui, mais ils sont des socks avec une différence. Ils sont *lace-up socks*!

*Monsieur:* Lace-up socks?

*Salesman:* C'est un concept totalement novel. Ils sont des socks très toughs, très machos, très présentables, *qui rend les souliers obsoletes*! Avec ces socks, pas de souliers! C'est un package deux-dans-un. C'est un breakthrough fantastique. Des socks en leather! Des souliers qu'on peut coucher dedans!

*Monsieur:* Et c'est combien?

*Salesman:* £199.99.

*Monsieur:* Non, merci.

*Salesman:* OK, monsieur. Au revoir, monsieur.

# Dans le Record Shop

*Client:* Bonjour. Avez-vous *Heavy Dreams*?

*Shopgirl:* C'est none of your business, monsieur.

*Client:* Non, c'est un disque.

*Shopgirl:* Ah. Dans Le Top Quarante?

*Client:* Non.

*Shopgirl:* Oh. C'est un chart-climber? Un chart-faller? Un disco-miss? Un Mouldy Oldy?

*Client:* Ni l'un, ni l'autre. C'est un album, par Plastic Stucco Facade avec le New Brunswick Symphony.

*Shopgirl:* C'est Rock, Pop, Mid-Route, Folk, Jazz, Shows, C & W, Cockney-Rock, Crossover, Soundtrack, Hard Shoulder, Cheapjack, One-Hit, Vox Pop, Greatest Hits ou Remainder Bin?

*Client:* Je ne sais pas. Plastic Stucco Facade sont un East End group.

*Shopgirl:* Ah, c'est Dock-Rock.

*Client:* Mais le New Brunswick est un orchestre.

*Shopgirl:* Ah, c'est Schlock-Dock-Rock.

*Client:* Vous avez un Schlock-Dock-Rock rack?

*Shopgirl:* Non.

*Client:* Dommage. Alors, je cherche aussi *Can't Start Lovin' You* par les Disco Brakes.

*Shopgirl:* C'est dans le Black-Bloc-Tick-Tock-Shock-Rock Bin.

*Client:* Je n'aime pas l'onomatopoie. Avez-vous tout simplement Symphonie No. 38 de Mozart?

*Shopgirl:* Par qui?

*Client:* Par Mozart.

*Shopgirl:* C'est un groupe?

*Client:* Non, le groupe, c'est le BBC Symphony Orchestra.

*Shopgirl:* Radio 1 ou Radio 2?

*Client:* Radio 3.

*Shopgirl:* Ah. C'est dans le Bach-Brecht-Rock rack.

*Client:* Où c'est?

*Shopgirl:* Dans notre branche à Ealing.

*Client:* Bon Dieu. Avez-vous *Lullaby of 'ammersmith Broadway*?

*Shopgirl:* Par qui?

*Client:* Ian Dury, of course.

*Shopgirl:* Ian Dury est old-time. Il est Nostalgia-Rock. Il est Last-Year's-Layabout. Il est dans le Discontinued Bin.

*Client:* Et où est le Discontinued Bin?

*Shopgirl:* Avec les dustmen, of course.

*Client:* OK. Donnez-moi No. 1 dans le Top Quarante.

*Shopgirl:* Voilà.

*Client:* Merci.

# Le Channel Swim

*Coastguard:* Bonsoir, madame.

*Madame:* Bonsoir, monsieur.

*Coastguard:* Vous prenez un midnight dip? C'est très tard.

*Madame:* Un dip? J'ai fait le crossing de Folkestone! J'ai passé 36 heures dans l'eau.

*Coastguard:* Pour un dip, c'est un dip.

*Madame:* Maintenant je suis exhausted, mais très, très, très heureuse.

*Coastguard:* Ah—c'est un record-breaking swim?

*Madame:* Mais oui! Je suis la première grand'mère à faire le Channel swim.

*Coastguard:* Ah non. Je regrette. C'est Madame Treadgold en 1967. Elle avait deux charmants petits-fils, Gary et Barry. Je m'en souviens bien.

*Madame:* Eh bien, je suis la seule double-divorcée qui ait jamais fait le Channel swim.

*Coastguard:* Non plus. C'est Madame Jakovits de California, en 1971. Non seulement elle était double-divorcée, mais ses deux ex-maris ont nagé avec elle. Un spectacle touchant.

*Madame:* Oh. Eh bien, du moins je suis la seule sub-librarian de Swindon qui ait jamais fait le Channel swim, j'en suis sûre.

*Coastguard:* Madame, je suis désolé de vous dire autrement mais en 1975 il y avait une Mademoiselle Widderspoon

qui est arrivée ici de Dover, avec un joli petit breaststroke. Je crois bien qu'elle était une employée de Swindon Central Library. Elle m'a donné même deux free non-fiction tickets, tenez regarder.

*Madame:* Julie Widderspoon? Cette petite layabout? Je ne savais pas qu'elle avait . . .

*Coastguard:* Oui. Comme preuve, elle a laissé ce lipstick.

*Madame:* Lipstick?

*Coastguard:* Oui. Elle était la première woman qui ait traversé le Channel en full make-up.

*Madame:* Petite tramp.

*Coastguard:* A propos, vous avez un passeport?

*Madame:* Non. Il est dans le rowing-boat qui n'est pas encore arrivé.

*Coastguard:* Dommage. Sans un passeport je ne peux pas vous laisser entrer en France. Et ce superswimsuit et ces goggles que vous portez . . .

*Madame:* Oui?

*Coastguard:* . . . Vous les avez achetés en France?

*Madame:* Non.

*Coastguard:* Donc, cela porte un impôt de 40% VAT.

*Madame:* Mais . . . je n'ai pas de small change . . .

*Coastguard:* Tant pis. Il faut rentrer à l'Angleterre.

# L'Addition, S'il Vous Plaît

*Dineur:* Garçon !

*Garçon:* Oui, monsieur? Monsieur désire encore quelque chose? Du café, un cognac, un liqueur?

*Dineur:* Non, merci.

*Garçon:* Cigare, snuff, Extase Turquoise? Seconds de pudding?

*Dineur:* Non, non, Seulement l'addition.

*Garçon:* Voilà!

*Dineur:* Hmmm. *(Il scrutine la statistique compliquée. Il prend son calculateur de sa poche. Il couvre la nappe de chiffres. Il se gratte la tête.)* Garçon!

*Garçon:* Oui, m'sieu.

*Dineur:* Cette addition obéit à des lois de mathématique que je ne connais pas. J'ai mangé: 1) un hors d'oeuvre varié, sans beaucoup de variation, si j'ose dire, à 95p 2) un bifteck rare à £2.30 3) du fromage à 60p. Avec 4) une demi-bouteille de vin rouge à £1.50. Ça fait, selon moi, et selon mon calculateur National Panasonic, £5.55. Selon votre addition, ça fait £12.30. Expliquez-moi ça.

*Garçon:* De tout mon coeur, m'sieu. Voilà! 60p, c'est pour le couvert.

*Dineur:* 60p? Pour ce petit roll?

*Garçon:* Non, monsieur. Le roll est extra.

*Dineur:* Great Diners Card.

*Garçon:* En plus, il y a £1.10 VAT, £1.00 service, 5% pudding surcharge . . .

*Dineur:* Moment, moment! Je n'ai pas pris un pudding!

*Garçon:* Oui, m'sieu. C'est pour les personnes qui ne prennent pas le pudding qu'on fait un pudding surcharge. Puis, un 5% oil-crisis surcharge . . .

*Dineur:* Il y a une crise de huile d'olive?

*Garçon:* Non, m'sieu. C'est pour couvrir l'augmentation des prix de heating et reheating.

*Dineur:* Dans un menu d'hors d'oeuvre froid, steak rare et fromage, il n'y a pas beaucoup de heating.

*Garçon:* On ne peut pas distinguer entre les repas froids et les repas chauds. Cela faudrait trop de temps. Sans doute, il y aurait un 5% calculation surcharge.

*Dineur:* Passons.

*Garçon:* Finalement, le 50p charge pour réservation de table.

*Dineur:* Ah! Je vous attrape enfin! Je n'ai pas réservé une table! J'ai pris pot luck.

*Garçon:* Pardon, m'sieu. Je vais changer l'addition.

*Dineur:* Mais . . . mais vous avez ajouté 30p extra!

*Garçon:* Oui, m'sieu. C'est pour les gens qui ne réservent pas. Pour nous, c'est beaucoup de hassle si vous ne réservez pas.

*Dineur:* La prochaine fois, j'apporterai ma propre table.

*Garçon:* Bonne idée.

# Early Posting pour Noël

*Monsieur:* Je veux envoyer une carte de Noël aux Iles de St Pancras.

*Clerc:* Où ?

*Monsieur:* Les Iles de St Pancras.

*Clerc:* Où c'est ?

*Monsieur:* Dans la Pacifique. C'est pour mon frère. Il est le Gouverneur-Général.

*Clerc:* Grand job, eh ?

*Monsieur:* Pas vraiment. Il est aussi lance-corporal dans les Guards. C'est un posting temporaire.

*Clerc:* Hmm . . . c'est trop tard. Dernier posting pour Noël dans la Pacifique, c'était le 10 octobre.

*Monsieur:* Oui, mais si je l'envoie Express Delivery Special . . .

*Clerc:* Même chose. Le bâteau de poste de Noël, *HMSGPO Fragile,* est parti le 10 octobre. S'il est Gouverneur-Général, pourquoi pas le mettre dans le sac diplomatique ?

*Monsieur:* Eh bien, parce que la carte est un peu risquée . . .

*Clerc:* Vous pouvez envoyer un télégramme de Noël.

*Monsieur:* C'est combien ?

*Clerc:* Pour la Pacifique . . . £645.

*Monsieur:* C'est beaucoup.

*Clerc:* Pour le hiring d'une helicoptère, ce n'est pas beaucoup. C'est même un loss-making service. Pourquoi pas trouver dix autres blokes avec des frères aux Iles de St Pancras et partager les expenses ?

*Monsieur:* Mon frère est la seule personne là, avec l'exception des natifs, et une missionnaire.

*Clerc:* Hmm . . . Ah ! J'ai une idée. Envoyez la carte en Australie et marquez-la 'Forward S'il Vous Plaît' !

*Monsieur:* Bon. Mais à qui en Australie ?

*Clerc:* Vous n'avez pas de frère là ?

*Monsieur:* Non.

*Clerc:* Moi non plus. *Il y a quelqu'un ici avec une relation en Australie ?*

*Madame:* J'ai une soeur en Auckland.

*Clerc:* Parfait. Vous permettez que ce monsieur lui envoie une carte ?

*Madame:* C'est un peu forward.

*Clerc:* Exactement ! C'est pour le

forwarding aux Iles de St Pancras.

*Madame:* Dis donc ! J'ai une soeur aux Iles de St Pancras. Elle est missionnaire.

*Monsieur:* Non ! Mais c'est mon frère qui est le Gouverneur-Général !

*Madame:* Non ! Le beau Fred ? Tiens ! Quel petit monde !

*Clerc:* Allons, allons, on n'a pas tout le jour. Next please.

# Le Job Interview

*Manager:* Vous êtes M. Dobbs?

*Candidat:* Oui.

*Manager:* Vous avez beaucoup d'expérience?

*Candidat:* Oui. C'est mon 15ème interview cette semaine.

*Manager:* Hmm. Et pourquoi vous voulez travailler pour Maypole Communications?

*Candidat:* La sécurité. La niche. Un billet.

*Manager:* Un billet? Quelle sorte de billet?

*Candidat:* Un billet cushy.

*Manager:* Hmm. Que pensez-vous de Maypole Communications?

*Candidat:* Je ne sais pas. Qu'est-ce qu'ils produisent comme produit?

*Manager:* Je regrette, M. Dobbs, mais cet interview va très mal pour vous.

*Candidat:* Oh Lord. Donnez-moi une seconde chance, squire.

*Manager:* OK. Vous êtes M. Dobbs?

*Candidat:* Oui. Et j'ai beaucoup d'expérience. Et j'approuve le market image de Maypole.

*Manager:* Bon. Et pourquoi vous voulez travailler pour Maypole?

*Candidat:* Eh bien, j'ai cet ami qui travaille pour Maypole et il dit qu'il est terrifique ici.

*Manager:* Bon. Terrifique en quel sens?

*Candidat:* Pour les perks, et le long lunch, et les secrétaires qui sont oh so willing, savez ce que je veux dire, nudge nudge.

*Manager:* Vos prospects d'emploiement ici ne sont pas promising.

*Candidat:* Donnez-moi une dernière chance. Je suis sur mes uppers.

*Manager:* C'est votre chance *finale* . . . Vous êtes M. Dobbs?

*Candidat:* Oui, et j'ai beaucoup d'expérience avec les conference facilities, et je n'aime pas les business perks, et je travaille pendant le déjeuner, et j'ai cinq ball-points.

*Manager:* Bon. Et pourquoi vous voulez travailler pour Maypole?

*Candidat:* Parce que Maypole est un thrusting newcomer dans le champ de conference facilities, et votre approche audio-visuelle est le talk de la ville.

*Manager:* Bon. De quelle ville?

*Candidat:* De Watford?

*Manager:* De Woking.

*Candidat:* De Woking!

*Manager:* Très bon. Vous êtes exactement le go-ahead personal assistant que je cherche. Vous pouvez commencer lundi—ah non, lundi, j'ai un long lunch avec ma secrétaire. Mardi—non, mardi, je joue au golf. Mercredi, c'est un business trip à Lords... jeudi, Miranda . . . hmm. Dites—revenez dans une semaine, et je vous donnerai un autre interview.

# L'Autographe

*Fan:* Excusez-moi . . .

*Célébrité:* Oui ?

*Fan:* . . . mais je suis à une table ici avec trois amis, et nous sommes grands fans de votre TV show, qui est superbe, et un ami croit que vous êtes Des O'Connor et un autre insiste que vous êtes Val Doonican, mais moi et l'autre, nous jurons que vous êtes Justin Blake.

*Célébrité:* Eh bien, c'est vous qui avez raison. Je suis Justin Blake.

*Fan:* Fantastique ! *Le* Justin Blake ! Blimey, ma femme sera jalouse . . . ! Justin Blake, dans le même restaurant . . . Vous êtes très petit.

*Célébrité:* Eh bien, je ne suis pas un géant.

*Fan:* Non, mais sur le box vous avez l'air très grand. Etes-vous sur un pedestal quand vous chantez ?

*Célébrité:* Look . . .

*Fan:* Never mind. Seulement, pouvez-vous signer ce menu pour moi ? A vrai dire, ce n'est pas pour moi.

*Célébrité:* C'est pour votre fille ?

*Fan:* Non, c'est pour mon accountant. Il est un grand fan de votre show.

*Célébrité:* Bon. Voilà. 'Meilleurs regards de Justin Blake.'

*Fan:* Et si vous pouvez écrire 'A Ziggy Berger, le top accountant de Londres'.

*Célébrité:* Voilà.

*Fan:* Et maintenant, un menu pour ma femme.

*Célébrité:* Look . . .

*Fan:* Ce n'est pas beaucoup à demander. Simplement 'A la meilleure femme du monde'.

*Célébrité:* C'est un peu fort.

*Fan:* Vous ne croyez pas qu'elle est la meilleure femme du monde ?

*Célébrité:* Si, mais . . .

*Fan:* Alors, signez. By the way, on a une branche de la Square Table à Cricklewood— j'habite à Cricklewood, eh bien, c'est Hendon, really—et chaque mois il y a un dîner. Si vous pouvez . . .

*Célébrité:* Look. J'essaie a manger mon déjeuner. Je suis très busy. Je vous ai donné deux autographes. Si vous voulez écrire à mon agent . . .

*Fan:* Ah. Typique. C'est comme ça, les célébrités. Ils ne veulent pas savoir. Ils habitent sur un nuage. Vous êtes sur Nuage No 9, vous savez ? Moi, le public, c'est rien. Quand je dis à ma femme ce que vous êtes vraiment, elle ne le croira pas. Une grosse tête. Un snob.

*Célébrité:* Look . . .

*Fan:* C'est la dernière fois que je regarde votre show, mate. Le dwarf chanteur avec la grande tête. C'est incroyable. Au revoir, et merci pour rien.

# Le Cockney Slang Rimant

*Salesman:* Mesdames! Messieurs! Vous ne le croirez pas! J'ai ici un service de dîner qui contient 40 morceaux, oui, 40, fabriqué par Royal Doulton, so-called parce qu'ils fabriquent aussi les WCs pour Buck House, avec 8 grandes assiettes pour vos steak dinners, 8 petites assiettes pour le toast Melba, so-called parce que toast Nellie est un nom stupide, et 8 très petites assiettes pour vos Après-Huits. Et ce service de dîner coûte—je dois être fou—coûte seulement £30!! OK, qui va acheter? (*Silence*) Blimey, vous êtes tous sourds? OK, OK, pas £30. Le prix est un Napoléon.

*Madame:* Un Napoléon?

*Salesman:* Oui, Napoléon. Le bloke qui a manqué le train à Waterloo.

*Madame:* Je sais. Mais un Napoléon n'est pas legal tender.

*Salesman:* Amazing, n'est-ce pas? Vous êtes de Mars ou something? Napoléon est slang rimant. Napoléon Buonaparte. Boney. Un pony. 25 livres.

*Madame:* Ah.

*Salesman:* Vous achetez?

*Madame:* Non, merci.

*Salesman:* Dieu blimey. Qui va acheter? Chaque assiette porte une peinture originale différente! De Londres, de Rome et de Jean-Paul.

*Madame:* Jean-Paul? Où ça?

*Salesman:* Jean-Paul. Jean-Paul Sartre. Montmartre. Venez, venez, dames, sieurs, un offer pas à répéter, le bargain de la vie! Normalement je charge £10 seulement pour le général!

*Madame:* ...?

*Salesman:* Général. Général de Gaulle. Bowl. Et toute chose est fabriquée d'un matérial miracle, le polyproplyporcelain! Cela ne se casse pas, on peut le laisser tomber, regardez, je laisse tomber le bateau de gravy... (*Crac*) Ah. Eh bien, faut pas pleurer sur le gravy perdu, qui veut ce 39-morceau service, à £20 c'est une Brigitte!

*Madame:* Brigitte? C'est Brigitte Bardot?

*Salesman:* On peut rien cacher

de vous, madame. C'est en effet Brigitte Bardot.

*Madame:* Et cela rime à quoi ?

*Salesman:* Bardot, cadeau, un gift.

*Madame:* Bardot ne rime pas à cadeau, pas strictement.

*Salesman:* Vous avez une idée supérieure ?

*Madame:* Oui. Brigitte Brophy. Trophie. Votre service est une trophie.

*Salesman:* Look, je ne suis pas ici pour discuter . . . crikey, voici la Côte ! Au revoir !

*Madame:* Côte ? Côte d'Azur ? Mur ? Côte d'agneau ? L'eau ?

*Gendarme:* Bonjour, madame . . .

*Madame:* Ah ! Côte d'or—law !

*Gendarme:* Pardon ?

# Dans l' Ascenseur

*Liftman:* Vous montez ? Vous descendez ?

*Passager:* Je monte. Le premier étage, s'il vous plaît.

*Liftman:* Ah. Je regrette. Nous n'avons pas un premier étage.

*Passager:* Pas de first floor ? Mais ce n'est pas un bungalow !

*Liftman:* D'accord. C'est le HQ du monde de publishing, le célèbre Writer's Block.

*Passager:* Alors, vous avez beaucoup d'étages.

*Liftman:* Oui. Mais pas le premier étage. Nous avons seulement le Mezzanine, et l'Upper Ground.

*Passager:* Ah. Donnez-moi l'Upper Ground.

*Liftman:* L'Upper Ground ne marche pas. Faut monter au Second, puis trouver l'escalier, puis redescendre à l'Upper Ground. Qui cherchez-vous ?

*Passager:* L'Anglo-Caribbean Book Corporation.

*Liftman:* Ils ne sont pas ici.

*Passager:* Mais si ! J'ai une lettre ici, de M. Nelson Sobers Mckinley.

*Liftman:* Petit bloke noir, en pin-stripe, avec un grand Afro ?

*Passager:* Sans doute.

*Liftman:* Il est parti la semaine dernière. Il a vamoosé. Pris une poudre. Il a fait le skedaddle. Il a pris l'Anglo-Caribbean thingy avec lui.

*Passager:* Comment savez-vous ?

*Liftman:* Il me l'a dit. 'Bye, maintenant,' qu'il m'a dit. 'Je prends un bateau de bananes à dat island in de soleil. Nous recevons l'independence, et je suis front-runner pour la poste de Premier Ministre. Adieu les livres ! Farewell, la poésie ethnique et bonne riddance !'

*Passager:* Mon Dieu. J'ai une lettre très importante pour lui.

*Liftman:* Je lui dis, 'Et s'il y a des lettres pour vous ?' Et il m'a dit, 'Gardez-les, M. le liftman. C'est vous maintenant qui êtes le Chairman honoraire de l'Anglo-Whatsit.'

*Passager:* Vous . . . vous êtes chef de . . . ?

*Liftman:* Oui. On peut m'écrire ici chez Le Lift, Writer's Block House, W1. Vous pouvez dire que j'ai un bureau à chaque étage ! Petit joke.

*Passager:* Eh bien, voici la lettre. C'est un chèque du Conseil des Arts pour £40,000. Pour soutenir la culture Caribbéenne.

*Liftman:* Tiens, c'est gentil. Très chic. Merci.

*Passager:* Mais c'est exclusivement pour la culture Ouest-Índienne.

*Liftman:* Naturellement. Je vais commencer par rénover l'ascenseur. Tapis, peinture, name-plate de bronze, etc. Puis je vais faire un field-trip en Jamaïque.

*Passager:* Bon. Au revoir.

# Un Nip dans l'Air

*1er Monsieur:* Il fait nippy ce matin.

*2ème Monsieur:* Oui. Il fait parky ce matin.

*1er Monsieur:* Oui. Pas exactement ce qu'on appelerait chaud.

*2ème Monsieur:* Non. Une touche de frost, je crois.

*1er Monsieur:* Oui. Surtout dans les suburbes. Le forecast l'a dit.

*2ème Monsieur:* L'été a fini maintenant.

*1er Monsieur:* Oui. Et l'automne a commencé.

*2ème Monsieur:* Well, c'est ça, n'est-ce pas ? On voit le drawing-in des soirs.

*1er Monsieur:* Oui, c'est le drawing-in des soirs. Et les jours qui deviennent plus courts.

*2ème Monsieur:* Absolument. Quand je me lève pour le news à 7 heures, c'est presque dark !

*1er Monsieur:* Marquez-vous, l'été était rotten. Pluie, pluie, pluie.

*2ème Monsieur:* Marquez-vous, septembre était superbe.

*1er Monsieur:* Oui. Mais il fait chilly ce matin.

*2ème Monsieur:* Oui. Il n'y a pas de chaleur dans le soleil.

*1er Monsieur:* Oui. C'est ce weekend qu'on a le put-back des clocks ?

*2ème Monsieur:* Non. C'est le weekend passé.

*1er Monsieur:* Ah. C'est pour ça que j'arrive en retard chaque soir chez moi !

*2ème Monsieur:* Well, c'est ça, n'est-ce pas ?

*1er Monsieur:* Il sera peut-être un beau jour plus tard.

*2ème Monsieur:* Non. Le forecast a dit : 'Un jour damp et raw.'

*1er Monsieur:* Oh. Il sera peut-être un beau hiver plus tard.

*2ème Monsieur:* Non. Le forecast longue-range a dit : 'Un hiver tough et mean, avec neige brutale et mille crocus morts.'

*1er Monsieur:* Vous avez mis de l'anti-freeze dans votre engine ?

*2ème Monsieur:* Non. Vous avez fait le lagging, et le double-glazing, et le booking du ski-vac, et le Christmas shopping ?

*1er Monsieur :* Non.

*2ème Monsieur:* Moi non plus. Mais j'ai fait le lagging pour le crocus.

*1er Monsieur:* Et moi, j'ai fait le send-away pour une offre dans

le *Radio Times:* 'Six paires de
Mittens Shetland-style—
garantie de Missing Fingers!
Seulement £45! Edition
Limitée! Item de Collecteur!'

*2ème Monsieur:* Well, c'est ça,
n'est-ce pas? Brrr, il fait froid ce
matin.

*1er Monsieur:* Oui, ce n'est pas
le temps pour un singe de
cuivre! Ah, voilà mon bus.

*2ème Monsieur:* Au revoir.

*1er Monsieur:* Au revoir.

# Le Babycare

*Bébé:* Aaaaugh !

*Père:* Le bébé crie.

*Mère:* Ce n'est pas un bébé—c'est Tarquin.

*Père:* OK, OK. Tarquin pleure.

*Mère:* Je sais. C'est normal.

*Père:* Mais s'il pleure, c'est un symptôme ! Il veut exprimer sa déprivation ! Il essaie de communiquer quelque chose. C'est son premier effort à marketing strategy.

*Mère:* Il est fatigué, voilà tout.

*Bébé:* Wa-a-augh !

*Père:* Ecoute ! Il a dit son premier mot !

*Mère:* Hein ?

*Père:* Il a dit, très clairement, 'Waugh'.

*Mère:* Mon Dieu. Pour un bébé érudit, c'est un bébé érudit. Est-ce qu'il veut dire Evelyn ou Auberon ?

*Père:* C'est un curieux nom pour un homme, Evelyn. Un peu camp, même.

*Mère:* Auberon, c'est également bizarre. Il était roi des fairies, n'est-ce pas ?

*Père:* Qui ? Auberon Waugh ?

*Mère:* Non. Oberon.

*Père:* Curieux. Un père qui avait le nom d'une femme, et un fils qui . . .

*Mère:* Chut ! Les lois de libel, tu sais.

*Père:* Oui. Tu as raison.

*Bébé:* Ma-a-aann !

*Père:* Tiens ! Son second mot ! Il a dit, très clairement, 'Mann'.

*Mère:* Thomas ou Heinrich ?

*Père:* Thomas, j'espère. *La Mort à Venise,* j'ai trouvé ça très chic.

*Mère:* Mais c'est encore un peu camp. I mean, Dirk Bogarde et ce jeune lad . . .

*Père:* Mon Dieu ! Ce n'est pas le market strategy ! C'est un cri pour help ! Tarquin essaie de nous dire . . .

*Mère:* . . . qu'il déteste le nom Tarquin.

*Père:* Moi aussi, je le trouve un peu last-year. Le trend maintenant, c'est pour les noms courts. Comme Ben, Tom, Sam . . .

*Mère:* Tiens ! Il sourit.

*Père:* Qui ?

*Mère:* Sam.

*Père:* Notre bébé ? Tu changes son nom ?

*Mère:* Oui. Je préfère Sam. Tu

veux le régistrer demain,
Oliver?

*Père:* OK . . . tu sais, je n'ai
jamais aimé le nom Oliver. Tu
crois, peut-être . . . Bill?

# Le Porte-à-Porte Salesman

*Salesman:* Bonjour, madame. Dieu vous sauve.

*Madame:* Merci, mais . . .

*Salesman:* Mais marchez-vous avec Jésus ? Etes-vous vraiment sauvée ?

*Madame:* Ah ! Vous êtes un témoin de Jéhovah. Non merci, pas aujourd'hui. J'ai le cleaning et le cooking et apres ça ma course d'Université Ouverte en philosophie.

*Salesman:* Non, madame, je ne suis pas un nutter religieux. Pour moi, la religion est à laisser ou à prendre. Mais par une coincidence amazing, j'ai une petite encyclopédie philosophique, en douze volumes, il n'y a rien à payer, seulement signez ici . . .

*Madame:* Non, merci.

*Salesman:* Et vous avez raison ! Les encyclopédies sont un waste of time. La chose importante est l'argent. Et comment augmenter votre income ? C'est facile ! Si vous devenez une agente des produits d'Avon . . .

*Madame:* Non, merci. J'ai déjà quatre tyres parfaits.

*Salesman:* Nice one, madame ! Vous êtes une naturelle ! Vous serez en grande demande comme after-dinner speakerine. Mais, pour perfectionner votre patter et obtenir une smash-hit routine, pourquoi pas joindre la Correspondence Course de Comédie dont, par pure fluke, j'ai la forme d'enrolment ici ?

*Madame:* C'est inutile. Mon mari est un toastmaster.

*Salesman:* Et pour lui, madame, j'ai juste la chose. Un matching set de goblets de vin, en real glass, pour ce moment embarrassant quand il dit 'Up les verres !' et il y a quelque poor bloke qui n'a pas son verre.

*Madame:* Hmm. Je ne sais pas. Mon mari est à Doncaster aujourd'hui.

*Salesman:* Jolie petite ville ! Mais avec un one-way system terrible. Maintenant, plus que jamais, il faut avoir le AA Guide à City Snarl-Ups. Dans les magasins, £4.50 : pour vous, £3 down et cinq instalments faciles !

*Madame:* Il prend toujours le train. C'est moi qui ai la voiture.

*Salesman:* Avec les quatre tyres Avon ! Et avec, je suis sûr, un upholstery vraiment filthy, avec ces coins dur-à-nettoyer. Mais maintenant vos problèmes sont over, avec cet EezipeeziKleen equipment ! Je vais démonstrer . . .

*Madame:* Eh bien, ne bother pas. L'inside est OK. C'est l'outside qui est grotty.

*Salesman:* Bon. Je lave votre

voiture. £1 seulement.

*Madame:* 50p.

*Salesman:* Ce n'est pas mon
lucky jour. OK, 50p.

# Les Carols de Noël

Toc! Toc!
Le monsieur ouvre la porte.

*Monsieur:* Oui ?

*Petite jeune fille:* Carol-singers, monsieur.
Nous sommes des carol-singers.
C'est nous, les carol-singers.
Les carol-singers, c'est nous.
Ce que nous sommes, c'est . . .

*Monsieur:* OK, j'ai la rough picture. Et vous allez chanter quoi ?

*Petite jeune fille:* Nous avons déjà chanté. La chanson est finie. Nous venons de chanter *God rot you, Heureux Gentilshommes.*

*Monsieur:* *God Rest you, Heureux Gentilshommes.*

*Petite fille:* Oui. Et maintenant c'est fini. Terminé. Over.

*Monsieur:* Mais je n'ai rien entendu !

*Petite fille:* Ce n'est pas de ma faute. Nous avons chanté. Nous avons sonné à la porte. Nous avons complété notre contracte.

*Femme: (Off stage)* Qui c'est, Georges ? Les dustmen ?

*Mari:* Non ! ! Regarde, petite fille, voilà 10p. Si vous nous donnez un vers d'un autre carol, je vous donnerai 20p.

*Fille:* 30p.

*Monsieur:* 25p, et c'est mon offre finale.

*Fille:* OK, je vais le mettre à mon éxécutif.

*Femme: (Off-stage)* Qui c'est, si ce n'est pas les dustmen ?

*Monsieur:* Les carol-singers ! Tu penses que les dustmen chantent peut-être ? ?

*Fille:* Mes chanteurs disent Oui au 25p. Nous allons chanter un vers de *Dans Dublin's Fair City.*

*Monsieur:* *Dans Bethlehem, That Fair City.*

*Fille:* Oui. *(Ils chantent un petit vers.)* Maintenant le 25p, s'il vous plaît.

*Femme: (On-stage)* Ah ! Les petits carol-singers ! Comme ils sont mignons ! Que vont-ils chanter ?

*Fille:* Nous avons déjà chanté.

*Femme:* Je n'ai rien entendu !

*Monsieur:* Oh là-là-là ! Maintenant nous sommes dans treble-overtime.

*Fille:* Pour un extra vers pour votre femme, nous demandons 60p.

*Monsieur:* Non, non, non ! C'est scandaleux.

*Femme:* Voilà 60p.

*Monsieur:* C'est un settlement inflationnaire !

*Femme:* Je m'en fous. Chantez, mes petits.

*Fille:* Nous allons chanter un vers de *We Free Kings.*

*Monsieur:* *We Three Kings.*

*Fille:* Oui. Three Kings. OK— un, deux, un, deux, trois, quatre . . . !

# Les Horoscopes

*Femme:* Que fais-tu
aujourd'hui ?

*Mari:* Je prends le train à
Bradford. Un meeting de reps.
Un vrai drag. Et toi ?

*Femme:* Je vais chez le coiffeur.
Puis lunch avec Deirdre. Puis le
Christmas shopping.

*Mari:* Deirdre qui ?

*Femme:* Deirdre Wilkins.
Pourquoi ?

*Mari:* Rien.

*Femme:* Avant de partir, lis-moi
'Today's Stars' par Madame
Kalinka.

*Mari:* Tu ne crois pas ce
rubbish ?

*Femme:* Implicitement.

*Mari:* OK . . . pour moi, il dit . . .
Mon Dieu ! C'est extraordinaire !

*Femme:* Pourquoi ?

*Mari:* Il dit . . . 'Vous direz à
votre femme que vous prenez
le train pour Bradford,
question de rep conference.
C'est un sac de codswallop.
Vous avez d'autres plans
secrets.'

*Femme:* Ah, elle connaît ses
oignons, Madame Kalinka ! Et
quels sonts vos plans secrets ?

*Mari:* Non, ce n'est pas vrai !
Je vais à Bradford.

*Femme:* Hmm. Il y a encore ?

*Mari:* Oui. 'Au lieu d'aller à
Bradford, vous allez à la
seduction de la meilleure amie
de votre femme.'

*Femme:* Mais, c'est Deirdre !
Toi et Deirdre ! Non !

*Mari:* Oui, c'est vrai. Damnée
Madame Kalinka !

*Femme:* C'est horrible ! Deirdre
était ma head prefect. Et
maintenant . . . avec mon mari !

*Mari:* Un moment. Tu m'as dit
que tu prendrais lunch avec
Deirdre. Je sais que c'est
impossible. *Avec qui tu prends
lunch vraiment* ?

*Femme:* Je ne te dis pas.

*Mari:* Alors, je vais demander à
Madame Kalinka . . . Tu es
Poisson, n'est ce pas ? . . . Ah !
'Vous espérez commettre
l'adultère avec le mari de votre
meilleure amie, mais votre mari,
qui ne va pas à Bradford, met
un spanner dans la machine.'
Le mari de Deirdre ? Tony ! Toi
et phoney Tony ! Non !

*Femme:* Oui. Il est très gentil.

*Mari:* Il est un berk.

*Femme:* Oui, mais c'est un
berk gentil.

*Mari:* Look . . . ce n'est pas
trop tard. Si tu veux sauver le
mariage, je suis game. Si on
allait à Brighton pour le jour,
juste toi et moi ? Laisse le
washing-up ! Laisse tout !

*Femme:* Oh, David. J'ai été
dans un blind fool situation.

*Mari:* Oh, Mary. Pour moi, tu es
la seule femme.

(FIN. ROULEMENT DES
CREDITS. MUSIQUE DE
TCHAIKOVSKY. ANTHEM
NATIONAL, BONNE NUIT, TOUS.)

# Les Cartes de St Valentin

*Elle:* Tu as des lettres ?

*Lui:* L'usuel. Un bill. Un Free-Chopsticks-Offer du Good Food Guide. Un Reminder Final de ce club de livres à Swindon. Ils menacent de faire le cutting-off de mes livres. Une carte d'un 24-heures fly-by-night plumber. C'est tout. Et toi?

*Elle:* Seulement une lettre. C'est . . . ah!

*Lui:* Quoi?

*Elle:* Oh, chéri, c'est lovely!

*Lui:* Quoi?

*Elle:* Cette carte de St Valentin que tu m'as envoyée. Merci, merci! Laisse-moi t'embrasser . . .

*Lui:* Un moment. Cette carte n'est pas de moi.

*Elle:* Quoi?

*Lui:* J'ai oublié le card-sending. Pardon.

*Elle:* Oh.

*Lui: (Après un silence)* C'est de qui, cette carte?

*Elle:* Je ne sais pas. Elles sont anonymes, les cartes de St Valentin. Search-moi.

*Lui:* Laisse voir . . . ah ha! Regarde! Il y a un message.
Je t'envoie mon best amour
Be my Valentin toujours
          R
Qui est R?

*Elle:* Je ne sais pas. Peut-être un admirateur fervent mais furtif.

*Lui:* Ho ho, très drôle. Dis-moi tous tes amis, qui commencent par R.

*Elle:* Il y a Robert . . .

*Lui: Qui est Robert?*

*Elle:* Ton frère.

*Lui:* Ah. Oui. C'est vrai. Continue.

*Elle:* Merci. Il y a Ruth, ma mère. Il y a Rex Harrison, que j'ai passé dans la rue en 1957. Il y a Roger, qui a émigré au Canada. Il y a Reginald, le sub-librarian, Ricky, le dachshund de Reggie, Mr Rumbelow . . .

*Lui:* Mr Rumbelow?

*Elle:* Mr Rumbelow, le pork butcher. Tu ne savais pas que Mr Rumbelow et moi sommes dans le whirlpool d'une affaire passionnée? Chaque matin il m'envoie six escalopes et son amour torride. Et puis il y a Ricardo, le gigolo avec qui je danse chaque mercredi, Reinhard, mon demon lover de Deutschland, Lord Ralph Rentfew, qui exerce son droit de seigneur sur moi . . .

*Lui:* Tu te moques de moi.

*Elle:* Ah, chéri, tu es si jaloux! La vérité, c'est que j'ai envoyé la carte moi-même. C'était pour te provoquer.

*Lui:* Fair enough. Touché. Et maintenant je suis dans un late-for-work situation! Au revoir. *(Embrassement. Exit. Elle téléphone.)*

*Elle:* Ronald? Ronald! Tu étais très naughty. Mon mari a presque trouvé la vérité . . . La carte . . . La carte que tu . . . Tu n'as pas envoyé une carte? Alors, qui . . . ?

# Chez le Boulanger

*Madame:* Bonjour, monsieur.

*Monsieur:* Bonjour. Je veux acheter du pain.

*Madame:* Bon. Sandwich? Tin? Crumbly cottage? Roughmeal? Wonderflannel?

*Monsieur:* Non. Ils sont trops grands.

*Madame:* Oh. Un petit brun?

*Monsieur:* Non. Le petit brun est trop grand.

*Madame:* Curieux. C'est pour combien de gens?

*Monsieur:* 500.

*Madame: 500?* Et le petit brun est trop grand? Vous allez essayer le trick du catering pour les 5,000 avec un petit poisson aussi?

*Monsieur:* Non. Le fact est, je suis le Secrétaire Social du Hunt Ball de Bicester. Nous avons 500 guests. Donc je veux réserver 500 petits pains.

*Madame:* Mais c'est simple! Prenez 500 rolls de bridge!

*Monsieur:* Ce n'est pas si simple. Vous avez été guest à un Hunt Ball?

*Madame:* Hélas, monsieur, je mène une vie sans glameur.

On m'a invitée une fois à une Danse de Barn, mais personne ne m'a demandé de danser.

*Monsieur:* C'est tragique. Eh bien, à 11.30 p.m. à un Ball de Hunt tout le monde est un peu tipsy et rowdy. Ils cherchent un outlet pour leur énergie bucolique; donc, au lieu de faire le hokey-cokey (qui est un peu petit-bourgeois), ils commencent à jeter les petits pains, et faire des noises de gaieté comme 'Ouah! Ouah! Ouah! Bon shot!'

*Madame:* C'est monstrueux!

*Monsieur:* Pour un boulanger, c'est monstrueux. Pour un ballgoer, c'est routine. Donc, je cherche 500 petits pains avec des qualités ballistiques, qui balancent bien, qui volent bien et qui ne causent pas d'accidents fatales. Les rolls de bridge sont pointus comme un ball de rugby. Vous avez été guest à un match de rugby?

*Madame:* Hélas, monsieur, ma vie est strictement non-sporting. On m'a invitée une fois à une soirée de table tennis, mais on a perdu le ball après dix minutes.

*Monsieur:* C'est tragique. Eh bien, je désire quelque chose qui est *rond*, qui est léger et qui prend un flight-path sans déviation.

*Madame:* C'est une question sans précédence dans ma boulangerie. Mais je crois que je peux recommander les soft baps stales. C'est 4p chacun, donc 500 c'est £20.

*Monsieur:* Bon! Ah, un moment—c'est seulement 499

rolls. Je n'ai pas . . . je n'ai pas de partner.

*Madame:* C'est tragique.

*Monsieur:* Vous . . . Vous ne voulez pas venir comme mon partner ? Vous me semblez un esprit kindred.

*Madame:* Monsieur, je serais enchantée.

*Monsieur:* Madame, vous m'avez rendu très heureux. Donc, apportez 500 soft baps stales et une robe longue.

# La Musique dans la Rue

*Monsieur:* Merci. Une belle tune. Voilà 20p.

*Busker:* Merci, guv. Ta beaucoup.

*Monsieur:* Incidentellement, comment elle s'appelle, cette tune?

*Busker:* Blimez, monsieur, j'ai oublié. Hummez-moi un peu.

*Monsieur: (fait le humming)*

*Busker:* Ah ! C'est. 'I'm in love with a wonderful girl, and she's in love with Fred'.

*Monsieur:* Je ne la connais pas.

*Busker:* Je l'ai écrite moi-même. Hier soir.

*Monsieur:* Incidentellement, jouez-vous des requests ?

*Busker:* Oui. Vous avez un request ? J'ai 5,000 melodies dans ma répertoire. Je les déteste toutes, mais cela n'est ni ici ni là.

*Monsieur:* Pouvez-vous jouer 'I sat on the verandah with lovely green-eyed Miranda' ?

*Busker:* Volontiers. Un, deux, trois . . . ! (*Il joue*)

*Monsieur:* Hmm . . . c'est un peu comme 'I'm in love with a beautiful girl, and she's in love with Fred'.

*Busker:* C'est vrai. Toutes mes 5,000 mélodies sont un peu similaires.

*Monsieur:* N'est-ce pas un peu boring pour vous ?

*Busker:* Oh, non. Je n'écoute pas. Pendant que je joue de l'accordéon, je compose dans ma tête. Je compose une symphonie !

*Monsieur:* Vraiment ? Pour un orchestre ?

*Busker:* Pas exactement. Pour 80 accordéons.

*Monsieur:* Et où allez-vous trouver 80 accordéons ?

*Busker:* A Majorca. Tous les buskers prennent leurs vacances au mois de juin, à Majorca. L'année dernière, j'ai écrit une cantata pour dix vieilles dames avec wind-up gramophones dans leur pram. Mais c'était un peu avant-garde.

*Monsieur:* Et vous gagnez assez d'argent pour aller à Majorca ?

*Busker:* Ce sont des vacances payées, payées par le Ministry.

*Monsieur:* Le Ministry . . . ! ?

*Busker:* Vous ne savez pas ? Tous les buskers à Londres sont maintenant des servants civils. C'est pour mettre le busking sur un pied officiel. Avant, j'étais planning officer pour Croydon. Je suis sur un salaire. Tous les 5p et 10p dans ma casquette vont au Treasury. C'est la seule branche de la Service Civile qui fait un profit.

*Monsieur:* L'esprit boggle. Tiens . . . en ce cas-là, rendez-moi mes 20p.

*Busker:* Ah non—vous n'allez pas diddler le taxe-payeur ! Mais je vais jouer encore une tune gratuite. C'est un petit morceau que j'ai composé ce matin, intitulé, 'If all the girls love a sailor, how do soldiers have children ?'

# Dans le Sex Shop

*Assistant:* Oui, monsieur ?

*Monsieur:* Eeuh . . . Hmm . . .

*Assistant:* Ne soyez pas embarrassé, m'sieu. Ici, il n'y a pas d'inhibitions. Laissez-le tout pendre au-dehors !

*Monsieur:* Well . . . vous voyez . . .

*Assistant:* Pas encore. Dites-moi votre hang-up.

*Monsieur:* A parler franchement, je suis un explorateur arctique. Ce weekend, je pars pour six mois dans la tundre désolée du Nord.

*Assistant:* Tout seul ?

*Monsieur:* Non. Avec 20 chiens.

*Assistant:* Ah—ça, c'est votre hang-up ?

*Monsieur:* Non, non. Je suis affiancé à une petite jeune fille dans Acton, qui est la plus gentille demoiselle du monde . . .

*Assistant:* . . . mais six mois est longtemps pour la fidélité, et vous voulez acheter une poupée life-size inflatable pour toutes les activités les plus secrètes et intimes ?

*Monsieur:* Non, non ! Well, oui, un peu. Je désire quelque chose de spécial.

*Assistant:* Nous avons tout ici, m'sieu. Les crèmes, les appliances, les lotions . . .

*Monsieur:* Oui, mais au pôle du Nord, vous avez un freezing problem. L'exposure, c'est la mort.

*Assistant:* Mmm. Difficile. Peut-être une poupée inflatable avec anorak, duffle, chapeau Esquimau, longs-Jeans et lingerie thermale ?

*Monsieur:* Ce n'est pas très . . . romantique.

*Assistant:* Oh, là, là ! Pour la romance, vous savez, nous sommes un sex shop.

*Monsieur:* Vous n'avez pas un département de romance ?

*Assistant:* Monsieur, c'est un établissement sérieux.

*Monsieur:* Vous n'avez pas de cassettes ?

*Assistant:* Mais oui ! Nous avons les cassettes les plus risquées de Londres ! Après cinq minutes de leurs suggestions provocatives, vous serez superchauffé, même au Pôle du Nord. Garanti.

*Monsieur:* Je pensais plutôt à une cassette qui murmure les mots d'amour, de petits riens, ces sentiments innocents soufflés dans les oreilles des amants.

*Assistant:* Mon Dieu, c'est kinky. Mais demandez à votre fiancée dans Acton de faire une cassette comme ça !

*Monsieur:* Eh bien . . . c'est-à-dire . . . elle n'aime pas la romance. Elle aime seulement le sexe. A vrai dire, c'est pour ça que je vais au Pôle du Nord.

*Assistant:* Je regrette, je ne peux pas vous aider. Mais si vous changez d'avis en route, visitez notre branche à Reykjáavik, le Saga de Sex. Voilà notre carte. Et bonne chance.

# La Séance

*Medium:* Hush ! Je suis en contacte. Je reçois des messages.

*Spectateur:* De l'autre côté ?

179

*Medium:* Chut ! Qui êtes-vous ?

*Spectateur:* Je suis Roland Midbótham, surveilleur de quantité.

*Medium:* Pas vous ! Idiot !

*Spectateur:* Sorry, je suis sûr.

*Medium:* Ah, maintenant j'ai une contacte. Qui êtes-vous ?

*Voix:* Je suis Fred.

*Spectateur:* Fred ! C'est Fred Crockett, mon vieux ami de schooldays, qui était tragicalement perdu pendant le school-trip à Boulogne. J'identiferais cette voix anywhere !

*Voix:* Non, je suis Fred, un dachshund. J'étais le pet de H. G. Wells.

*Spectateur:* Dommage. Fred Crockett était mon debteur, à la tune de 15p.

*Medium:* Et vous avez une message, Fred ?

*Voix:* Oui. Si vous allez à la maison de H. G. Wells qu'il occupait en 1936, et si vous allez dans le jardin, et si vous excavez un trou sous le willow en larmes . . .

*Medium:* Oui ?

*Voix:* . . . Vous trouverez un grand ham bone.

*Medium:* Charmant. Vous avez des messages de H. G. Wells ?

*Voix:* Non. J'ai parlé avec lui ce matin. Il refuse toujours à croire au spiritualisme. Il est très stubborn.

*Spectateur:* Moi, j'ai une message pour H. G. Wells. Je peux parler ?

*Medium:* Allez, allez.

*Spectateur:* Eh bien, dites à H. G. que le BBC-TV a sérialisé son M. Polly, avec Andrew Sachs. C'est très bien fait, mais je la préférais comme Manuel.

*Fred:* C'est un peu pointless. On ne reçoit pas le BBC à l'autre côté, et les royalties sont difficiles à transmettre.

*2ème voix:* Fred, Fred, viens ici ! Où est ce damn chien ?

*Medium:* Ah, c'est H. G. Wells lui-même qui parle !

*Spectateur:* M. Wells ! Si vous rencontrez Fred Crockett, dites-lui qu'il peut oublier le 15p !

*Fred:* C'est useless. Il ne peut pas vous écouter. Les non-believers ne peut pas contracter les vivants.

*2ème voix:* Fred, où as-tu mis mes slippers, petite espèce d'ectoplasme !

*Fred:* Oops. Faut partir, maintenant. Merci pour le petit chin-wag. Cela fait une change. Je viens, H. G.

*Medium:* Il part. C'est fini.

*Spectateur:* Gosh ! C'était fascinant. J'ai actuellement parlé avec le dachshund de H. G. Wells. Personne ne va pas me croire.

*Medium:* Vous pouvez dire cela encore une fois.

# Le Nouveau Diary

*le 1er janvier:* La première
entrée dans mon super Football
Diary ! Merci, Granny. Me levai.
Pris le petit déjeuner. Mis ma
super nouvelle chemise
d'Angleterre (merci, Maman),
mes shin pads de Joe Jordan
(merci, Papa) et mes gym
shorts. (Je ne peux pas porter
les Stanley Matthews shorts,
cadeau de Grandpa. Ils droopent
à mes pieds. Je serai le
laughing-stock.) Ai joué soccer
tout le matin. Déjeuner (turkey
froid, sprouts chauds, mince
pies luke-warms). Joué soccer
tout l'après-midi.

*le 2 janvier:* Me levai. Pris le
petit déjeuner. (Tout-Bran,
toast.) Ai joué soccer avec Tom,
Andrew et Mark. Pour le Noël,
son papa a donné à Mark le
strip argentinien. Il dit
maintenant, Appelez-moi
Osvaldo. OK, j'ai dit. Mais
appelez-moi Joe, j'ai dit, après
mes shin pads Joe Jordan.
C'est silly, il dit. Pourquoi ? j'ai
dit. Votre nom est déjà Joe.
C'est vrai.
Après-midi, ai joué soccer avec
Tom, Andrew et Osvaldo.
Haut thé. Télé. Lit.

*le 3 janvier:* Me levai. Pris le
petit d. (Corn en Flocons,
toast.) Ai joué au soccer
avec Tom, Pepe et Osvaldo.
Andrew est maintenant Pepe.

Pourquoi Pepe ? nous avons demandé. Parce que j'ai les super-boots brasiliens et le super-star de Brasil, c'est Pepe. Non, petit twit, c'est Pele ! Non, c'est Pepe, il dit, et il a commencé à blubberer. OK, OK, c'est Pepe, pleure-bébé.

*le 4 janvier.* Me levai. Le petit d. (Krispies de Riz, toast.) Ai fait les lettres de thank-you, sur mon paper à correspondence que m'a donné Tante Agatha, avec les petits bunny lapins. C'est sickening.

*le 5 janvier:* Me levai. Le p. d. (Weet-à-bix, toast.) Ai joué soccer le matin avec Snoopy, Pepe et Osvaldo. Tom a dit, Appelez-moi Snoopy. Ma chemise de RPQ (Rangers du Parc de la Queen) est à la wash, et je suis réduit à ma chemise de Snoopy. C'est bête, on lui a dit. Snoopy ne joue pas au scocer. Mais si ! qu'il dit. Le soccer, c'est très big en Amérique. Ha ha, on lui a dit, et pour quel team joue Snoopy ? Pour le Woodstock All-Star XI, il dit. L'après-midi, mon papa m'emmène avec Osvaldo pour voir Spurs à la Ruelle du Cerf Blanc. Ils sont rubbish. Après, Osvaldo a dit, Spurs sont rubbish. Maintenant je ne suis pas Osvaldo. Je suis Gary. Pourquoi Gary ? Parce que j'aime le nom, dit Gary.

*le 6 janvier:* Me levai. P.d. (Store Rural, toast.) Ai joué au soccer avec Snoopy, Pepe et Gary. C'est boring. L'après-midi j'ai fait le mucking-about avec Tom, Andrew et Mark.

*le 7 janvier:* Me levai. P.d. (Toast. Je suis right off les céréals.) Mucking about.

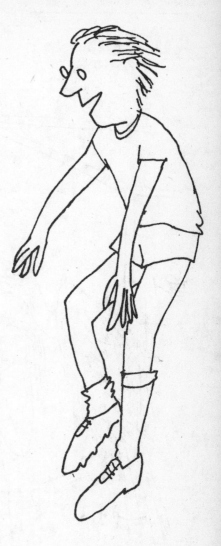

*le 8 janvier:* Me levai.

*le 24 septembre:* Tiens ! J'ai trouvé mon vieux diary. Que c'est bête.

183

# Au Zoo

*Fils:* Qu'est-ce que c'est?

*Papa:* Qu'est-ce que c'est que quoi?

*Fils:* Qu'est-ce que c'est que ce hairy rug?

*Papa:* Hmm. Regardons le label.

'Lupus pseudolupus, ou Slinking Hyena'.

*Fille:* Il est mort ?

*Papa:* Non, chérie. Il est en hibernation.

*Fille:* C'est la 348ème animal en hibernation que nous avons vu.

*Fils:* Nous avons vu seulement deux animaux avec les yeux ouverts.

*Fille:* Un starling et un sparrow.

*Fils:* Qui étaient des visiteurs au zoo, comme nous.

*Maman:* Oh, regardez ! Dans cette cage-là ! Un animal vivant !

*Fils:* Mon Dieu ! Il faut prévenir la police !

*Papa:* Ne sois pas sarcastique avec Maman, sunbeam.

*Fille:* En tout cas, il est standing up, mais est-il vivant ?

*Papa:* Regardons le label. 'Tapir pseudo-shetlandponicus, ou Dürrenmatt's tapir'.

*Maman:* Qu'est-ce que c'est qu'un tapir ?

*Papa:* Et qui était Dürrenmatt ?

*Fils:* Dürrenmatt était un explorateur suisse, qui spécialisait en la capture d'animaux morts ou d'animaux en hibernation perpétuelle. Il les tapait sur l'épaule pour voir s'ils bougeaient ; sinon, ils les poppait dans un carrier bag marqué DUTY FREE. Ainsi, il a importé plus de 5,000 animaux quasi-morts et a fait sa fortune.

*Maman:* C'est vrai ?

*Fils:* Non, mais c'est plus intéressant comme ça.

*Papa:* Watch it, sonny-garçon.

*Fille:* Oh, Maman, regarde ! Un vulture !

*Maman:* Ugh.

*Fille:* Mais non, il est mignon. Allo, âllo, petit vulture, qui est un joli garçon alors ? As-tu mangé ton carrion aujourd'hui ?

*Fils:* Tu perds ton breath. Il est mort, comme tous les animaux ici.

*Papa:* Je crois qu'il a fait un petit wink.

*Fils:* C'est un wink posthume.

*Papa:* Au fait, c'est très intéressant, les animaux morts. C'est plus intéressant que les animaux invisibles.

*Fils:* C'était une spécialité de Dürrenmatt, tu sais, les bêtes invisibles. Il était le premier à introduire en Europe Dürrenmatt's Absent Lemur, qui était toujours somewhere else.

*Maman:* C'est vrai ?

*Fils:* Presque.

*Fille:* Ah, regardez ! Quel beau stick insect !

*Fils:* Non, mais quel beau stick !

*(Etc. etc, jusqu'à tea-time.)*

# A la Pharmacie

*Pharmacien:* Bonjour, madame! Vous voulez des fancy choses? Les lunettes polaroïdes, sel de bain, poivre de bain . . .

*Madame:* Non. Je suis un client sérieux. Je veux de la cyanide de potassium.

*Pharmacien:* Hmm. C'est bien sérieux. Vous voulez, sans doute, exterminer un wasp's nest?

*Madame:* Non. C'est pour mon mari.

*Pharmacien:* Ah! C'est votre mari qui veut exterminer un nid de guêpes?

*Madame:* Non. C'est moi qui veux exterminer mon mari.

*Pharmacien:* Je vois. Bon. Alors, si vous revenez demain ou le jour après . . .

*Madame:* Mais c'est pour ce soir!

*Pharmacien:* Je regrette, madame. Il n'y a pas beaucoup de demande pour les poisons fatals. il faut faire un ordre spécial.

*Madame:* Mais mon mari part demain pour un trip de business en Amérique! Je ne peux pas l'empoisonner à une distance de 2,000 milles!

*Pharmacien:* Si j'ose le dire, c'est une erreur de planning.

*Madame:* Est-ce que vous avez une alternative acceptable? De l'arsenic, de la strychnine, un poison de l'Amerique de Sud employé par les pygmies . . . ?

*Pharmacien:* . . . et qui est impossible à tracer? Madame, il faut savoir que les pygmies préparent toujours les poisons chez eux. Ils ne viennent jamais dans ma pharmacie. Du moins, seulement pour le make-up et les perceurs de nez.

*Madame:* Alors, l'aspirine peut-être? Trente tablets, c'est fatal, n'est-ce pas?

*Pharmacien:* Oui. Mais dans mon expérience, il est très difficile de donner une overdose à quelqu'un d'autre. Ils deviennent suspicious après la vingtième pilule.

*Madame:* Bon point. Oh lor. Vous n'avez pas des lignes décontinuées, comme bacilles de botulisme ou des isotopes radioactives?

*Pharmacien:* Il n'y a pas l'espace. Si vous voulez battre votre mari à mort avec une sandale Scholl? Elles sont tres solides.

*Madame:* Il est plus fort que moi.

*Pharmacien:* Hmm. C'est un snag. Pourquoi pas revenir à ma suggestion initiale?

*Madame:* Les lunettes polaroides?

*Pharmacien:* Oui. S'il n'est pas accoutumé aux sunglasses, il y a une bonne chance qu'il va marcher sous un bus, ou tomber doucement devant un train de Tube.

*Madame:* C'est un long shot. Mais je vais essayer.

*Pharmacien:* OK. Laissez-moi savoir si cela fait le trick.

# L'Etiquette de la Corre-spondence

*A Un Archbishop*

Vénéré Archbishop,
Mille félicitations sur votre appointement récent. Comme millions de churchgoers ordinaires, je cherche un lead spirituel dans ces temps troublés. A propos, je cherche aussi un scarf de cashmere que ma femme a laissé dans la cathédrale de Canterbury pendant un bargain-break weekend à Noël. C'est d'une couleur d'apricot, avec un label Jaeger. Merci en avance.
Mille genuflexions

*A Un Maître de Gare*

Cher respecté et honoré maître,
Dans ces temps troublés, quand tout le monde a seulement des brickbats pour le RB (Rail Britannique), je veux régistrer mon admiration totale pour votre cafétéria, qui n'est pas seulement spick mais aussi span. Vos sandwiches sont dignes de la group FHT (Forte et House de Trust), pendant que la clarté de vos announcements rivalise celle de la CBB (Corporation etc etc). A propos, vous n'avez pas trouvé un scarf cashmere ? Platform Huit, je crois.
Je reste,
Votre plus fidèle commuteur

*A Une Duchesse*

Très gracieuse et adorée ladyship,
Vous ne me connaissez pas, mais j'étais un visiteur à votre stately home, Crickneck Hall, au weekend. J'ai beaucoup admiré vos portraits de famille, Ecole de Gainsborough. J'ai beaucoup admiré, dans ces temps troublés, la sérénité du Chinese Bedroom, avec son 32-piece Chow Mein Set. J'ai aussi admiré, dans le *Tatler,*

votre photo avec ce scarf
charmant de cashmere. Est-il,
par hasard, le scarf qu'a laissé
ma femme dans le Stately
Tea-Room ? J'ai seulement
demandé.
En vous assurant de toute ma
      sycophancie

*A Un Fils*
    Mon très cher, très aimé et
        très dévoué fils,
Non, je ne peux pas te prêter
£100. Oui, j'ai besoin de la
voiture ce weekend. Non, je
n'approuve pas ta girlfriend,
Debby, qui est une slag.
Maintenant, dis-moi une chose :
as-tu emprunté le scarf de
Maman pour le football
match ?
                Papa

*Au Directeur d'une Grande
Compagnie de Knitwear*
    Cher Monsieur,
Merci pour le scarf de cashmere
que vous avez envoyé sur
approval. Je veux le garder
encore quelques jours, pour
des raisons assez compliquées.
OK ?
        Je reste, etc

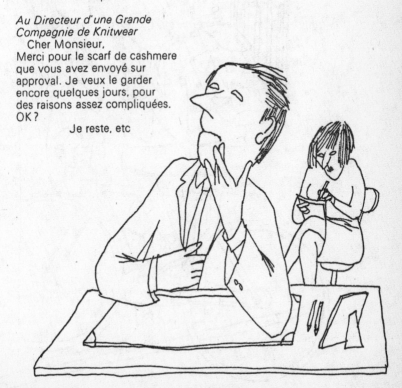

189

# La Bicyclette et le BR

*Guard:* Un moment! Que faites-vous avec la bicyclette?

*Passager:* Mais . . . je le mets dans le van du guard.

*Guard:* Pas sur mon bleeding train, mate!

*Passager:* Pourquoi pas?

*Guard:* C'est un INTER-CITE. Nouvelle régulation. Pas de bike. Défense d'installer les vélos. Dommage, et tout cela.

*Passager:* Mais le van est vide. Un sac de lettres. Une boîte de kippers. C'est tout.

*Guard:* Ce n'est pas moi qui fais les régulations. Maintenant, scarper.

*Passager:* Un moment! Si je démantèle la bike en quatre morceaux—et leur donner un wrapping de papier brun—vous les prendrez comme quatre parcels?

*Guard:* Oui.

*Passager:* Ah!

*Guard:* S'ils sont correctement régistrés, avec string et labels. Et le train part dans cinq minutes.

*Passager:* Oh . . . Un autre moment! Ce n'est pas une bicyclette!

*Guard:* Comment?

*Passager:* Il a le *look* d'une bike. Il a deux roues, une saddle et des handle-bars, tout comme une bike. Mais ce n'est pas une *bike*. C'est . . . c'est une machine de physiothérapie. C'est en route à un autre hôpital. Je suis un nurse mâle.

*Guard:* Ah? Et l'uniforme de nurse mâle, c'est l'anorak, les jeans et le rucksack en orange hideux?

*Passager:* Oui. Je suis nurse mâle d'outpatients. Je spécialise dans les accidents, espèce de Vacance de Banque,

dans les montagnes; professeur-tombe-200-mètres-et-survit, des chos comme ça. Et j'ai une machine d'oxygène dans mon rucksack.

*Guard:* Laisse voir.

*Passager:* Non, vous n'avez pas le droit de search.

*Guard:* Ce train passe par Coventry et Rugby à Wolverhampton.

*Passager:* So what?

*Guard:* Corrigez-moi si j'ai tort, mais ces trois villes sont notables pour l'absence des montagnes. Dans les annals de mountaineering, les Midlands ne forment pas même une footnote.

*Passager:* Oui, mais je change à Wolverhampton pour Derby. Le Peak District, vous savez.

*Guard:* Alors, vous avez un wrong train. Il y a un express direct d'ici, à Derby.

*Passager:* Oui, mais je prends la route longue, pour . . . pour donner le running-in à la machine. C'est tout neuf.

*Guard:* Vous allez vous exercer, ici, dans le train, dans mon van, sur votre machine?

*Passager:* Eeugh . . . oui.

*Guard:* Vous êtes fou. OK, jump in.

191

# A la Garden Partie

*Le Maire de Casterbridge:* Joli jardin. Jolis arbres. Jolis hydrangeas.

*La Mairesse de Casterbridge:* Très joli. Tu crois que la Reine fait tout le gardening personellement?

*Maire:* Grosse chance. Elle a un régiment de jardiniers.

*Mairesse:* Le Household Cavalry?

*Maire:* Mais non! Le Household Cavalry, c'est une source de manure libre, voilà tout.

*Mairesse:* Hmmm . . . Tu sais, il y a 3,000 visiteurs ici, et nous n'avons parlé avec personne.

*Maire:* Ils sont tous des maires, des alderpersonnes, des clercs de ville et des actes qui ont flunké les auditions pour la Performance de la Commande Royale.

*Mairesse:* Still et tout, si nous revenons de la Maison Buck à Casterbridge, et si on nous demande avec qui nous avons fait le rubbing d'épaules, et si nous disons: Personne . . .

*Maire:* Ah! Voilà une dame qui a l'air un peu solitaire. Faisons la chose décente par elle.

*Mairesse:* Bonjour, madame. Un très joli jardin, n'est-ce pas?

*Dame:* Merci.

*Mairesse:* Ah, c'est vous qui faites le gardening?

*Dame:* Un peu comme ça.

*Maire:* Il faut vous féliciter. Le sward est immaculé.

*Dame:* Nous avons beaucoup de trouble avec les daisies.

*Mairesse:* Et les corgis, sans doute!

*Dame:* Non, ils sont toujours à Windsor.

*Maire:* Ah, vous êtes en charge à Windsor aussi?

*Dame:* Oui, un peu comme ça.

*Mairesse:* Quel job. J'ai seulement un demi-acre à Casterbridge, mais c'est une full-time chose.

*Dame:* Casterbridge? Une jolie petite ville. Je passe par là quelquefois pour voir mon fils, qui est dans le Navy.

*Mairesse:* Eh bien, pourquoi pas faire le dropping in? J'insiste, la prochaine fois, venez prendre une tasse de thé, et faire un tour des borders et rockeries.

*Dame:* Merci. C'est possible. Le fact est, j'ai beaucoup d'engagements, etc. Et maintenant, il faut que je circule. Au revoir.

*Mairesse:* Au revoir . . . Quelle dame plaisante. La chose drôle est, elle était très familière.

*Maire:* Oui, je connais cette face. Elle a, peut-être, un programme de gardening à la TV.

*Mairesse:* Sans doute. Eh bien, une conversation avec la jardinière est meilleur que rien.

*Maire:* Ce n'est pas beaucoup à rapporter à Casterbridge.

# Who's Who in France:

# Qui est Qui en France

*Extraits Exclusifs*!!

*Hinshelwood-St. Exupery,
Jean-Louis Rodney de;* Régius
Professeur de Tradition
Anglaise à Paris. *Publications:*
Les Anglais, Mystery Race,
1951; Beyond the Tweed,
1953; Gentleman's Relish,
1955; Up a Gum Boot, 1958;
English Spoke Here, 1960; Le
High Tea Cookery Book, 1963;
*The Times* Expliqué pour les
Français 1965; Pigeon-
Racing en Angleterre, Cuisine
de Pigeon en France, 1968;
Cricket pour les Outsiders,
1970; Oop Nord, or Trouble at
T'Moulin, 1975. *Récréations:*
darts, boules. *Address:*
Dunteachin 51 Faubourg
St André, Paris XVIème.
*Clubs:* Chez Boodle, Bifteck,
Garlick.

*Brialy, Michel;* cricketeur
Français international: fils de
W. G. Brialy. 38 pas out pour
CCM (Club de Cricket de
Marylebone) contre Malaya,
1958; a été impliqué dans le
run out controversial contre
Pakistan 9th XI, 1965;
capitaine non-jouant contre
Rest of Australasia, 1968
(draw); 76 pas out pour
Brigitte Bardot All-Star
Thirteen contre Cahiers du
Cinéma, 1970; 4 pour 17 (bras
gauche lent) dans La Coupe
Prudentiale contre Mauritius,
1973; retiré blessé pour 17
contre le centre-Gaulliste-
Ecologie XI, 1977. Maintenant
Régius Professeur de Fielding
Defensif, Ménilmontant.
*Publications:* Mid-Off Stupide,
1972; Troisième Homme, 1978.
*Address:* Fine Jambe, 52
Faubourg St André, Paris
XVIème. *Clubs:* CCM, Milords,
Les Zingari.

*Belcanto, Jean-Paul,* acteur
Français. Filmes principaux:
'Retour de Rififi!', 1961; 'Jules,
Jim et Rififi', 1962; 'Carry
On, Fifi', 1963; 'Bonny et
Rififi', 1964; 'Midnight Rififi',
1965; 'Ted et Bob et Alice et
Rififi', 1966; etc. etc.
Maintenant Régius Professeur
du Slapstick Sérieux, Univ. de
Paris. *Récréations:* golf, polo,
volkswagen, etc. *Address:* Chez
Rififi, 53 Faubourg St André,
Paris XVIème.

*Rix, Jean-Louis,* homme de
théâtre. Grand vieux homme de
farce française. Il a débuté dans
'Oops!—Où sont mes
Trousers?' à la Whitehall, en
1937. La comédie est
maintenant dans sa 42ème
glorieuse année. *Publication:*
'One Pair of Braces', 1966.
*Address:* Stage Door, 54
Faubourg St André, Paris
XVIème. *Clubs:* Arts Council,
Jean Machine, Zips.

*St Jean Stevas, Norman.*
Président de la République
Française, etc. etc. *Club:*
Elysée, etc. etc.

UN ANNONCEMENT

# LE FRANGLAIS BOOK CLUB

Cette offre est unique!

## INCROYABLE!
## UNTHINKABLE!
## MAIS C'EST VRAI!

### Tous ces livres
### sont seulement 50p un throw!

**Les Papiers Pique-Wique** par Charles Dickens

**Mrs Bovary** par Flaubert

**Allo, mes Darlings** par Charles Drake

**Le Cookbook d'une dame Edouardienne**

**La vie de Brian** par Montague Python, Esq

**L'ABC des Trains Français** par Paul Theroux

**Bêtes Noires** par Jacques Herriot

**La Tante de Charlie** par la Princesse Margarète

etc etc

Si vous vous inscrivez au Franglais Book Club,
vous pouvez choisir un de ces livres pour 50p!
(Remettez aussi £5.50 pour VAT, package,
postage, steerage, wastage, etc.)

Aprés, vous recevez une classique Franglaise chaque jour *au
prix normal* pendant six mois.

Si vous n'aimez pas votre classique Franglaise, tough luck.

☐ Je veux me précipiter headlong
  dans cette offre
☐ J'ai lu le petit-print
☐ J'ai dépassé 21 (vingt-et-un) ans
☐ J'enclose un chéque blanque
☐ Merci

Nom
Adresse

Prochain de Kin

# Parlez-vous Franglais?

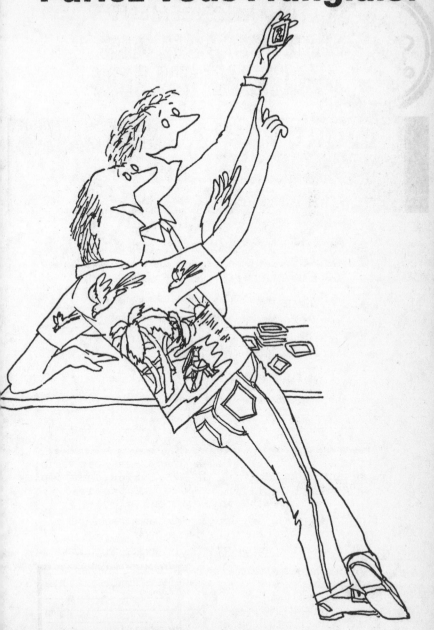

# Preface

## par "Petit" Rowland

Bonjour, tout le monde. C'est la face inacceptable du capitalisme speaking. Qui a dit ça ? C'est M. Edouard Heath qui a dit ça. Et où est M. Heath à ce moment dans le temps ? Il est nowhere. Et moi, l'inacceptable face, ou suis-je ? Je suis everywhere. Dis no more.

Anyway, c'est by the by. Je suis très honoré de l'invitation d'écrire la préface de, hold on, j'ai le nom somewhere, de "Parlez-Vous Franglais ?" C'est un proof, je crois, que je ne suis pas seulement un pretty face. Capitalisme, c'est une chose ; écrire la préface d'un livre de culture comme "Parlez-Vous Franglais ?" c'est une autre. Pour moi, c'est un proud moment. M. Edouard Heath, a-t-il été invité à faire la préface ? Hein ? Eh bien ? Non, c'est moi ! Cela prouve quelque chose, je pense.

Anyway, c'est irrélévant. J'ai lu ce livre, et . . . ce n'est pas absolument correcte. Une compagnie subsidiaire a lu ce livre, et le Lonrho Book Preface Research Institute (c'est le nom du subsidiaire) me dit que c'est un livre profitable et viable, avec potential de développement. Maintenant, j'écris cette preface. Et après, je vais acheter 51% des shares dans ce livre. C'est une expression de ma confiance et de mon commitment pour cette invention anglaise !

Oui, je mets mon argent dans le meme lieu que ma bouche.

Avec moi, c'est l'action, pas le talking.

Pas comme some people.

M. Edouard Heath, par exemple random.

Mais je digresse. Achetez ce livre ! Merci.

*"Petit" Rowland*

Une Preface Lonrho. Tous inquiries à Tiny Towers, W1.

# Introduction
## Et Instructions Pour Usage

Bonjour.

Si vous êtes un first-time reader de Franglais, welcome! Franglais est comparativement painless et ne donne pas un hangover. En quantités judicieuses, il est mind-blowing. Ayez fun.

Si c'est votre second livre de Franglais, welcome encore! Un docteur écrit: "Une extra course de Franglais est, par et large, harmless. Prenez une petite dose trs fs pr jr, après les meals, avec votre cognac, liqueur, Perrier etc. Si vous avez des symptomes franglaises (odeur de garlic, shrugging des épaules, gestures continentales et embarrassantes etc.) n'hésitez pas à voir votre docteur. Si vous ne pouvez pas voir votre docteur, envoyez-lui l'argent, en fivers usés. Merci."

Si vous avez tous les trois livres de Franglais, congratulations—vous êtes maintenant l'outright owner! L'auteur écrit: "Vous avez tous les *trois*? Vous avez bien compté? Ce n'est pas une joke ou un leg-pull? Vous ne dîtes pas cela simplement pour me faire plaisir? Mon dieu. Pour moi, c'est un moment très proud. Vous avez rendu très heureux un vieux homme. Je me sens un peu faible. Garçon—encore un Calvados! Et quelque chose pour mon reader. Non, le publisher va payer . . ."

# Acknowledgements

(Continué de Vol II)

. . . à la wife, aux enfants, aux babysitteurs, au chap
upstairs, au milkman (*double* crème, next time, hein ?),
aux dancing girls qui ont garanti le fabuleux succès de mon
birthday party, M. Weston de Much Marcle pour son
knock-out cidre, M. Roy Plomley (qui refuse toujours à
m'inviter sur son île déserte), the Police qui fait un excellent
job dans des conditions difficiles, la Théâtre de Bush,
Pete Odd, Michel Holroyd qui écrit mon biography, Valéry
St. John Stevas, l'équipe de Wrexham F.C. despite une
saison désappointante, l'Opéra Comique de New York,
Gary Glitter (et tout le best avec le come-back), Trevor
Stephenson pour son street map de Lima, M. Sturmey et
M. Archer pour leur fab gear, George Washington pour sa
kind permission de mettre son mug sur les dollars, aux
Lignes Circle et Districte pour permettre les bicyclettes
(wake up, Central !), à la wife, non, hold on, j'ai dit cela
déjà, à la girlfriend, a Joanna Lumley pour son excellent
article dans le Listeneur, les producteurs du vieux Calvados,
Phil et tout le monde à Athgarvan, Lord Freddy Laker (il
n'est pas un lord ? Seulement une matière de temps), tous
les taximen qui permettent ma contrebasse dans leurs
cabs, Stanley Reynolds pour son excellente imitation de,
je crois, Robert Mitchum, tous les backroom garçons à
Robson, Michael Heath pour son excellente imitation de,
je crois, Stanley Reynolds, David "Lightning Blues"
Barlow, pour son inspiration avec le Porteur de l'Hôtel de
Nuit . . .

(Continué dans Vol IV)

Ce livre est le property de _____

Numéro de telephone _____

Couleur de yeux _____

Intérieur jambe _____

Numéro de yeux _____

Couleur de jambe _____

Groupe de blood _____

Prochain de kin _____

Si je suis involvé dans un accident, mon groupe de vin
(pour transfusion) _____

est_____Couleur_____Château_____Vintage_____

# Lessons

# Le Car Rental

*Client:* Bonjour.

*Cargirl:* Bonjour, monsieur ! Un wonderful hello de Gottfried Avis ! Nous sommes ici pour vous donner du plaisir ! Nous avons toute sorte de voiture fantastique ! Votre wish est notre commande !

*Client:* Yes, well. J'ai réservé un Ford Stagecoach avec un roof-rack.

*Cargirl:* Oui ! Terrifique ! Quel nom ?

*Client:* Kapok.

*Cargirl:* Carpark ?

*Client:* Kapok.

*Cargirl:* Quippec ?

*Client:* K-a-p-o-k.

*Cargirl:* Bon. Alors, M. Kopek, quelle sorte de voiture vous avez réservée ?

*Client:* Un Ford Stagecoach avec roof-rack.

*Cargirl:* Bon. OK. Super. Le thing est, nous n'avons pas de Ford Stagecoach.

*Client:* Oh dear.

*Cargirl:* Je peux vous offrir un Chrysler Sonata, un Morris Richardson ou une Rolls-Royce.

*Client:* Non, merci.

*Cargirl:* Au même prix.

*Client:* Non, merci.

*Cargirl:* Hmm. Vous êtes un' client difficile. Vous préférez peut-etre un Lotus Formula X-100 ? Comme featuré dans le Grand Prix du Nurburgring ?

*Client:* Avec roof-rack ?

*Cargirl:* Well, non.

*Client:* Non, merci.

*Cargirl:* Si c'est le luggage qui vous concerne, je peux vous offrir un Boeing 727. Il y a beaucoup de freightspace et legroom, et c'est le même prix que le Ford Stagecoach.

*Client:* Un Boeing 727, ce n'est pas très commode pour aller à Hove. Il n'y a pas de strip à Hove.

*Cargirl:* C'est vrai. Alors, je peux vous offrir un special train charter express à Hove. Pour le même prix que le Ford Stagecoach.

*Client:* Avec roofrack ?

*Cargirl:* Well, non. Vous insistez sur le roofrack ?

*Client:* Oui.

*Cargirl:* Alors, je peux vous offrir un roofrack seul. Garanti sans voiture.

*Client:* Pour le même prix qu'un Ford Stagecoach ?

*Cargirl:* Oui.

*Client:* Done.

*Cargirl:* Bon.

# A l'Opéra

*Jack:* Eh bien, que pensez-vous du premier acte ?

*Jill:* C'est wonderful ! Les voix . . . les costumes . . . la scénerie . . . ah, j'aime Spontini !

*John:* Ce n'est pas Spontini. C'est Martini. C'est son *L'Aperitivo*.

*Joan:* Tu es sur ? Je pensais que c'était *La Differenziale* de Ferrari.

*Jack:* Regardons le programme.

*John:* Gros lot de use. Il n'y jamais rien dans le programme, excepté a) les reviews de restaurants b) une histoire du Jardin du Couvent c) les biographies mendacieuses et fallacieuses de chanteurs.

*Joan:* Mais c'est un opéra italien, n'est-ce-pas ?

*John:* Pourquoi ?

*Joan:* A cause de tout le mayhem, et le dos-stabbing, et la hanquille-panquille. Et les mots sont italiens.

*Jack:* Allemands, je crois.

*Jill:* Ah non ! Ce n'est pas

Wagner, par hazard?

*Tous:* God forbid!

*Jack:* Phew.

*Joan:* En tout cas, Sodaström est fantastique.

*Jill:* Oui, Sodaström est divine.

*Jack:* Quelle dommage qu'elle ne soit pas ici ce soir.

*Jill:* Mais—ce n'est pas elle? La mère? La mère du fils? La mère du fils avec la fiancée? La fiancée qui est horriblement

out of tune?

*John:* Non. C'est Victoria de San Francisco. Le fils est Otto Matik.

*Jill:* Et qui est le bloke avec la busty blonde?

*Jack:* C'est Bernard Levin.

*Jill:* Non—sur la stage?

*Jack:* Le bloke qui a chanté l'aria: 'Good friends, I go to fish for herrings'?

*Jill:* Oui.

*Jack:* C'est Dietrich Fischer-Disco.

*John:* Un moment. Un moment. S'il a chanté en anglais . . .

*Tous:* Oui . . . ?

*John:* C'est un opéra de Benjie Britten!

*Tous:* Ah non! C'est affreux! Quelle horreur! Une soirée de rubbish anglais! etc. . . .

*Annoncement:* Le rideau du deuxième acte de *Snape River* par dear old Ben se lèvera en trois minutes. Je répète: back to your stalls *immédiatement*!

*John:* Non! Je rébelle! Dans une société libre, il est permis de dire: j'opte out.

*Tous:* Nous aussi!

*Jack:* Bon. Je propose une visite au Club de Ronald Ecossais, où Georges Mêlée chante.

*Tous:* Top trou! Absolument! Bloody bonne idée! etc. . . .

209

# Le Catering de Noël

*Maman:* Chéri?

*Papa:* Mmm?

*Maman:* Il me faut £50.

*Papa:* Pourquoi? Tu es dans le grip d'un blackmaileur?

*Maman:* Non. Mais aujourd'hui je vais commencer le shopping pour le jour de Noël, et le dinner Noëlesque.

*Papa:* £50 pour un dinner? C'est extortion.

*Maman:* Non, mais réfléchis. Il faut acheter un turkey, sprouts de Bruxelles, pud de Noël, sauce de Cognac, dattes, nuttes, figges, tangérines, gâteau d'Xmas, ecstase

Turquoise, des craqueurs, pies de mince, chocs aux liqueurs, stuffing de sauge et oignons . . .

*Papa:* Un moment, un moment! Est-il vraiment nécessaire, ce spread, ce blow-out? Pourquoi, toutes les années, un banquet Felliniesque, une orgie de Yule, une explosion Alka-Seltzérienne?

*Maman:* Tu as une suggestion

alternative?

*Papa:* Oui. Un repast frugal. Un peu de céléri, un peu de fromage, un Perrier. C'est parfait.

*Maman: Perrier?* Le Noël? Perrier, c'est pour le Jour de Pugilisme.

*Papa:* Eh bien . . . quelques bouteilles de Beaujolais nouveau.

*Maman:* Oh, c'est très festif, je ne crois pas. Quel joli treat pour les enfantes et les parents. Un peu de holly dans un Ryvita.

*Papa:* Personellement, je blâme Prince Albert. Il a inventé l'arbre de Noël (avec le pine-needle-dropping problem), la carte de Noël (avec le greeting UNICEF en cinq languages), le carol-singing (via le medium de l'entryphone) et le heavy dinner d'Xmas. Moi, je dis—à bas les imports de Germany!

*Maman:* Tu préfères le spaghetti bethlehemais? Le tandoori turkey?

*Papa:* Pourquoi pas? C'est une change.

*Maman:* Tu es hopeless. Pense aux enfants! Noël, c'est une occasion pour les jeunes.

*Papa:* OK, j'appelle ton bluff. Enfants! Venez ici!

*Emma, Lucy:* Oui, papa?

*Papa:* Tu as une choix pour le dinner de Noël. Turkey avec tous les trimmings. Ou un light lunch, comme a eu le bébé Jesus. Un stableman's lunch, quoi.

*Emma:* Turkey est boring.

*Lucy:* Le light lunch est grotty.

*Emma, Lucy:* Nous voulons des doigts de poisson! Le Grand Mac! Le donner kebab! Le tray de relishes . . .

*Maman:* C'est ridiculeux. Vous aurez le turkey, comme normal, avec sauce de pain, sauce de currant rouge etc. £50, svp.

# A l'Auction

*Auctioneer:* Allant une fois! Allant deux fois! Allé! (*Il donne un bang avec le gavel.*) Lot 52, *My Old Lady* par Whistler, sold au gentleman anonymeux avec le chèquebook. Maintenant, Lot 53. C'est un magnifique painting de Cannelloni (1567–1624), *Le Martyrdom de Saint Sébastien*. La propertie d'un country gentleman. La painting a été dans la famille depuis yonks, mais il est obligé de réaliser ses assets. Question de duties de mort. La vieille histoire. OK, qui va commencer? J'écoute £2m? (*Silence*) Messieurs? C'est un Cannelloni très rare. Une fois dans une lune bleue . . .

*Bidder:* Ce n'est pas un Cannelloni.

*Auctioneer:* Qui dit ça?

*Bidder:* Moi, je dis ça!

*Chorus de Bidders:* Nous disons tous ça!

*Auctioneer:* OK, OK. Assez fair. Vous avez peut-être raison. Je vais proposer une compromise. *Le Martyrdom de Saint Sébastien,* Ecole de Cannelloni (?1560–?1620). Maintenant, qui va offrir £1m? (*Silence*) Messieurs? C'est un painting, école de Cannelloni. Très bonne école. Quatre scholarships à Oxford chaque année, et excellent record de rugby.

*Bidder:* Ce n'est pas sixteenth century.

*Auctioneer:* Qui a dit ça?

*Bidder:* Moi encore.

*2ème Bidder:* Il a raison. C'est twentieth century.

*3ème Bidder:* C'est une fake.

*Auctioneer:* Ah. Maintenant que je regarde, je vois que vous êtes bang on. C'est une copie moderne. Mais, messieurs, quelle copie! Une masterpiece de la forgerie! Bon. Imitation en le style de Cannelloni (1900–?). Qui va offrir £500?

*Bidder:* Ce n'est pas une genuine fake.

*Auctioneer:* Je ne vous comprends pas.

*Bidder:* Ce n'est pas hand-made. C'est mass-produced.

*Auctioneer:* Oui, à être exact, ce n'est pas une copie originelle. C'est une page du *Sunday Times* Colourmag. Au revers, il y a un ad original pour Scotcade. Bon, une photo d'une painting en le style de Cannelloni. Qui va offrir 50p?

*Gentleman:* Un moment! Je viens de regarder *My Old Lady* par Whistler, pour laquelle j'ai payé £3m. C'est un postcard!

*Auctioneer:* OK. Pas £3m. 40p. Avec cette Cannelloni, thrown in gratuit. Maintenant, Lot 54, une page de notebook de Leonardo da Vinci. Absolument blank. Qui va offrir 80p?

# Dans le Casualty

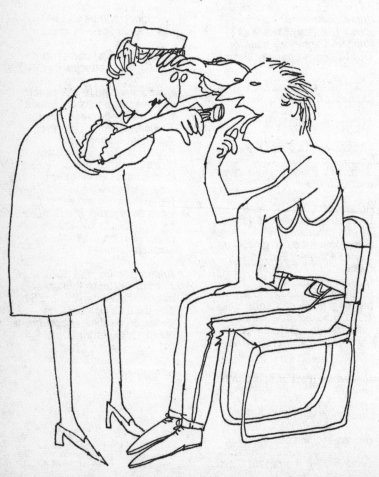

*Monsieur:* Oh ! Ah ! Ay ! Ouf !

*Nurse:* Silence, monsieur. C'est un hôpital sérieux.

*Monsieur:* Mais je souffre !

*Nurse:* De quoi, alors ?

*Monsieur:* J'ai déjà attendu trois heures pour l'attention. Ma derrière est anaesthétisée. Je suis stiff partout. Donc je fais Ouf ! Et Ah ! C'est un cri pour help.

*Nurse:* Bon. Je suis ici pour vous aider. Montrez-moi votre complainte.

*Monsieur:* Eh bien . . . je ne peux pas.

*Nurse:* Vous êtes embarrassé ? Moi, je ne suis jamais embarrassée. Montrez.

*Monsieur:* C'est-à-dire que ma complainte est internale. J'ai avalé un sachet de café instant. Un accident pur et simple.

*Nurse:* Comment vous avez fait ça ?

*Monsieur:* Eh bien, j'essayais de faire l'opening du sachet avec mes dents. Je l'arrachais comme une bête sauvage— vous savez, les sachets sont très bien construits—et soudain, pouf ! Je l'avais mangé.

*Nurse:* Hmm. C'est très simple. Buvez un mug de boiling water avec sucre et lait to taste.

*Monsieur:* Ce n'est pas si simple.

*Nurse:* Et sautez un peu dans l'air. Pour le stirring.

*Monsieur:* J'ai aussi avalé le spoon.

*Nurse:* Vous avez le *spoon* dans l'estomac ? Comment ça ?

*Monsieur:* Eh bien . . . Je portais le mug dans une main. Je portais *The Times* dans l'autre. Pour porter le spoon, je l'ai pris dans mes dents . . .

*Nurse:* OK, OK. Je le vois d'ici. Quelle sorte de spoon ? De plastique ? De metal inférieur ? De vieux argent de famille ?

*Monsieur:* C'est un petit truc de BR que j'ai ramassé dans le buffet car.

*Nurse:* Pas de problème, alors. Toutes les choses de British Rail sont self-destruct. C'est pour décourager les stewards du pilférage.

*Monsieur:* Ah ! Dans ce cas, le mug est self-destruct aussi ?

*Nurse:* Quel mug ?

*Monsieur:* Le mug que j'ai mangé.

*Nurse:* Vous avez un mug dans l'estomac ?

*Monsieur:* Oui. La raison est très simple. Je . . .

*Nurse:* Je ne veux rien savoir. Prenez cette note.

*Monsieur:* C'est une prescription ?

*Nurse:* C'est une order de transfer. Allez directement au canteen d'hôpital. Ils vont casser le mug pour vous. Puis vous pouvez le passer ordinairement. Next !

# Le Spotting d'un UFO

*Monsieur:* C'est combien de milles à York ?

*Madame:* 56 à York, 43 à Leeds, 203 à Edinburgh et 2½ à Chorleton-cum-Bypass.

*Monsieur:* Ton knowledge est encyclopédique.

*Madame:* Pas du tout. Nous venons de passer un signboard. Maintenant, regarde la route et moi, je vais regarder la landscape.

*Monsieur:* OK, dear . . . Tiens, c'est curieux.

*Madame:* Quoi ?

*Monsieur:* Cette chose-là. Dans le ciel. Cet objet. Comme un oval de silver.

*Madame:* Je ne le vois pas.

*Monsieur:* Regarde-là !

*Madame:* C'est un blob sur le wind-screen.

*Monsieur:* Mais non, mais non ! C'est un UFO !

*Madame:* Tu es drunk. Maintenant, regarde la route.

*Monsieur:* Oui, chérie . . . (*Pause*)

*Madame:* Tu as raison. Il y a un objet volant pas identifié au ciel. Ce n'est pas un avion, ni un chopper, ni un searchlight, ni un Red Devil ejecté.

*Monsieur:* C'est un signe de Dieu ?

*Madame:* Un signe de quoi ? Qu'il y a un outbreak de plague bubonique à York ? Que nous avons oublié de canceller le lait ? Crétin créduleux !

*Monsieur:* Pardonne-moi d'avoir parlé, je suis sûr.

*Madame:* Vite, donne-moi le Mini-Kontax ! Je vais prendre une photo de cet UFO et faire notre fortune !

*Monsieur:* Le caméra ? Mais je croyais que tu avais le caméra . . .

*Madame:* Bête ! Imbécile ! Tu fais toujours un cock-up des choses. Si cet UFO fait un landing, et les portes s'ouvrent, et les Martiens sortent pour dire : 'Bonjour, nous sommes une mission haut-level de Mars, regardez nos plates CD internationales, venez avec nous, Monsieur et Madame'— que vas-tu répondre ?

*Monsieur:* Je répondrais : 'Prenez-moi et laissez la femme. Je veux commencer une nouvelle vie à Mars ! Je serais un canal-sweeper, ou anything. Mais rémovez-moi de ma femme !'

*Madame:* Vas-y, vas-y. Arrête la voiture. Agite les bras. Montre un placard de hitch-hiker : MARS OU BUST.

*Monsieur:* Un moment. L'UFO change de forme. Et regarde ! Il y a un message, écrit sur la côté.

*Madame:* Il dit : GOODYEAR TYRES.

*Monsieur:* Ah. Ce n'est pas un UFO. C'est un dirigible. Un heavenly commercial.

*Madame:* Ton tough luck. Maintenant, York premier stop, et si tu vois un autre UFO, ne me le dis pas, s'il te plaît.

*Monsieur:* Oui, dear. Sorry, dear.

# Chez le Tobacconiste

*Marchand de Tabac:* Bonjour, monsieur. L'usuel paquet de Benson et Haies?

*Monsieur:* Non. Ce matin je vais expérimenter un peu.

*Marchand:* Ah! Un smoker qui change de routine! C'est rare. Vous voulez faire le self-rolling? Ou adopter le snuff? J'ai un bargain offer de spotty hanks pour le newcomer—après le chain-smoking, le chain-sneezing, quoi!

*Monsieur:* Non, merci. Je veux essayer cette cigare dans les TV commerciaux.

*Marchand:* Quelle cigare?

*Monsieur:* Vous savez. Il y a un cowboy, et toutes ses vaches sont rustlées, et sa famille est massacrée par les Sioux, et son ranch est confisqué par un slicker de ville. Never mind, dit-il; j'ai toujours mon paquet de . . . de . . .

*Marchand:* De quoi?

*Monsieur:* J'ai oublié.

*Marchand:* C'est peut-être une Coronella?

*Monsieur:* Non . . .

*Marchand:* Une Cherootella?

Une Sancho Panzanella? Une Coronary Thrombonella? Une Umbrellita?

*Monsieur:* Umbrellita?

*Marchand:* Oui. Vous savez. Ce TV commercial avec le bloke qui fait le DIY. Il fait le rewiring de la maison, il insule le loft, il declare la guerre sur le rot sec, il remplace le roof single-handed et puis il dit: 'Time pour une Umbrellita!'

*Monsieur:* Une tasse de Bovril.

*Marchand:* Comment ?

*Monsieur:* Il dit : Time pour une tasse de Bovril. C'est le Bovril ad.

*Marchand:* Ah . . . vous voulez de Bovril ?

*Monsieur:* Non, merci.

*Marchand:* Un Hamlet ?

*Monsieur:* Hamlet. C'est un nom curieux pour une cigare. Pourquoi Hamlet ? Cela symbolise la solitude, l'indécision, la doute.

*Marchand:* C'est un up-market Strand.

*Monsieur:* Très shrewd. Mais pourquoi pas un Macbeth ? Ou un King Lear ? 'Avez-vous un spot de trouble avec vos teenage daughters ? Allez-vous un peu round the bend ? Fumez un Roi Lear !'

*Voix dans la queue:* Nous n'avons pas tout le jour, mate !

*Monsieur:* OK. Paquet de Benson et Haies, svp.

*Marchand:* Voilà. Next, please !

# La Jumble Sale

*Stallperson:* Rollez up! Rollez up! Bargains étonnants! Presque give-away! Prix de cul-de-rock! Achetez vos old clothes ici! Tous les proceeds vont à l'école! . . . Blimey, c'est du travail dur. Quel tas de skinflints.

*Homme:* Excusez-moi, je cherche un jersey vert, chest 44, pas trop baggy.

*Stallperson:* Ah, monsieur, vous ne comprenez pas. C'est un stall d'old clothes. Vous ne cherchez pas—vous *trouvez.* C'est une trove de trésor. Tenez, j'ai ici un jersey Shetland blanc, avec trois stains de café, une sleeve longue et une sleeve courte.

*Homme:* Ça, c'est du trésor?

*Stallperson:* Pour un addicte de café avec des bras non-matching, oui! C'est le find d'une lifetime. Demandez ça chez M. Harrod. Vous ne trouverez pas. Ici, c'est 5p.

*Monsieur:* C'est raisonnable. Et ceci, qu'est-ce que c'est?

*Stallperson:* C'est un morceau de rainwear très antique. Un parka '51, peut-être!

*Monsieur:* Nice one, stallperson!

*Stallperson:* Et ici nous avons un vieux bowler, presque complet.

*Monsieur:* Comme Fred Titmus?

*Stallperson:* Votre allusion m'échappe.

*Monsieur:* N'importe. C'était une joke en mauvais goût. Et ceci?

*Stallperson:* C'est une bow-tie révolvante, mais le moteur ne marche pas. Nous avons aussi des flairs cul-de-cloches, un scarf see-thru, une cravate d'une écolé publique mineure (pas identifiée), et une sélection de bérets assez grands pour le Mékon.

*Monsieur:* Ah!

*Stallperson:* Quoi? Vous m'avez donné un fright.

*Monsieur:* Cet overcoat. Avec l'os-de-herring. Les patches de coude. Les boutons de GWR. Et la poche extra pour le screw-driver. C'est incroyable. J'ai l'overcoat identical chez moi.

*Femme:* As-tu trouvé des bargains, darling?

*Monsieur:* Ah, c'est ma femme. Non, mais j'ai trouvé une coincidence fantastique. Regarde, c'est le splitting image de mon vieux overcoat.

*Femme:* Of course. Je l'ai donné à la jumble sale.

*Monsieur: Tu as fait quoi!?*

Mais c'est mon overcoat favori!

*Femme:* Tu ne le portes jamais. C'est un morceau de tat.

*Monsieur:* Ah, ça alors, ça alors!... c'est combien, madame?

*Stallperson:* 15p.

*Monsieur:* Voilà. Et dis-moi, darling, les autres possessions chères à mon coeur que vous avez données à la jumble sale...?

*Stallperson:* Rollez-up! Rollez-up! Cherchez vos heirlooms de famille! Achetez les contents de votre own wardrobe...!

# Au Bureau de Change

*Monsieur:* Je veux changer £100 sterling.

*Caissier:* Ah ! Vous avez du sterling !

*Monsieur:* C'est un crime ?

*Caissier:* Mais non, mais non ! C'est très chic, le sterling : le currency du moment. Si vous avez du sterling, vous pouvez marcher tall. C'est une dénomination avec machismo, vous savez ? Sterling, c'est le Badedas du money world—un homme avec sterling est un homme avec charisma et zoomph ! Sterling—le banknote avec des cheveux sur le chest !

*Monsieur:* Fini ?

*Caissier:* Quoi ?

*Monsieur:* Vous avez fini le commercial pour sterling ?

*Caissier:* Oui.

*Monsieur:* OK. Je veux changer £100 sterling, en dollars.

*Caissier:* Ah, monsieur, je ne recommande pas les dollars. Le dollar est très passé, très last year. Un homme avec des dollars est un aussi-ran. Tenez, j'ai un bargain très spécial pour aujourd'hui, un offer unrepeatable des dinars Yugoslavs.

*Monsieur:* Non, merci.

*Caissier:* Eh bien, je peux vous offrir un bumper bundle de roubles russes. Très exotiques, très rares, et valides partout dans le Bloc Rouge.

*Monsieur:* Mais je vais en Amérique. Les roubles sont inutiles là-bas.

*Caissier:* Mais non ! Avec des roubles, vous pouvez acheter du wheat, des bugs electroniques, des secrets top-level !

*Monsieur:* Non, merci.

*Caissier:* Je vous dis quoi. Vous désirez un petit flutter ? Vous voulez gambler un peu ? J'ai un job-lot exclusif de currency d'Iran. Je sais, je sais : le currency d'Iran est rock-bottom en ce moment. Mais voilà le point ! Quand l'Ayatollah donne un coup de pied au bucket, l'Iran va récupérer et vous aurez un petit goldmine !

*Monsieur:* Look. Je vais en Amérique. Vous croyez que les banknotes avec le mug de M. Khomeini seront populaires en les délicatessens de Nouveau-York ?

*Caissier:* C'est possible. Mais si vous allez fréquenter les delis, je peux changer votre sterling

*maintenant* pour les sandwiches de pastrami sur rye. Sterling est très fort contre les snacks Americains. Et je vous offre un discount sur les pickles de dill.

*Monsieur:* Look ! Listen ! Je vous supplie ! Je veux changer £95 en dollars !

*Caissier:* £95 ? Et les autres £5 ?

*Monsieur:* En sandwiches de jelly et beurre de peanut, s'il vous plaît.

*Caissier:* OK, monsieur. Coming up, monsieur.

# Dans le Garden Centre

*Salesman:* Oui, madame?

*Madame:* Oui. J'ai une petite ledge de fenêtre, et je pensais, peut-être, à la décorer avec un display de horticulture, à la fois multicolore et économique.

*Salesman:* Terrifique! Vous voulez un box de fenêtre?

*Madame:* Oui, je suppose.

*Salesman:* Bon! Nous avons trois sortes de box. (1) Le stripped pine country-style box, converti d'un vieux Welsh dresser. (2) Le box Habitat, dessiné par Terence Conran, endorsé par Shirley Conran, et advertisé dans le colourmag *Observeur*. (3) Le box space age fabriqué d'aluminium, developpé par NASA.

*Madame:* Et quels sont les avantages relatifs?

*Salesman:* Bonne question! Eh bien, le Welsh-style box est terrifiquement tough, mais il y a un danger d'arson par les nationalistes extrèmes. Le box Habitat est *très* 1981, avec ses curlicues Japonaises, mais il y a une risque d'obsolescence en 1982. Et le box NASA, qui est presque weightless, est absolument idéal pour les longs trips interplanetaires, ou pour le voyage d'ici à chez

vous. Chacun est £45.

*Madame:* Oh well, du moins le soil est libre.

*Salesman:* Mais non! Il ne faut pas employer le soil! C'est passé maintenant. Il faut acheter un sac de Hammond Innes Compost No. 5, un sac de sable, et un petit bag de manure fumante.

*Madame:* Bon. C'est tout, je crois.

*Salesman:* Mais non! Il faut aussi acheter un petit trowel, un fork, un arrosoir, un spray, une bouteille de pesticide, un propagateur et un oiseau-terrifier. Ça, c'est pour starters.

*Madame:* Je pensais en termes d'un hobby, pas d'un growth industry.

*Salesman:* Les hobbys, aujourd'hui, c'est un business sérieux. Il fait aussi acheter les vêtements suitables: les gants Fred Streeter, un apron avec une couverture 1900 de *Maisons et Jardins,* un quilt-coat vert et des wellies en toutes couleurs.

*Madame:* C'est tout, j'espère.

*Salesman:* Oui. Sauf l'assurance.

*Madame:* Assurance?

*Salesman:* Il y a un danger très réel que le box tombe sur les têtes des passers-by.

*Madame:* Pas dans mon backyard.

*Salesman:* Suitez vous-même. Eh bien, le bill basique monte à £137.80.

*Madame:* Un moment ! Nous n'avons pas mentionné les choses vivantes.

*Salesman:* Comme quoi ?

*Madame:* Un parsley dans un pot.

*Salesman:* Parsley dans un pot, c'est 80p.

*Madame:* Bon. J'en prends un. La reste, je vais la laisser à un autre jour.

# Aux Races

*Femme:* Les chevaux sont très jolis !

*Mari:* Quoi ? Oh, oui.

*Femme:* Mais ils vont très lentement. Ce n'est pas un galop, c'est un walk. Et la racecourse est très petite.

*Mari:* La race n'a pas commencé, chérie. Ils paradent dans le paddock.

*Femme:* Oh dear. Sorry.

*Mari:* Pour starters, il faut faire un bet. Dans la première race je fancie Fils de Prince, qui aime le soft going.

*Femme:* Moi, j'aime Asafoetida. C'est un joli nom, comme Asa Briggs.

*Mari:* Mais non ! Asafoetida est un outsider pathétique. Il est 99 à 1. La dernière fois out, il a jeté son jockey, qui fut détruit. Asafoetida est un morceau de horsemeat, qu'on a oublié de filleter. C'est une matière pour la SRPCA. Il ne va pas gagner. Il ne va pas finir. C'est un miracle s'il commence.

*Femme:* Pauvre cheval. Ce n'est pas fair. Je vais poser un bet sur lui.

*Mari:* OK, OK. Ne me blâme pas. J'ai voté pour Fils de Prince.

*Femme:* Voilà 50p.

*Mari:* Non, non ! Pas avec moi. Avec le bookie. C'est tout le fun. Je vais vous présenter à Honnête Joe Dixon de Bristol. Joe, voilà ma femme. Elle veut poser un bet sur Asafoetida. Attends-moi ici pendant que je pose £10 each way sur Fils de Prince. (*Il va. Il revient.*) Bon. Maintenant la race commence.

*Commentateur:* Et après une kilomètre c'est Fils de Prince, Stockholm Bébé, Cure d'Arthrite et la reste nowhere . . .

*Mari:* Tu vois ? Asafoetida est nowhere.

*Femme:* Mais j'ai seulement fait le bet pour l'encourager.

*Mari:* Très clever. Et le bookie est allé a Asafoetida pour lui dire à l'oreille : 'Mrs Carter a posé un bet sur vous—allez oop !' Le choc l'a probablement tué.

*Commentateur:* Et avec deux jumps à aller, ces cinq chevaux sautent ensemble—et ils sont tous down ! ILS SONT TOUS DOWN ! Il n'y a pas de finishers. Non, je me trompe. Il y a un autre cheval. C'est . . . c'est Asafoetida ! Il ne gallope pas très vite—c'est plutôt une amble—mais il va finir—et à la ligne, c'est Asafoetida qui collapse maintenant avec l'effort !

*Mari:* Je ne le crois pas. C'est une travestie. Mais dîtes-moi—vous avez posé le 50p ?

*Femme:* Non.

*Mari:* NON ! Comment, non ?

*Femme:* Honnête Joe a dit que

le bet minimum était £2.
Donc, j'ai mis £5.

*Mari:* £5 à 99 à 1—c'est £495 !
Chérie, tu es un génius !
Maintenant, dis-moi qu'est-ce
que tu fancies pour la seconde
race ?

# Chez le Menswear

*Client:* Excusez-moi . . .

*Assistant:* Monsieur?

*Client:* Les suits . . .

*Assistant:* Vous voulez un nouveau suit? Je ne suis pas surpris. Le suit que vous portez est un peu . . .

*Client:* Je l'ai acheté ici.

*Assistant:* Dans quelle année? 1970? 1969?

*Client:* 1981. Hier. Moins de 24 heures d'ici.

*Assistant:* Bon. C'est parfait. Très natty.

*Client:* Avec l'exception d'une chose. Les sleeves sont plus longs que mon bras. Mes mains sont invisibles.

*Assistant:* Haut les mains! Hands up! Reach for le ciel! Et voilà—vos mains sont visibles!

*Client:* Je ne peux pas vivre la vie comme le victime d'un bank raid.

*Assistant:* C'est vrai. Mais quand vous achetez un suit ici, pour £34 seulement, il faut savoir que vous avez un suit extraordinaire.

*Client:* Mais je desire un suit ordinaire!

*Assistant:* Dans ce cas-là, ne venez pas ici. Nous caterons pour l'homme extraordinaire. Nous avons une chaîne de magasins *exclusivement* pour le client différent.

*Client:* Par exemple?

*Assistant:* A Lewisham nous avons 'Real Mean 'n' Lowdown'. C'est pour les dwarfs.

*Client:* Les dwarfs sont numéreux a Lewisham?

*Assistant:* Pas spéciallement. Mais ils viennent dans leurs droves, de tout coin de Londres. Puis à Ealing nous avons notre branche 'Over The Odds', pour les beanpoles marchants. A Tottenham il y a le 'Lord Nelson'.

*Client:* Pour les admirals?

*Assistant:* Pour les hommes réstrictes à un bras.

*Client:* Et à un oeil?

*Assistant:* Peut-être, mais l'absence d'un oeil, vous savez, c'est irrélévant fashionwise. Nous avons une petite ligne dans les eye-patches de velours, et une monocle dark-glass, mais le turnover est minimal. Et puis à Ilford il y a 'Girth of a Nation'.

*Client:* Pour les fatties?

*Assistant:* Pour les gens grotesquement obèses.

*Client:* Et ici, comment vous vous appelez?

*Assistant:* 'Cheap 'n' Nasty'.

*Client:* Les suits sont cheap 'n' nasty ?

*Assistant:* Non. Les clients. C'est un secteur du marché avec beaucoup d'expansion. Vous êtes, en effect, un market leader.

*Client:* Alors, ce suit, est à la mode ?

*Assistant:* Absolument.

*Client:* Merci. Au revoir.

# A la Banque (Petit Drame en Trois Actes)

**1er ACTE**
(*Scene: une banque. Entre une queue de trois personnes—un businessman, une vieille lady et un bloke typique. Le businessman tient un vaste sac bleu, qui contient 5,000 demi-pence, 456 chèques, l'histoire de sa vie, etc. Il commence a discuter les contents avec le caissier. Cela dure environ 15 minutes.*)

*Bloke:* Oh, mon Dieu.

**IIème ACTE**
(*Le businessman s'en va. La vieille lady tire de son hand-bag un vaste sac bleu, qui contient le gross turnover d'une grande compagnie internationale.*)

*Bloke:* Ah non, ah non, bon Dieu !
(*La vielle lady complète son business, très lentement. Cela dure 15 minutes.*)

**IIIème ACTE**
*Bloke:* Voila une chèque pour £30. En fivers, svp.

*Caissier:* Un moment. Vous avez un account ici ?

*Bloke:* Non. C'est à Norwich.

*Caissier:* Vous avez un arrangement ici ?

*Bloke:* Non. Je suis en passage.

*Caissier:* Vous avez votre carte de banque, Accès, etc? Même un grand sac bleu avec vos initiaux?

*Bloke:* Non.

*Caissier:* Alors, il faut téléphoner à votre branche Norwichienne. C'est 50p pour le coup de téléphone.

*Bloke:* Je n'ai pas 50p. C'est pour ça que je veux faire le cashing de la chèque.

*Caissier:* Il y a aussi un looking-up fee de 50p.

*Bloke:* Ah, c'est un peu strong, ça! La banque a fait un profit de £3,000,000,000 en 1980: et vous demandez un fee pour inspecter un livre de phone!

*Caissier:* Hence les profits énormes, même grotesques.

(*Une interruption. Un gangster entre, brandissant un révolver et parlant avec difficulté par un stocking 22-denier.*)

*Gangster:* OK! OK! Freeze, tout le monde. C'est un stick-up. Allez, allez, donnez-moi la boodle. £2m, et vite! J'étouffe dans ce stocking.

*Caissier:* Oui, monsieur. En fivers?

*Gangster:* En tenners. Et un peu de silver. Je suis sur un meter.

*Caissier:* Voilà, monsieur. £2m en tenners.

*Gangster:* Merci. Au revoir. (*Il s'en va.*)

*Bloke:* Mais ... vous lui avez donné £2m sans murmurer! Et mon £30, c'est comme si je demandais la lune!

*Caissier:* Ah, monsieur, c'est différent. Pour une chose, il est un customer important. £2m, c'est un big deal. Pour une autre chose, il est un régulier. Pas comme vous. Maintenant, si vous voulez attendre quelques minutes ...

# Dans l'Avion

*Intercom:* Bonjour, tout le monde. Capitaine Whitgift ici. Nous regrettons le délai de trente minutes. C'est absolument normal. Merci.

*1er Passager:* Normal ?

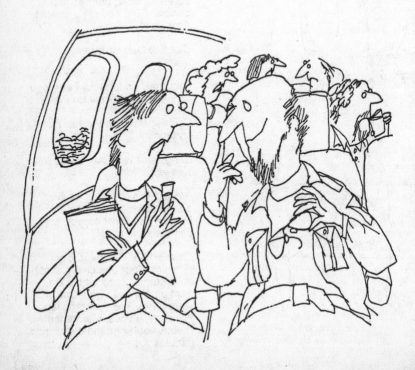

*2ème Passager:* Oui. Il y a toujours un délai. Vous ne saviez pas ?

*1er Passager:* Non. C'est la première fois pour moi dans l'air.

*2ème Passager:* Bon Dieu. Moi, j'ai fait 600 heures dans un avion en 1981. 200 dans l'air et 400 sur le runway.

*1er Passager:* Et vous aimez le jet travel ?

*2ème Passager:* Je le déteste. Mais c'est mon job.

*1er Passager:* Ah. Vous êtes un executif topman ?

*2ème Passager:* Non, je suis smuggler international.

*Intercom:* Capitaine Whitgift ici. Je m'excuse du délai. C'est pour une raison technique. Ne worry pas. Meanwhile, c'est cabaret time ! Nos gorgeuses stewardesses vont vous amuser avec la démonstration de la routine émergencie ! (*Petite mime par Penny, Jackie, Susie et Karen.*)

*1er Passager:* Quelle sorte de contrabande portez-vous ?

*2ème Passager:* Ça depend. Hier, cocaine. Demain, Easter eggs.

*1er Passager:* Easter eggs ?

*2ème Passager:* Oui. C'est comme gold-dust dans les nations muslimes.

*Intercom:* Allo, âllo, âllo. Votre vieux ami Capitaine Whitgift ici. Un spot de trouble technique encore. En effet, c'est la chaise du co-pilote, qui a un wonky leg. La chaise, pas le co-pilote. Mais nous travaillons flat out. Pas de sweat. Merci.

*1er Passager:* C'est normal ? Le wonky leg ?

*2ème Passager:* Non. C'est curieux. Usuellement, c'est l'ash-tray.

*Intercom:* Hi, everybody ! C'est Whitgift ici ! La jambe de la chaise ne répond pas à traitement. Y a-t-il peut-être un carpenter dans l'avion ? (*Silence.*) Ou un passager avec un screw-driver ?

*2ème Passager:* Ah, j'ai un screwdriver ! (*Il va au cockpit. Il revient.*) Eh bien, la chaise est fixée. Je ne suis pas surpris que la jambe était wonky. Il y a un grand thrash dans le cockpit. Très merry.

*1er Passager:* C'était une stroke de fortune que vous aviez un screw-driver.

*2ème Passager:* J'ai 200 screw-drivers. Ils sont cachés dans mon trouser-leg. C'est ma contrabande pour aujourd'hui.

*1er Passager:* Ah, oui ?

*2ème Passager:* Ils sont comme gold-dust dans le 3ème Monde.

*Intercom:* OK, OK. Toutes systèmes go. Nous avons la technologie. Préparez-vous pour take-off. Vroom vroom. Zowie !

*1er Passager:* C'est bizarre.

*2ème Passager:* Non, c'est normal.

# Dans le Cocktail Bar

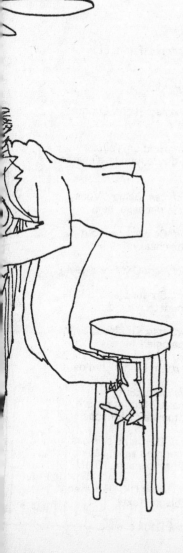

*Barman:* Bon soir, monsieur.

*Régulier:* Bon soir, Harry.

*Barman:* Monsieur prend un Harvey Wallbanger?

*Régulier:* Un Frappemur de Harvey? Non. C'est démodé.

*Barman:* Un Tequila Sunrise? Une Pina Colada?

*Régulier:* Non plus. Ils sont tous yesterday's drinks. Les clichés du folk beautiful.

*Barman:* Alors, un Confort du Sud?

*Régulier: Un Southern Comfort?* Harry! Vous me choquez. C'est le drink du year before yesterday.

*Barman:* Peut-être qu'il soit due pour revival.

*Régulier:* Hmm. Non, mais nice try. Harry, pour une fois dans ma vie je veux être en avance de fashion. Je veux être un trend-champion!

*Barman:* Eh bien, monsieur, j'ai un petit secret. J'ai inventé en 1968 un drink que je n'ai jamais divulgué. Je suis le seul à savoir. Son nom est le 'Garter Strangler'.

*Régulier:* Garter Strangler? Like it! En quoi ça consiste?

*Barman:* Rhum, grenadine, schnapps, un peu de café, jus de citron, vodka et . . .

*Régulier:* Et?

*Barman:* . . . et deux aspirines.

*Régulier:* Mon dieu. Et vous

235

buvez cela, vous?

*Barman:* Non. Je l'emploie plutôt pour le shoe-cleaning. Mais c'est tout-à-fait potable. Du moins, ce n'est pas toxique.

*Régulier:* OK. Un Garter Strangler, s'il vous plaît!

*Barman:* Coming up, monsieur. (*Harry commence à mesurer et mixer*).

*Régulier:* By the way, où sont les autres, le crowd usuel? Ils font le roller-skating?

*Barman:* Non, je ne crois pas. On me dit que le rollering est maintenant passé, along avec windsurfing, la cocaine et les ear-rings. Et, voilà! Votre Garter Strangler.

*Régulier:* Essayons. (*Il introduit ses lèvres dans le verre.*) Holy Thatcher! C'est dynamite.

*Barman:* C'est fruity avec un kick de mule.

*Régulier:* Vous pouvez répéter cela. Still, je suis enfin ahead des trends! C'est moi seul qui connais ce drink. Quel moment! (*Entre le crowd usuel.*)

*Crowd Usuel:* Allo, Arry! What ho, tout le monde! Ciao, chaps! Et huit Garter Stranglers, s'il vous plaît.

*Régulier:* Huit Garter Stranglers?

*Crowd Usuel:* Vous ne savez pas? Ç'est l'in drink! Tout le monde le boit.

*Régulier:* I give up.

# Dans le Sandwich Bar

*Sandwichman:* Right. Et le next?

*Officegirl:* Moi.

*Sandwichman:* Right. Et pour vous, luv?

*Officegirl:* Hold on, j'ai une liste . . . douze rounds, s'il vous plait.

*Sandwichman:* Blimey. Vous allez sur le rampage, hein?

*Officegirl:* Ce n'est pas tout pour moi, cheeky.

*Sandwichman:* OK. Fire away.

*Officegirl:* Six sur blanc, quatre sur brun, deux sur rye.

*Sandwichman:* OK. Nous avons la technologie.

*Officegirl:* Un sandwich d'oeuf.

*Sandwichman:* Œuf mayonnaise? Œuf et cress? Œuf 'n' tomate? Faut specifier.

*Officegirl:* Oh. Je ne sais pas. C'est pour mon amie, Moira. Elle a dit simplement, 'Œuf.'

*Sandwichman:* OK. Œuf avec sel sur blanc. Next!

*Officegirl:* Deux cheese.

*Sandwichman:* Dans *l'Encyclopédie de l'Académie de Fromage Français,* il y a 2.002 types de cheese. Lequel vous préférez?

*Officegirl:* C'est pour le marketing manager, Mr Hargreaves.

*Sandwichman:* Marketing manager? Camembert. Next?

*Officegirl:* Deux chicken et salade.

*Sandwichman:* C'est pour qui?

*Officegirl:* C'est pour Dolly, qui opère la machine photocopyiste, mais elle est vraiment la girlfriend de Mr Hargreaves, le marketing manager, tout le monde le sait, c'est dégoûtant,

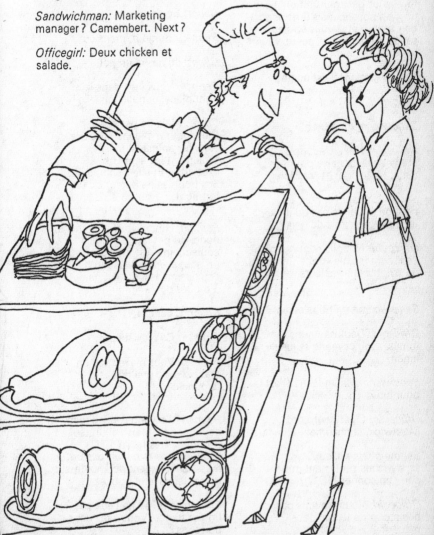

il a 52 ans et cinq enfants, et Dolly n'a que 24 ans.

*Sandwichman:* Ah ? Lucky old Hargreaves. Next !

*Officegirl:* Un salami, c'est pour Terry, il est le nouveau messenger, il est très beau et toutes les girls pensent qu'il est un dish absolu, mais il ne veut rien savoir, et si vous voulez savoir mon opinion, savez-vous la vérité ?

*Sandwichman:* Il est marié ?

*Officegirl:* Il est gai.

*Sandwichman:* Next !

*Officegirl:* Next, c'est trois prawns mayonnaise pour Mr Jack, Mr Wright et Mr Miller.

*Sandwichman:* Ah non, ah non, ne me dites pas qu'il y a un ménage à trois de gais ?

*Officegirl:* Non. Ils sont normals. Le lunchtime, ils vont à un club de striptease avec leurs sandwiches.

*Sandwichman:* Et finalement ?

*Officegirl:* Deux saumons fumés, avec cayenne et jus de limon.

*Sandwichman:* Oh là là ! C'est pour qui ?

*Officegirl:* C'est pour Lord Marnwick, le chairman, et moi.

*Sandwichman:* Deux sandwiches seulement pour deux personnes ?

*Officegirl:* Nous n'avons pas beaucoup de temps pour manger.

# Dans le Pet Shop

*Client:* Bonjour.

*Petman:* Bonjour, monsieur.

*Client:* Je désire un pet.

*Petman:* Vous êtes dans la right place, et nulle mistake !

*Client:* Mais un pet spécial. C'est pour ma jeune fille. Elle aime les animaux, mais seulement les animaux exotiques. Et elle s'ennuie vite. Ses hobbies ne durent qu'un fortnight.

*Petman:* Hmm. Nous cherchons, donc, un pet rare, avec des couleurs intéressants, qui parle un peu, avec un lifespan de deux semaines, qui est garanti à mourir par la fin du mois ?

*Client:* C'est ça !

*Petman:* Ça n'existe pas.

*Petman:* Vous n'avez pas un macaw avec une disease terminale ?

*Petman:* Il n'y a pas beaucoup de demande. Mais j'ai un œuf d'ostrich. Très facile maintenance et ne fait pas un mess. Simplement poppez-le sur la mantelpiece et oubliez-le.

*Client:* Hmm. Je ne veux pas un pet fragile. Vous avez des poissons ?

*Petman:* L'usuel. Poissons d'or, guppies, minnows, etc. Tenez, j'ai aussi une boîte de sardines! C'était really pour le chat, mais c'est peut-être cela que vous cherchez. Paisible. House-trained. Et au bout du mois, ça se mange.

*Client:* Ce n'est pas exotique.

*Petman:* Si, si! C'est importé de Morocco. Regardez.

*Client:* Ce n'est pas assez exotique pour ma fille.

*Petman:* Si j'ose le dire, votre fille donne l'impression d'être bien objectionable.

*Client:* Elle est une petite horreur.

*Petman:* Alors, pourquoi pas un tarantula ou un petit boa constrictor?

*Client:* Nice idea. Mais dans un combat entre une reptile fatale et ma fille, c'est ma fille qui va gagner chaque fois.

*Petman:* Ouf. Dans ce cas, pensons défensivement. Une porcupine, peut-être? Ou un armadillo?

*Client:* Vous les avez en stock?

*Petman:* Non. Mais j'ai un petit arrangement avec le zoo.

239

*Client:* Hmm. La dernière fois que j'ai emmené ma fille au zoo, elle aimait seulement une creature.

*Petman:* Le rat?

*Client:* La vulture.

*Petman:* Mais j'ai une petite vulture en stock! Regardez. Elle est sinistre, malévolente, aggressive, dangéreuse et dégoûtante.

*Client:* C'est parfait. Combien?

*Petman:* £50.

*Client:* Done.

# Au Casino

*Croupier:* Monsieur veut jouer à roulette?

*Client:* Oui, monsieur veut jouer à roulette.

*Croupier:* Bon . . . Monsieur veut placer son bet?

*Client:* Oui, monsieur veut placer son bet.

*Croupier:* OK . . . Combien veut placer monsieur?

*Client:* 5p.

*Croupier:* 5p? Monsieur, ce n'est pas un bet. Ce n'est pas même un tip. C'est une insulte. Le minimum est £100.

*Client:* Umm. Vous prenez un chèque?

*Croupier:* Bien sûr.

*Client:* OK. £100 sur Numéro 5.

*Croupier:* Bon. Allons-y . . . (*Il lance. Il regarde. Il frotte les yeux.*) No. 5 gagne. Vous avez £3,500.

*Client:* Goody goody. Je veux placer toute la boodle sur 17.

*Croupier:* OK.

*Client:* Vous voulez un autre chèque?

*Croupier:* Non, non . . . OK, let's go. (*Il lance. Il regarde. Il fait un petit moan.*) No. 17 gagne. Vous avez gagné £122,500.

*Client:* Votre maths est pretty nifty.

*Croupier:* Oh là là—5p!

*Client:* OK. Un dernier bet. Je veux placer mon château en Scotland, mon yacht à Cannes, ma Porsche et ma maîtresse sur 11. Vous acceptez?

*Croupier:* Oui, oui. C'est votre funéral. (*Il lance. Il regarde.*) Ce n'est pas possible. Le 11 gagne.

*Client:* Nice travail, croupier! Vous me devez 35 châteaux, la même quantité de yachts, un fleet de Porsches et presque trois douzaines de maîtresses. Elle est blonde, by the way.

*Croupier:* Monsieur, je ne peux pas payer.

*Client:* Qu'allez-vous faire, donc?

*Croupier:* Ceci. (*Il tire un revolver.*) Adieu, monde cruel. (*Il se suicide.*)

*Client:* Gosh. Fancy cela. Un reversal classique de rôles. Oh well, j'ai toujours mon 5p.

*Croupier:* Merci. J'ai un petit calculateur dans mes cuff-links. Vous continuez?

*Client:* Oui. Je place tous mes winnings sur 13.

*Croupier:* OK. Sur vos marks . . . (*Il lance. Il ferme les yeux. Il ouvre les yeux.*) Holy Lucan. Le 13 gagne.

*Client:* C'est combien?

*Croupier:* Je ne sais pas. Mon calculateur est allé sur le blink sous le strain. Vite—crayon et papier! C'est . . . £4,287,500.

*Client:* C'est mon lucky jour! OK, je place ma fortune sur 13. Et après je me retire.

*Croupier:* Here we go. (*Il lance. Il prie.*) Tut, tut. C'est 24. Vous avez tout perdu.

*Client:* Pas tout. J'ai mon 5p.

# La Dictation

*Boss:* Quelques lettres, Miss Johnson.

*Secrétaire:* Bien, monsieur.

*Boss:* A M. Forthright, de Forthright Ponts de Suspension Ltd. Cher M. Forthright. J'ai l'honneur de répondre à votre proposal de construire un pont de suspension de Ramsgate à Burnham-sur-Crouch, un proposal qui est d'ailleurs magnifique dans sa scope et breathtaking dans son architecture . . .

*Secrétaire:* Comment vous écrivez Forthright?

*Boss:* Comment?

*Secrétaire:* Forthright. Comment ça s'écrit?

*Boss:* Ah . . . F-o-r-t-h-r-i-g-h-t.

*Secrétaire:* Bon. Cher M. Forthright . . .

*Boss:* Oui . . . Cher M. Forthright, Re votre proposal pour un pont de suspension de Ramsgate à Burnham-sur-Crouch, et vice versa, c'est une idée magnifique mais je regrette que . . .

*Secrétaire:* Ce M. Forthright. C'est le même M. Forthright avec qui vous avez dîné au Savoy? Et fait le junket à Dusseldorf? Et joué au golf à Sandwich? Etc, not counting le jour à Ascot?

*Boss:* Well, oui. Pourquoi?

*Secrétaire:* C'est plus friendly de dire, Cher Jim.

*Boss:* Il n'est pas un ami maintenant. Sa compagnie devient un peu dodgy. Il n'est pas une bonne personne à connaître.

*Secrétaire:* C'est disgraceful.

*Boss:* C'est business. Cher M. Forthright, Re votre pont. Trop cher. Trop risky. Get perdu. Votre etc . . .

*Secrétaire:* C'est short, pour une lettre.

*Boss:* Je dépends de vous, pour lui donner un caractère. Maintenant, à Mme Carnforth . . .

*Secrétaire:* Votre maîtresse?

*Boss:* Euh, oui. Darling. Rendezvous Tuesday. Votre petit bunnykins. Et à M. Fearless . . .

*Secrétaire:* Le chairman?

*Boss:* Oui. Cher Fearless. Regrette Tuesday impossible. Meeting vital. Wednesday? Votre . . . et au taxman. Cher M. Taxman, Re votre demande. C'est over the top. Votre, etc . . . Eh bien, Miss Johnson, je suis dans un hurry terrible. Je vous laisse à typer les lettres, et les corriger, et les signer.

*Secrétaire:* Et moi? Vous ne pensez pas que j'aie une vie privée? Je suis seulement une dolly secrétaire? Mais moi aussi, je suis humaine! J'ai une coeur! Je suis une femme! Je suis dans une living situation. Je vous déteste! Je crache sur vos mémos!

*Boss:* Bon. N'oubliez pas les lettres.

*Secrétaire:* Non, monsieur. Au revoir, monsieur.

*Boss:* A Monday, Miss Johnson.

# Dans Les Bains Publiques

*Monsieur:* C'est combien?

*Swimlady:* C'est 57p le swim, 45p le towel, 40p la bain chaude, 10p la douche froide. Money back si vous restez sec.

*Monsieur:* Un swim seulement, svp... Dites-moi, le pool est de quelle longueur?

*Swimlady:* 50 mètres. Pourquoi?

*Monsieur:* Parce que je veux faire l'équivalent d'un Channel swim.

*Swimlady:* Dans notre pool? Pourquoi pas dans la mer?

*Monsieur:* C'est trop cher. Le ticket à Douvres, le louage d'un rowboat, un bon dîner à Calais avec vin et cognac—je n'ai pas l'argent. Mais a 57p...

*Swimlady:* Hmm. De Douvres à Calais, c'est 21 miles, c'est-à-dire 33.6 kilomètres, cela représente deux fois 336 lengths—c'est 672 lengths.

*Monsieur:* Bon.

*Swimlady:* Mais vous n'avez pas le temps! Nous fermons dans huit heures!

*Monsieur:* Si je fais 84 lengths par heure...

*Swimlady:* Fat chance. En tout cas, ce n'est pas juste.

*Monsieur:* Comment, pas juste?

*Swimlady:* Dans notre pool il n'y a pas de tankers, pas de flotsam, pas de tides et courants, pas de poissons de jelly féroces...

*Monsieur:* Mais dans le Channel il n'y a pas de parties d'écoliers compréhensifs, pas de secrétaires nommées Caroline qui vous bloquent le chemin, pas de vieilles dames presque immobiles, pas de ducking, splashing et fighting. Cela compense.

*Swimlady:* Well, je ne sais pas. Il faut demander au manager. Reg!

*Reg:* Oui?

*Swimlady:* Ce gentilhomme veut faire un Channel swim dans notre pool.

*Reg:* Ah non, ah non. Je ne veux pas de rowboats dans mon pool, sur un weekday.

*Monsieur:* Mais je vais nager tout seul!

*Reg:* C'est illégal. Pour un Channel swim, il est obligatoire d'avoir un rowboat en attendance, des goggles, lanoline, shark-repellent, observateur avec stop-montre, etc, etc. Vous avez votre passeport?

*Monsieur:* Non, mais...

*Reg:* Tell you what. Dimanche, il y a une réservation privée du pool, pour un party de gents

qui veut faire le swim du Lac
de Windermere. Pourquoi pas
y participer? Ils ont un
rowboat, une machine à vent,
squalls artificiels et tout. Et pas
besoin d'un passeport. 416
lengths. Un fun swim!

*Monsieur:* Well, OK. A quelle
heure?

*Reg:* A 10 a.m. On commence
à Ambleside.

*Monsieur:* A Ambleside?

*Reg:* Oui. Plus accessible que
l'autre bout.

*Monsieur:* Bon. A dimanche.

# Les Enquiries de Directoire

*Monsieur:* Allo ?

*Opératrice:* Allo, Enquiries de Directoire. Ville ?

*Monsieur:* Hantry.

*Opératrice:* Nom?

*Monsieur:* Brian Whitgift.

*Opératrice:* Son numéro est Hantry 4560.

*Monsieur:* Non, je connais son numéro. C'est son adresse qu'il me faut.

*Opératrice:* Nous ne pouvons pas donner les adresses. Ce n'est pas permis. (*Cut-off.*)

*Monsieur:* Damn! . . . (*Il redialle*) Allo?

*Opérateur:* Bonjour. Ville?

*Monsieur:* Hantry. Et le nom est Whitgift, Brian.

*Opérateur:* C'est Hantry 4560.

*Monsieur:* Il est très important que j'ai le Whitgift correct. Mon ami a un frère dans la même ville.

*Opérateur:* Qui s'appelle, lui aussi, Brian?

*Monsieur:* Oui, C'est un twin. Donnez-moi l'adresse, seulement pour le double-checking.

*Opérateur:* No worry, sir. Il y a seulement un Whitgift solitaire dans le livre. C'est votre ami OK. (*Cut-off.*)

*Monsieur:* Damn et double damn. (*Il redialle.*)

*Opératrice:* Enquiries de Directoire. Ville?

*Monsieur:* Inspecteur Selhurst de la Cour Scotland ici. Nous sommes sur la verge de faire un arrêt très important. Un M. Brian Whitgift, de Hantry. Mais il y a un détail missing. Son adresse.

*Opératrice:* Nous ne donnons pas les adresses.

*Monsieur:* Je vous commande, par la majesté de la loi, et sous peine de beaucoup d'aggro, de donner son adresse! Regardez smartish!

*Opératrice:* Je connais cette voix. C'est vous le joker qui a téléphoné tout à l'heure. Cour Scotland, ma tante Fanny! (*Cut-off.*)

*Monsieur:* Trois fois damn. (*Il redialle.*)

*Opérateur:* Bonjour. Ville, svp?

*Monsieur:* Mon nom est Brian Whitgift. J'ai une complainte *très* sérieuse. Mon adresse est incorrecte dans la directoire, pour Hantry. Qu'allez-vous faire, eh, quelle redresse pouvez-vous m'offrir?

*Opérateur:* Monsieur, je suis aghast. Laissez-moi regarder . . . Nous avons I, Darlington Villas—ce n'est pas exact?

*Monsieur:* Non, non! C'est *11* Darlington Villas!

*Opérateur:* C'est terrible. Je suis couvert de confusion. Nous allons le rectifier immédiatement. Je vais envoyer un homme.

*Monsieur:* Bon. (*Cut-off.*) *Il commence a écrire une letter.*) Cher Brian, Avant de venir à business, je dois vous dire que vous allez recevoir une communication assez curieuse de l'Office de Poste . . .

# Dans le Bar des Hamburgers

*Monsieur:* Mademoiselle !

*Waitresse:* Monsieur ?

*Monsieur:* J'ai une complainte à faire. Mon ordre n'est pas correct.

*Waitresse:* Mais vous avez commandé un Barbequeburger, médium, ½-livre, avec frîtes françaises, salade de fromage bleu et un verre de vin rouge, n'est-ce pas?

*Monsieur:* Oui.

*Waitresse:* Eh bien, j'ai apporté tout ça.

*Monsieur:* Pas exactement. Pour moi, Barbeque signifie une operation al fresco, avec woodsmoke, l'arôme des outdoors et un chef avec parapluie. C'est le cas ici?

*Waitresse:* Non. Votre burger a été préparée sur une griddle éléctrique par un jeune étudiant filipino.

*Monsieur:* Bon. Mais pas assez longtemps, parce qu'il n'est pas médium. Il est plutôt médium-rare, ou même médium-scarce.

*Waitresse:* Mais c'est du quibbling. Vous avez des frîtes françaises, non?

*Monsieur:* Non. Ce sont des chips.

*Waitresse:* Et quelle faute sérieuse trouvez-vous dans votre salade de fromage bleu?

*Monsieur:* Le fromage est blanc.

*Waitresse:* Oh là là—vous désirez du fromage ultramarine? Le goût est bleu, voilà ce qui compte.

*Monsieur:* Un goût bleu! Mademoiselle, vous etes une poetesse, non pas une waitresse. Et ce vin rouge —il n'a pas un goût rouge, pour adopter votre vocabulaire. Il a un goût off-pink. Comme s'il y avait de l'eau dedans.

*Waitresse:* C'est tout?

*Monsieur:* Non. J'ai ici une petite machine à peser. Votre burger n'est pas ½-livre: c'est 6½ ounces au plus. Donc, mon repas est une Filipinoburger, uncooked, 6½ ounces, avec chips, salade de fromage blanc et un verre de Ribena.

*Waitresse:* Attendez ici. Je vais faire venir le manager.

*Manager:* Bonjour, monsieur.

*Monsieur:* Bonjour. J'ai une complainte . . .

*Manager:* Et moi aussi. Je vous ai regardé. Comme customer, vous êtes sub-standard.

*Monsieur:* Comment?

*Manager:* Vos manières sont très indélicates. Votre posture me fait penser à un babon. Vous fumez une cigarette pendant que vous mangez. Je n'aime pas votre attitude vis-à-vis ma waitresse. Votre style de costume, qui est tout à fait G-Plan, me donne beaucoup de détresse. Et vous avez pris beaucoup trop de relish libre. En bref, vous ne pouvez pas manger ici.

*Monsieur:* Quoi? Vous me rejetez?

*Manager:* Pas exactement. Disons que je fais le sending-back du customer. Vous êtes le sujet de mes complaintes justes. Maintenant—out!

# Le Dry Cleaning

*Madame:* Bonjour, mademoiselle. Vous désirez ?

*Cliente:* Oui. J'ai laissé une blouse pour le cleaning.

*Madame:* Elle n'est pas prête.

*Cliente:* Mais je ne vous ai même pas donné le numéro !

*Madame:* N'importe. Les choses ne sont jamais prêtes. C'est la loi de Sod de cleaning.

*Cliente:* Voilà mon receipt. J'ai laissé ma blouse lundi pour le one-day cleaning. Maintenant c'est jeudi.

*Madame:* Demain c'est vendredi. Essayez samedi.

*Cliente:* J'ai laissé ma blouse *trois jours* pour le one-day cleaning. C'est beaucoup de temps, n'est-ce pas ?

*Madame:* Pas nécessairement. Vous commettez l'erreur de supposer que, si votre blouse arrive lundi, le cleaning aura lieu *le meme jour.* Cela, c'est une chose bien différente ; c'est le 'same-day cleaning'. Avec le one-day cleaning, nous promettons seulement de le faire un jour. Hence notre slogan : 'One day we'll clean it'.

*Cliente:* Mais il est très important que je porte cette blouse ce soir ! J'ai un dinner date avec un millionaire. Si je joue correctement mes cartes, il va proposer.

*Madame:* Un weekend sale ?

*Cliente:* Non ! Une vie mariée de luxe, yachts et jetlag.

*Madame:* Ah, une lifetime sale.

*Cliente:* Well, maybe. Mais, sans ma blouse see-through, il ne va pas proposer et je ne serai jamais reine de Rio.

*Madame:* Rio ?

*Cliente:* C'est un millionaire brasilien. Ah !

*Madame:* Quoi ?

*Cliente:* Je vois ma blouse ! Sur le rack ! Look !

*Madame:* Votre blouse ? Ready ? Je ne comprends pas. C'est un breakdown dans le système.

*Cliente:* Mais, mon Dieu ! Elle n'est pas propre !

*Madame:* Not clean ? Comment, not clean ?

*Cliente:* Regardez. Le stain sur le front. Quel catastrophe. Je ne peux pas dîner avec un Dago riche, dans une blouse comme un pavé crazy.

*Madame:* Un moment. J'ai une idée. Une idée fantastique. Vous voyez que le stain est l'image splittant de Latin America ?

*Cliente:* Oui. C'est vrai. Exactement la même forme.

*Madame:* Eh bien, montrez à votre millionaire que vous avez un plan de Dagoland sur votre front. Demandez-lui de démontrer les hot-spots du continent sur votre blouse see-through. Et toutes ses haciendas. Je garantis qu'il va proposer avant le pudding !

*Cliente:* Vous croyez ?

*Madame:* Vous ne croyez pas ?

# Les Snaps de Vacances

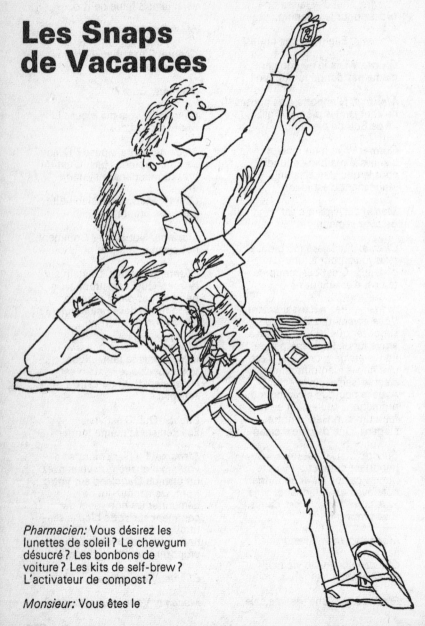

*Pharmacien:* Vous désirez les lunettes de soleil ? Le chewgum désucré ? Les bonbons de voiture ? Les kits de self-brew ? L'activateur de compost ?

*Monsieur:* Vous êtes le

pharmacien, oui ou non ?

*Pharmacien:* Oui.

*Monsieur:* Bon. Donnez-moi mes prints. Voici mon receipt.

*Pharmacien:* Voilà, monsieur. Un paquet de dix-neuf prints. Ça sera £17.80.

*Monsieur:* C'est un peu stiff.

*Pharmacien:* C'est férocément stiff. Mais il y a une raison. Normalement nous envoyons les jobs de photo à un lab cheapo-cheapo en Acton, dirigé par des Pakis qui travaillent autour de l'horloge. Ce mois ils sont en vacances. Donc je suis obligé d'employer des Anglais. Hence le over-charging. Et le délai.

*Monsieur:* Hmm. Où sont les Pakis en vacances, et quand sont-ils back ?

*Pharmacien:* Karachi-sur-mer. Dans deux semaines ils résumeront leur Kwik-Vite Service.

*Monsieur:* OK. Je vais attendre deux semaines pour le Kwik-Vite mob.

*Pharmacien:* C'est trop tard. Vos photos sont déjà développées. £17.80, s'il vous plaît.

*Monsieur:* OK . . . Un moment !

*Pharmacien:* Quoi ?

*Monsieur:* Ces photos ne sont pas à moi. Regardez. Ils dépictent la Reine Elizabeth, la Reine Mère.

*Pharmacien:* La Reine Maman ?

*Monsieur:* Oui. La Reine Maman à breakfast. La Reine Maman sur un piquenique. La Reine Maman mettant cinq bob sur un cheval. La Reine Maman donnant avis de mariage au Prince Charles.

*Pharmacien:* Vous êtes un ami de la Reine Maman ?

*Monsieur:* Pas du tout. Je l'aime bien, mais je ne la connais point.

*Pharmacien:* Ah ! Silly moi ! Maintenant je m'en souviens ! C'est ce Monsieur Parkinson qui a laissé ses snaps l'autre jour. Il est entré dans un tel flap quand on ne les trouvait pas. Un right royal tizzy.

*Monsieur:* Où sont mes photos alors ?

*Pharmacien:* Voilà, monsieur.

*Monsieur:* Ce sont des photos d'une famille Pakistani. Je n'ai pas une famille Pakistani.

*Pharmacien:* Tiens ! C'est Monsieur Kwik-Vite avec son brood, sur la plage. Qu'il est brun.

*Monsieur:* Vous avez mes photos ou vous n'avez pas mes photos, enfin ?

*Pharmacien:* Oui. Mais le roll de film fut foggy. Il n'y a pas de prints.

*Monsieur:* C'est vrai ?

*Pharmacien:* Non. Mais on le dit toujours si un film est perdu.

*Monsieur:* Bon. Au revoir.

*Pharmacien:* Au revoir et merci.

253

# Dans le Jardin

*Monsieur:* Vous voulez voir le jardin?

*Visiteur:* C'est obligatoire, je suppose?

*Monsieur:* Oui.

*Visiteur:* Et vous exprimerez sans cesse votre regret que c'est si messy ?

*Monsieur:* Oui.

*Visiteur:* Et vous allez stresser que c'est un dommage rotten que je n'étais pas ici la semaine passée, parce que la semaine passée le jardin fut une blaze de couleurs, mais maintenant c'est horrible ?

*Monsieur:* Oui.

*Visiteur:* Et le tour du jardin est quand même obligatoire ?

*Monsieur:* Oui.

*Visiteur:* Je vous dis quoi. Je vais rester ici, avec un gin et tonique, et vous, *vous* faîtes le tour du jardin. Quand vous voyez une fleur, donnez-moi un shout.

*Monsieur:* Mais non, mais non. J'insiste que vous m'accompagnez. J'ai quelque chose de complètement nouveau. Absolument unique.

*Visiteur:* Un lawn-mower avec fonction trouble-free ?

*Monsieur:* Non. Un jardin littéraire.

*Visiteur:* Ce n'est pas unique. Je pense immédiatement à D. H. Lawrence et son *Pansies*. Curieux, really. D. H. et pansies. Not many people savent cela.

*Monsieur:* Non, non. Un vrai jardin littéraire. Dans mon jardin j'ai inventé et perfectionné des fleurs spéciallement dediées à des auteurs.

*Visiteur:* Ho ho. Comme quoi ?

*Monsieur:* Forsythia.

*Visiteur:* Faîtes-nous une faveur. Forsythia n'est pas une fleur littéraire.

*Monsieur:* Ah ! Ceci est une autre Forsythia. C'est nommé pour Frederick Forsyth !

*Visiteur:* Non !

*Monsieur:* Oui. La fleur est très, très commune. Elle se répète tout le temps. Il n'y a pas beaucoup de variétés. Et elle préfère les conditions d'Irlande. Donc, je l'ai nommée Forsythia.

*Visiteur:* Parfait ! Vous avez d'autres fleurs littéraires ?

*Monsieur:* Oui. Les Dahlias.

*Visiteur:* Dahlias ?

*Monsieur:* Pour Roald Dahl. Mes Dahlias sont courtes, dramatiques et pleines de poison.

*Visiteur:* Nice one, jardinier.

*Monsieur:* Il y a aussi mon nouveau Begonia.

*Visiteur:* Je ne comprends exactement . . .

*Monsieur:* Pour l'auteur français, Jean-Louis Begon. Ses livres sont maintenant morts. Mes Begonias sont morts aussi.

*Visiteur:* Voila enfin un jardin avec une différence. Allons voir !

# Dans l'Airline Office

*Official:* Bonjour, madame. Vous avez un problème?

*Madame:* Well, oui et non. Last week, j'étais en transit avec Pantram de Miami à London . . .

*Official:* Ah, vous avez une complainte?

*Madame:* Well, non. Actuellement, le trip était tolérablement enjoyable. Les stewardesses étaient très nice. L'homme a côté de moi était une nuisance parfaite—il poussait tout le temps son call button—mais elles ne perdaient jamais leur smile.

*Official:* Bon.

*Madame:* Et le film était intéressant. Il avait Robert Morley. Quel homme nice! Non, non, je me trompe. Robert Morley était dans la magazine in-flight. C'était Roger Moore dans le film. Il est nice aussi. Mais pas aussi nice que Robert Morley.

*Official:* Madame, si vous voulez me dire la nature de votre visite, peut-être vais-je vous aider.

*Madame:* Oui. Well, après deux heures on commençait à servir le lunch. Vous savez, sur les petits trays?

*Official:* Oui, je sais.

*Madame:* Il y avait un peu de melon pour commencer. Pas mauvais. Un peu dur, mais pas mauvais. L'homme a côté n'a pas touché son melon. Il a appelé une stewardess.

'J'insiste que vous remplacez mon melon!' qu'il dit. 'Monsieur,' elle dit, 'nous remplacerons votre melon au prochain magasin de fruit et veg. que nous passons.' Jolly funny, n'est-ce pas? Un peu cheeky, mais vite comme un flash.

*Official:* Madame, je ne vois pas exactement la direction générale de . . .

*Madame:* Et après le melon nous avions du poulet dans une sauce blanche. C'est à cause du poulet que je suis ici.

*Official:* Ah! Le poulet était off? Vous avez été malade? Vous allez me donner un writ pour £3m?

*Madame:* Non. Je veux avoir le recipe du poulet. C'était délicieux.

*Official:* Vous . . . voulez . . . un recipe . . . d'une airline?

*Madame:* Oui. Si c'est un grand bother pour vous . . .

*Official:* Non, non, pas du tout. On va poser le problème au computeur central de Pantram. Je fiddle avec ces knobs ici, et boum! la réponse apparaîtra à l'écran de TV.

*Madame:* C'est magie.

*Official:* Ah! Voilà. 'Le recipe vient de page 92 du Robert Morley In-Flight Cookbook.'

*Madame:* Robert Morley encore! Il est un Homme de Renaissance, ce type-là.

*Official:* Oui, n'est-ce pas? Next, please.

# Dans la Cathédrale

*Verger:* Bonjour, monsieur.

*Monsieur:* Bonjour, padre.

*Verger:* Il n'y a pas de charge d'entrée. Vous pouvez circuler dans la maison de Dieu complètement libre.

*Monsieur:* Bon.

*Verger:* Mais il est customaire de donner une petite contribution au Fighting Fund.

*Monsieur:* Quel Fighting Fund?

*Verger:* Le fund qui fait le fight contre la collapse totale de la cathédrale. Nous disons aux touristes : Welcome! Amusez-vous dans ce jewel de l'art gothique. Mais aidez-nous la préserver pour la postérité. Donc, cough up.

*Monsieur:* Je ne suis pas un touriste. Je suis venu pour la méditation.

*Verger:* C'est vrai? Ce n'est pas une blague? Vous ne prenez pas le mickey?

*Monsieur:* Pas du tout.

*Verger:* Etonnant. Amazing. En ce cas, pour vous c'est half-price.

*Monsieur:* Il faut payer pour prier maintenant?

*Verger:* Mais non, mais non! C'est absolument volontaire. La seule chose est, avec tous les touristes et les groupes guidés, la cathédrale est *très* choc-à-bloc. Et les gens qui prient, et méditent, et tout cela, eh bien, ils forment une petite obstruction. Donc, il faut payer

*Monsieur:* Je ne paie pas.

*Verger:* Achetez une guide.

*Monsieur:* Non.

*Verger:* Bon. Je vais vous guider moi-même. Nous sommes maintenant dans la grande nave, qui fut construite en 1346.

*Monsieur:* Meaning, c'est Perpendicular?

*Verger:* Meaning, les repairs sont urgents. Pourquoi pas donner un petit sou?

*Monsieur:* Look! Je viens ici ni pour payer, ni pour une leçon d'histoire. Je désire la guidance spirituale. Donnez-la-moi. Vous êtes un homme de Dieu.

*Verger:* Ce n'est pas strictement vrai.

*Monsieur:* Comment non?

*Verger:* Je ne suis pas ordiné. Je suis un homme de PR, un marketing man dans l'emploi de la cathédrale. Hence le holy soft sell.

*Monsieur:* Ah. Peut-être pouvez-vous m'aider. J'ai un petit firm de PR qui est aussi sur la verge de collapse. Comme dernière resorte je suis venu ici pour demander l'advice de Dieu. Mais si vous avez des hot tips . . . ?

*Verger:* Pourquoi pas? Je suis à votre disposition.

*Monsieur:* C'est très gentil.

*Verger:* Mais first, une petite contribution au Fighting Fund.

*Monsieur:* OK.

# La Confrontation Industrielle

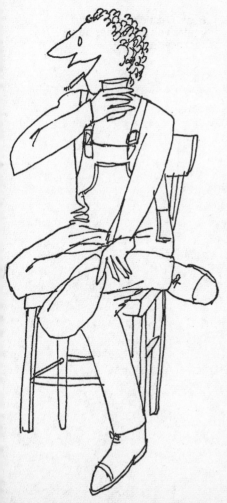

*Steward de Magasin:* . . . Et donc, en vue de nos grievances très réelles, votre refusal absolu de préserver nos différentiaux et notre solidarité fraternelle, je demande un award de pay de 29%.

*Boss:* En vue de la recession du monde, les conditions très difficiles et l'intransigence de la workforce, je vous offre 2%.

*Steward:* C'est dérisoire.

*Boss:* Oui, n'est-ce pas ? OK, 16%, mais pas un penny de plus.

*Steward:* C'est une insulte. Si vous ne stumpez pas le 29%, je vais ordonner une strike totale. Mes hommes sont solides sur this one.

*Boss:* Si vous appelez un walk-out, je vais fermer l'usine.

*Steward:* Si vous fermez l'usine, je vais organiser un sit-in.

*Boss:* Si vous avez un sit-in, je vais organiser un chuck-out.

*Steward:* En l'occurrence d'un tel display de bloody-mindedness, je ne fais pas le ruling-out de violence.

*Boss:* Ce n'est pas impossible

261

que j'enliste l'aide de la police.

*Steward:* J'ai seulement à claquer mes doigts, et 2,000 pickets volants arriveront le même jour.

*Boss:* J'ai seulement à lever ma téléphone et 2,000 managers arriveront pour tenir ouverte l'usine.

*Steward:* Mes pickets volants battraient vos managers avec une main liée derrière le dos.

*Boss:* Mes managers knockeraient vos pickets au milieu de la semaine prochaine.

*Steward:* Oh non, ils ne pourraient pas.

*Boss:* Oh oui, ils pourraient.

*Steward:* Oh non, ils ne pourraient pas.

*Boss:* Look. Nous ne faisons pas beaucoup de progrès. Recommençons.

*Steward:* OK. Nous demandons un settlement de 23%.

*Boss:* C'est impossible. Nous n'avons pas l'argent. 18%.

*Steward:* C'est pathétique. Mes hommes . . .

*Boss:* Vos hommes sont un shower de layabouts.

*Steward:* C'est possible. Et vos directeurs sont un soft job-lot de no-hopers.

*Boss:* C'est absolument vrai. 20%?

*Steward:* Mmmm . . . 21%?

*Boss:* OK. Done. Un gin et tonic?

*Steward:* Merci, squire. Dis donc, les vacances de golfing, c'était bien?

*Boss:* Oui, un knock-out. Et votre séjour cut-price à Miami?

*Steward:* Lovely. Tiens, je vous ai apporté un cadeau—un T-chemise.

*Boss:* C'est chouette. Vous voulez voir mes snaps de vacances?

# Dans le Betting Shop

*Puntèr:* Bonjour. Je veux collecter mes winnings.

*Cashier:* Ce n'est pas possible. Le running des chevaux n'a pas commencé.

*Puntèr:* Ce n'est pas un bet de chevaux. Le 11 Septembre 1980, le gouvernement de Turkey·a reçu le toppling dans un coup sans sang. Le militaire a fait le take-over.

*Cashier:* Pour les Turques, c'est bad news. Pour moi, ça m'est égal.

*Puntèr:* Not so. En 1979, j'ai placé un bet avec vous que le régime Turquois serait remplacé le 11 Septembre 1980. J'ai nommé la date, la locale et les noms des caractères principaux.

*Cashier:* C'est vrai? Cherchons dans le drawer de miscellaneous bets. La femme du Prince Charles . . . le turning-up de Milord Lucan . . . le next big earthquake . . . ah! Toppling

264

en Turkey. C'est vous, M. Grimble?

*Punter:* Oui.

*Cashier:* Alors, vous avez gagné ... 500–1 ... £500 ... minus taxe ... vous avez gagné £224,000. C'est beaucoup.

*Punter:* Pas vraiment. C'est pour un syndicat dont je suis le chef.

*Cashier:* Ah. Et le syndicat est composé, par hasard, d'officiers de l'armeé de Turkey?

*Punter:* Mum est le mot.

*Cashier:* Néanmoins, c'est impressif. Voilà votre argent, monsieur, et au revoir.

*Punter:* Pas si vite. Je veux placer un autre bet.

*Cashier:* Ah! La chute de l'Ayatollah, peut-être?

L'invasion de la Pologne?

*Punter:* Non. Cette fois, c'est le big one. Je veux faire un wager que World War Trois va commencer le 13 Mai 1983.

*Cashier:* Bloody hell! Vous êtes sûr?

*Punter:* Ça dépend. Quels odds vous offrez?

*Cashier:* Un moment. Vous voulez placer un bet aussi sur la fin de World War III?

*Punter:* Il se terminera aussi le 13 Mai, mais ce n'est pas important.

*Cashier:* Un autre moment. Si vous gagnez, vous ne pouvez pas collecter vos winnings.

*Punter:* Not so. L'Angleterre ne va pas être affectée. Pas immédiatement, en tout cas.

*Cashier:* Vous avez inside information?

*Punter:* Je connais quelques stable lads du monde politique, voilà tout.

*Cashier:* Eh bien, c'est difficile. Je n'ai pas d'instructions pour les odds sur WWIII. Je vais faire le checking avec mes bosses. Revenez cet après-midi.

*Punter:* OK. Mais une chose, hein? Ne contactez pas la police ou l'intelligence. Si vous les contactez, je serai obligé de transférer mon business à Joe Coral.

*Cashier:* Oui, monsieur. Au revoir.

*Punter:* Au revoir.

# Chez le Boucher

*Madame:* Bonjour, monsieur.

*Boucher:* Bonjour, madame. Que désirez-vous? Jambe d'agneau Kiwi, chop de porc, lapin, rib d'émergencie, filet de boeuf . . . ?

*Madame:* Vous avez du filet de boeuf? A quel prix?

*Boucher:* A £4.75 un lb.

*Madame:* Mon dieu! Comment peut-on payer cela?

*Boucher:* Avec un deposit et instalments réguliers. Ou un loan de banque. Je suis facile.

*Madame:* Je veux acheter un cheap cut pour une casserole.

*Boucher:* How about scrag end de boeuf? £2 un lb.

*Madame:* Trop cher.

*Boucher:* Hmm. Scrag end de lapin?

*Madame:* Trop petit.

*Boucher:* Alors, un morceau d'oxbridge?

*Madame:* C'est un cut que j'ignore.

*Boucher:* Oxbridge, c'est le 5% inutile de l'animal. Petit joke intellectuel.

*Madame:* Merci. Et cela, qu'est-ce que c'est?

*Boucher:* C'est vealgristle.

*Madame:* Yuk. Et cela?

*Boucher:* Ca, c'est mon washing up cloth. 40p. C'est plein de sang, mais très tough.

*Madame:* Vous avez quelque chose pour moins de 50p?

*Boucher:* Bien sûr. Trois saucisses. Deux vertèbres d'oxtail. Une paire de

de mouton. Tête de grouse. Wing of bat and eye of newt. Frogspawn? C'est très tasty avec watercress.

*Madame:* C'est dégeulasse.

*Boucher:* J'ai une idée. Oubliez la casserole. Mangez une omelette. J'ai des oeufs très prime quality. Anglais. Bruns.

*Madame:* Ils sont frozen?

*Boucher:* Mais non! Ils sont fresh, 60p per ½ doz.

*Madame:* Je prends deux.

*Boucher:* Bon—deux oeufs, madame.

*Madame:* Et delivery personal dans votre van, s'il vous plaît.

sheepsears. Ou un demi-mètre de parsley plastique.

*Madame:* Une casserole de saucisses ou parsley, ce n'est pas mon idée de fun.

*Boucher:* Si vous cherchez du fun, pourquoi pas un ragoût d'un oxtail et deux oxears. Matador stew! Olé!

*Madame:* Charmant. Qu'est-ce que vous avez comme offal?

*Boucher:* Les fagots. Les lumières. Les oxhooves. Corset

# Une Audience avec le Pape

*Visiteur:* Bonjour, Votre Sérénité, Jean-Paul II.

*Pape:* Quoi ? Ah, oui. Tu sais, on m'a appelé Karol depuis si longtemps . . .

*Visiteur:* Pour moi, O grand Père, c'est le jour le plus proud de ma vie.

*Pape:* Chut ! 'Pride précède un fall'—Vieux Testament, page 102, coin bottom right.

*Visiteur:* Oui, c'est vrai. Eh bien, pour moi, c'est le jour le plus humble de ma vie.

*Pape:* Tu as bien dit, mon enfant.

*Visiteur:* C'est une matière de rejoicing pour moi que vous avez l'air si fit et rélaxé.

*Pape:* Oui, n'est-ce pas ? C'est parce que je fais le jogging et la méditation.

*Visiteur:* Je suis surpris que vous avez le temps.

*Pape:* Je fais les deux choses en même temps. Trois fois autour du Vatican et six Ave Marias, simultanément. Je l'appelle le medijogging. Une petite idée que j'ai eue.

*Visiteur:* C'est une inspiration.

*Pape:* N'exagérons pas, mon enfant. Dis-moi, de quelle partie de France tu viens ?

*Visiteur:* De Paris, Saint Père.

*Pape:* Ah. Tu as lu les reviews de mes pièces de théâtre ?

*Visiteur:* Oui. Ils étaient . . . eeuh . . . mixed.

*Pape:* Ils étaient stinking. Ah, ces critiques, qu'est-ce qu'ils savent ? Ils ne savent rien. Mais je les pardonne. Pour moi, c'est une expérience humblante. Les reviews qui stinkent, je les accueille avec les bras ouverts.

*Visiteur:* C'est très noble.

*Pape:* Je connais maintenant les sentiments de ce vieux Peter O'Toole. Pauvre bloke ! Quel suffering. Je suis presque

tenté à le canoniser. Tu crois,
Saint Pierre O'Toole?

*Visiteur:* Eh bien . . .

*Pape:* Peut-être que vous ayez
raison. Je ne suis pas infallible,
après tout.

*Visiteur:* Vous parlez Franglais
très bien.

*Pape:* Je parle beaucoup de
langues, parfois simultanément.
Une petite idée que j'ai eue.
Tu sais, les Polonais sont

obligés d'être multilingues. Eh
bien, l'audience est presque
finie.

*Visiteur:* Je sais que vous êtes
un homme tres busy.

*Pape:* Et how! Cet après-midi,
je fais un tour de Brasil,
Nigeria et Singapore. Etre un
pape moderne, c'est non-stop.
Eh bien, je vous bénisse, je dis
au revoir, et je dois voler.

*Visiteur:* Au revoir, mon . . . Ah.
Il est parti.

# La Speeding Offence

*Monsieur:* Oui, Officier?

*Policier:* Monsieur, je vous invite cordialement à positionner votre auto au roadside, et à faire le switching off de l'ignition.

*Monsieur:* Je serais enchanté. Voilà.

*Policier:* Merci, monsieur. C'est gentil. Maintenant, êtes-vous aware que votre vitesse était 67 mph?

*Monsieur:* C'est vrai? Vous me fascinez.

*Policier:* Et que vous êtes dans un area built-up, et sujet donc à une restriction de 30 mph, ou approximativement 48.277 kph?

*Monsieur:* Je n'avais pas remarqué. Mais je vous crois implicitement.

*Policier:* Monsieur, je suis touché par votre crédence.

*Monsieur:* Mais dites-moi, mon ami—si vous pardonnez cette familiarité—comment vous êtes si sûr que ma vitesse était exactement 67 mph?

*Policier:* Ou 107.2 kph, roughly. Eh bien, j'ai ici une petite machine. Elle régistre les vibrations soniques d'une auto approchante. Puis, sur ce petit screen ici, il y a un readout immédiat de la vélocité.

*Monsieur:* Terrif! Je peux avoir un go?

*Policier:* Mais of course. Tenez la machine sous votre bras. Oui, comme ça. Maintenant, vous voyez la Porsche qui approche?

*Monsieur:* Oui.

*Policier:* Pointez la machine dans sa direction. Pressez le knob. Et voilà!

*Monsieur:* 81 mph. C'est magique!

*Policier:* C'est fun, n'est-ce pas?

*Monsieur:* Vous permettez que j'arrête le chauffeur de la Porsche?

*Policier:* Ah non. Je regrette, monsieur, mais vous n'avez pas l'uniforme.

*Monsieur:* Vous avez d'autres petits gadgets?

*Policier:* Ma radio de lapel. C'est pour parler à la gare.

*Monsieur:* Je peux parler à la gare, moi?

*Policier:* Pourquoi pas? Dites: 'Allo, Charlie, c'est 47 ici. J'ai arrêté un punter qui faisait 67 mph.'

*Monsieur:* 'Allo, Charlie, c'est 47 ici. J'ai arrêté un sucker qui faisait 67 mph.'

*Radio:* 'Blimey. Ils n'apprennent jamais, eh? Jetez le livre à lui.'

*Monsieur:* Fantastique! Ah, mes enfants seront jaloux quand je leur dirai que j'ai joué avec les gadgets du fuzz.

*Policier:* Eh bien, il faut que je rentre à mon travail. Au revoir, monsieur, et mind comment vous allez.

*Monsieur:* Mais vous avez oublié le booking!

*Policier:* Ah, vous avez raison! Bien spotté.

*Monsieur:* Coopérez toujours avec la police, c'est mon motto.

*Cette lesson de Franglais est sponsorée par Scotland Mètre.*

# Dans le Delicatessen

*Assistant:* Next, s'il vous plaît.

*Monsieur:* C'est moi. Je désire du salami.

*Assistant:* Oui, m'sieu. Quelle sorte?

*Monsieur:* Ah. Il y a des sortes différentes?

*Assistant:* Mais oui! De toutes les nationalités.

*Monsieur:* Donnez-moi un petit run-down sur la choix available.

*Assistant:* Eh bien, vous avez le français, qui est greasy et plein de garlic. Vous avez l'italien, qui est amusant mais anti-social. L'allemand, qui est tough comme des vieilles bottes. Le danois, qui est d'un pink choquant. Et l'irlandais.

*Monsieur:* Irish salami? C'est bon?

*Assistant:* C'est dégoutant. Prenez une sample. Voilà.

*Monsieur:* Mmmm. Oui, vous avez raison. C'est yuksville.

*Assistant:* Il y a des saucisses de Germany, si vous voulez. Knackerswurst. Ou Kracker-knackerswurst. Ou Schaden-freudenwurst. Ou Bangwurst.

*Monsieur:* Je peux essayer le Bangwurst?

*Assistant:* Of course. Voilà.

*Monsieur:* Mmmmm . . . c'est . . . c'est . . .

*Assistant:* Indéscribable?

*Monsieur:* Voilà le mot juste!

*Assistant:* Je peux vous offrir aussi le Polish garlic sausage, qui vient en forme de pipe-cleaner. C'est garanti 10% garlic, 90% skin.

*Monsieur:* Horrible.

*Assistant:* Essayez tout de même.

*Monsieur:* OK . . . Mmm! C'est horrible!

*Assistant:* Voilà quelque chose de différent. Une saucisse de l'Espagne, le chorizo.

*Monsieur:* Pourquoi c'est different?

*Assistant:* Parce que c'est 100% blobs de fat blanc!

*Monsieur:* Quelle abortion. Je peux essayer?

*Assistant:* Oui, soyez mon guest. Il y a aussi la mortadella, qui est le spam d'Italie, mais sans le personnalité de notre spam.

*Monsieur:* Dites-moi. Si vous n'aimez pas la charcuterie, pourquoi vous travaillez ici?

*Assistant:* Pour voler le smoked salmon. Dites-moi aussi. Si vous n'aimez pas les meats exotiques, pourquoi vous les mangez?

*Monsieur:* C'est mon free lunch. Je passe de delicatessen à delicatessen pour les samples libres.

*Assistant:* Quelle initiative. Un morceau de gristle fumée de Finlande, avant de partir?

*Monsieur:* Ugh. C'est gentil, merci beaucoup.

# Dans le Hi-Fi Shop

*Monsieur:* Je veux remplacer mon stylus.

*Audioman:* Donnez-moi un shufti.

*Monsieur:* Voilà. C'est un C-34562M.

*Audioman:* Ah! Ça n'existe plus. C'est obsolete.

*Monsieur:* Mais . . .

*Audioman:* Il a été remplacé par un Hagasaki N-47 (D).

*Monsieur:* Ah!

*Audioman:* Qui est available seulement au Japon et en Californie.

*Monsieur:* Mais . . .

*Audioman:* Et par la cartridge Wharfbang A-40 (M).

*Monsieur:* Ah!

*Audioman:* Qui vient seulement dans la Nugatron-Musique-Coquetail-Cabinette-Complexe 0940 (except Saturday: see Table 46), £540.

*Monsieur:* Look. Je suis un homme simple. J'ai un stylus. Le stylus commence à ruiner mes vieux LPs de Roll de Gelée Morton. Je veux remplacer mon stylus.

*Audioman:* Look. Je suis un audioman simple. J'ai un shop. Si je remplace les stylus, je vais bust. Je remplace seulement les centres de musique.

*Monsieur:* Come to think, mon système de sound est un peu yesterday. Que recommandez-vous comme remplacement?

*Audioman:* Ah! Maintenant vous parlez! Nous avons trois bargains absolument fantastiques en ce moment. 1) Le West-Indian Suitcase-Cassette Rolleur-Skateur Hold-All avec Free Frisbee, £400 réduit à £399.99. 2) Le Discomania Strobe-Musique-Centre, avec Permission de Planning de Norman St Jean-Stevas, £400 avec Arts Council grant. 3) Le Jean Lennon Memorial Tribute Sound-Bloc 'Au Musicien Inconnu' rock-bottom £400, fabriqué per Yoko-Sony.

*Monsieur:* Réduit a £399.99?

*Audioman:* Of course.

*Monsieur:* Hmm. C'est difficile. Vous n'avez pas un stylus C-34562M?

*Audioman:* Non. Mais j'ai une paire d'ear-phones Jackie Kennedy en silk pur. Ou un set video Monty Python avec les takes alternatives.

*Monsieur:* Look. J'ai le sentiment que nous ne parlons pas la même langue. Je suis dans une stylus-shortage situation. Vous êtes dans un audio-freak-trip.

*Audioman:* Vous avez raison. Mon mind a été zappé. J'ai freaké. Je suis hors de mon skull.

*Monsieur:* Bon. Donnez-moi un stylus C-34562M.

*Audioman:* Voilà.

*Monsieur:* Bon. C'est £4.50, n'est-ce pas?

*Audioman:* Oui.

*Monsieur:* Bon. Voilà.

*Audioman:* Merci. Et le next, please.

# Le Punch-Up

*Phase Un: La Provocation*

*1er Monsieur:* Hey!

*2ème Monsieur:* Quoi?

*1er:* Vous!

*2ème:* Qui?

*1er:* Vous là!

*2ème:* Que voulez-vous dire—vous là!?

*1er:* Vous m'avez donné un knock. Mon pint de bitter est all over mon jacket.

*2ème:* C'était pas moi, mate.

*1er:* Vous m'appelez un liar?

*2ème:* Non. Je vous appelle un blind twit.

*1er:* Qui m'appelle un twit aveugle?

*2ème:* C'est moi qui vous appelle un twit aveugle. Aussi un ponce de la première eau.

*Phase Deux: Echange d'Insultes*

*1er:* Ah—cela vient bien d'un demi-wit comme vous, espèce de poofteur!

*2ème:* Get perdu, petite crevette.

*1er:* Crevette? J'ai mangé des gens comme vous avant le petit déjeuner, mate!

*2ème:* Allez prendre un jump courant.

*Phase Trois: Les Menaces*

*1er:* Right. Ça suffit. C'est ça. C'est le straw final.

*2ème:* Push off. C'est votre bed-time, petit garçon.

*1er:* Ah, ça alors! Maintenant je vais réarranger vos features.

*2ème:* Essayez seulement et je vais vous situer au milieu de la semaine prochaine.

*1er:* Quand j'ai fini avec vous, chéri, vous ne saurez si vous allez ou venez.

*2ème:* Vous ne voulez pas continuer à vivre, ou quoi?

*Phase Quatre (a): L'Arbitration*

*Barman:* Messieurs, messieurs! Pas de rough maison ici, si vous ne mindez pas.

*Phase Quatre (b): Failure de l'Arbitration*

*1er:* Stuffez-vous.

*Phase Cinq: Préparation pour les Hostilités*

*2ème:* OK. Vous l'avez demandé.

*1er:* Right. Je vais vous aplatir.

*2ème:* Grosse chance, mate.

*Phase Six: Ouverture des Hostilités*

*1er:* Prenez ça. Ouf!

*2ème:* Et prenez ça—euh!

*Phase Sept et Finale: Réunification contre un Ennemi Commun*

*PC:* Allo, âllo, âllo. Qu'est-ce qui se passe ici, alors?

*1er:* Oh, rien, officier. Mon ami

et moi, nous discutions le
weather.

*2ème:* Oui. Un tête-à-tête
privé.

*PC:* Bon. Parce que s'il y a de
l'aggro, je pourrais perdre mon
temper.

*1er:* Ah, monsieur, je déteste la
violence.

*2ème:* Je prends seulement une
bière silencieuse.

*PC:* Bonne nuit, tous.

# Le Railcard

*Monsieur:* Bonjour.

*Caissier:* Bonjour, monsieur.

*Monsieur:* Je veux aller à Shrewsbury.

*Caissier:* 1er, 2ème, un-way, deux-way, cheap-jour, football-terror-special . . . ?

*Monsieur:* Un-way ordinaire, svp.

*Caissier:* £19.50.

*Monsieur:* Pour quatre.

*Caissier:* £78.

*Monsieur:* Ah ! Mais j'ai un railcard !

*Caissier:* Oh, Jésus.

*Monsieur:* Pour ma femme j'ai un Deux-Parents Famille Nucléaire railcard. Regardez : la carte avec sa photo.

*Caissier:* C'est une photo de Jimmy Savile.

*Monsieur:* Non, c'est ma femme qui a une resemblance curieuse au jockey de disques célèbre. C'est très utile dans le trains. Et les discos.

*Caissier:* Alors, 50p pour la femme.

*Monsieur:* Bon. Pour ma fille, j'ai un Teenage-Problem Railcard.

*Caissier:* Un Teenage-Problem Railcard ? Vous prenez le Michael ?

*Monsieur:* Mais non. C'est un nouveau railcard. Il garantit que votre adolescent pimplé et gawkeux peut voyager libre *à condition que* 1) il ne démolit pas les fittings 2) il ne terrorise pas les passagers avec les idées trotskyistes 3) il ne déraille pas le train 4) il ne devient pas plâtré avec Brun de Chateauneuf.

*Caissier:* Bon. Un ticket gratuit. Et le quatrième ?

*Monsieur:* C'est Birgit, notre au pair de Copenhagen. Pour elle, j'ai une Au-Pair Runaround Free-Flirt Railcard. Regardez, sa photo.

*Caissier:* C'est encore une photo de Jimmy Savile.

*Monsieur:* Toutes les jeunes filles de Danemark ressemblent a Jimmy Savile OBE.

*Caissier:* Mais l'Au-Pair Railcard n'existe pas !

*Monsieur:* OK, OK. J'ai ici un Anglo-Danois Scandifriendship Railcard.

*Caissier:* Je ne le connais pas.

*Monsieur:* En ce cas, je désire un ticket communal pour moi, ma femme et Birgit. Regardez, mon Ménage-à-Trois Fun-

Threesome Railcard ! J'ai une photo *très* intéressante !

*Caissier:* OK, OK. Vous êtes le winner. £29.50, svp.

*Monsieur:* £29.50 ? C'est beaucoup.

*Caissier:* Durant notre conversation, on a annoncé une augmentation de prix de 15%. Tough chance. Et si vous ne regardez sharp, on va fermer la gare de Shrewsbury. Next svp !

# Les Pub Games

*Client:* Bonjour, landlord.

*Mon host:* Bonjour, squire. Qu'est-ce que c'est que votre poison ?

*Client:* $\frac{1}{2}$E.

*Mon host:* Comment? C'est une formule chemicale?

*Client:* Un half de 'E'.

*Mon host:* Ah! Oui, c'est une formule chemicale. Voilà.

*Client:* Dites-moi, mon bonhomme, avez-vous sur vos premises un vieux pub game? Quelque chose de simple pour m'amuser?

*Mon host:* Nous avons un pub game *très* ancien. Cette machine de fruits au coin.

*Client:* Le bandit à un bras? C'est *ancien*?

*Mon host:* Oui. Il date de 1976. Il est sur ses derniers jambes. Tiens, hier il a donné un jackpot de 80,000 pesetas. Il est un peu crazy. Il faut appeler le vet et lui donner le put-to-sleep.

*Client:* C'est tout very well, mais je cherche un *vrai* pub game.

*Mon host:* Comme quoi, vieux garçon?

*Client:* Comme les jeux traditionnels de Merrie Angleterre. Le cribbage, les domineaux, le pousse-ha'penny, le flinging du fromage, le flonking du dwile, etc.

*Mon host:* Vous habitez dans un monde différent, mate. Tout cela, c'est mort. Parti. Disparu. Dodoesque. Vous le trouverez dans les suppléments de couleur, mais pas dans le monde réel.

*Client:* C'est triste.

*Mon host:* Rubbish. Nous avons maintenant une nouvelle tradition de pub games. Les Envahisseurs de l'Espace! L'Astro-Fight! Le Télé-Tennis! Le Pool Yankee! Vous voyez les hommes là-bas? Qui jouent? Ils sont vos actuels joueurs de pub games de 1981.

*Client:* Ils ont l'air de professeurs de math. Je préfère les vieux pub games.

*Mon host:* Et moi, je préfère les nouveaux.

*2ème client:* Pardon. Je suis un eavesdropper. Vous êtes wrong, tous les deux. Vous parlez seulement des fads, des modes. Les *vrai* pub games, les pub games authentiques et éternels, sont différents.

*Mon host et client:* Expliquez ça, wise guy.

*2ème client:* Volontiers. Je réfère aux amusements comme le Guessing de l'Age du Scotch Oeuf. La Recherche des Gents. Le Catching de l'Oeil du Barman. Le Finding du Spare Stool. Le Dropping du Change dans la Wet Puddle. Le Drowning de la Conversation avec la Boîte de Juke.

*Mon host:* Vous avez un point là. Mais vous interrompez toujours les conversations privées comme ça?

*2ème client:* Mais oui! C'est le plus vieux pub game de tout temps!

# Le Shoplifting

*Détective:* Ah ha ! Gotchère !

*Madame:* Squark !

*Détective:* Vous êtes nabbée. Je vous ai attrapée avec les mains rouges. C'est un cop blond, n'est-ce pas ?

*Madame:* Ah, monsieur, ayez pitié, et donnez-moi un break. Je suis une petite old lady, j'habite dans une chambre condamnée et je n'ai qu'un seul ami : mon chat Biggs. C'est pour lui, ce tin de tuna chunks.

*Détective:* C'est extravagant, le tuna. Pourquoi pas les pilchards ?

*Madame:* Les pilchards sont sur le top shelf. Je suis une très petite old lady.

*Détective:* Bon point.

*Madame:* Et aussi, si vous êtes un shoplifteur, le tuna est le même prix que les pilchards.

*Détective:* C'est vrai. En ce cas, pourquoi pas le caviar ?

*Madame:* Biggs déteste le caviar.

*Détective:* Hmm . . . Nous semblons avoir perdu le drift. Recommençons . . . Ah ha ! Gotchère ! Vous êtes nabbée ! Venez avec moi chez le Deputy Manager !'

*Madame:* Un moment. Avez-vous identification ? Un proof que vous êtes détective de store ?

*Détective:* Volontiers. Voilà ma carte : 'J. Wisbech est appointé détective de store par Waffle et Peabody, le plus grand store départmental de Londres de sud, late night jeudi, est. 1879.'

*Madame:* Bon. Et voilà ma carte. 'Ruth Gingold est une membre certifiée des Shoplifteurs Internationals, Paris, Melbourne et Nouveau York, le guild global pour l'improvement des standards de shoplifting.'

*Détective:* C'est un leg-pull ou quoi ?

*Madame:* Non, c'est mort sérieux. Nous faisons un filme documentaire sur le shoplifting et espécialment sur les petites old ladies qui habitent dans une seule chambre avec leur chat, Biggs. C'est pour le BBC-Deux, avec backing de Temps–Vie, Interpol, et Oceanfresh Tuna Chunks.

*Détective:* Vous m'invitez à croire que nous sommes dans un *filme* ?

*Madame:* Mais oui. Regardez, les caméras.

*Detective:* Mon dieu, c'est vrai !

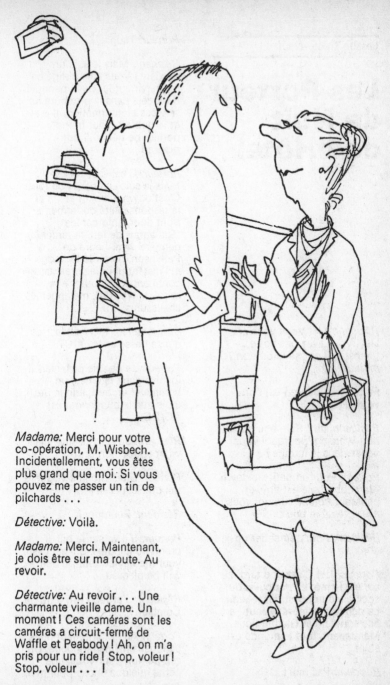

*Madame:* Merci pour votre co-opération, M. Wisbech. Incidentellement, vous êtes plus grand que moi. Si vous pouvez me passer un tin de pilchards . . .

*Détective:* Voilà.

*Madame:* Merci. Maintenant, je dois être sur ma route. Au revoir.

*Détective:* Au revoir . . . Une charmante vieille dame. Un moment! Ces caméras sont les caméras a circuit-fermé de Waffle et Peabody! Ah, on m'a pris pour un ride! Stop, voleur! Stop, voleur . . . !

# Les Porteur de Nuit de l'Hôtel

*Résident:* Ah ! Vous voilà at last ! Vous avez pris votre temps. J'ai pressé le bouton *15 minutes ago.*

*Porteur:* Le bouton est non-working.

*Résident:* Oh ? Si le bouton est non-working, pourquoi vous venez dans la lounge ?

*Porteur:* Pour un petit sit-down. Ma cubby-hole est tiny, et périssant froid. Pourquoi vous avez pressé le bouton ?

*Résident:* Pour demander un drink.

*Porteur:* Ah ! C'est trop tard. Le bar est fermé. Le portcullis du cocktail lounge est descendu. Le dernier business exécutif a pris son dernier Glenfiddique. Maintenant, tout le monde est au lit.

*Résident:* Pas moi !

*Porteur:* Tough.

*Résident:* Mais je suis un résident ! Vous êtes obligé de me servir autour de la pendule. Il dit cela dans la brochure de services et information. Il dit— et je quote—'Your friendly porteur de nuit will be pleased . . .'

*Porteur:* C'est tout very well. Mais je suis en charge de tout. C'est down à moi, mate. J'ai la responsabilité de fermer le front door, enforcer les régulations de feu, regarder la dernière demi-heure de Parkinson, porter le Kelloggs et l'instant pour les breakfasts continentaux, écouter à la porte de No. 110, mélanger les chaussures . . .

*Résident:* No. 110 ? Qu'est-ce qui se passe à No. 110 ?

*Porteur:* Je ne sais pas, mais il involve deux femmes, un homme et un budgérigar. Je crois que le budgérigar est AC/DC . . .

*Résident:* Je suis fasciné, mais what about mon drink ?

*Porteur:* Dites-moi, ça va sur le bill ou c'est cash ?

*Résident:* Pourquoi ?

*Porteur:* S'il va sur le bill, il prend 45 minutes. S'il est cash, your friendly porteur de nuit will be pleased . . .

*Résident:* J'attrape ton drift. Combien ?

*Porteur:* Ah ! Maintenant nous parlons la même language. Un cap de nuit pour vous, une petite quelque chose pour moi,

c'est cinq quid, pas de
questions demandées.

*Résident:* C'est un peu steep
pour 1/6 d'un gill. C'est
combien la bouteille de Grouse
Célèbre?

*Porteur:* Cinq quid aussi.

*Résident:* Done! Right, une
bouteille—et deux glasses . . .

*Porteur:* Par une chance
extraordinaire, j'ai avec moi une
bouteille de la Grouse Fameuse.
Ah, c'est une vie dure, être un
porteur de nuit . . . Cheers!

# A la Kiosque de Fags et Mags

*Kioskman:* Oui, monsieur?

*Monsieur:* Oui. Une boîte d'allumettes, svp.

*Kioskman:* Bon. Nous avons les following categories : 1) Les bons matches d'Angleterre, dans une boîte avec un rotten joke à la flipside . . .

*Monsieur:* Non, merci.

*Kioskman:* 2) Les book-matches, fabriqués de wet cardboard, qui incinèrent votre thumb-nail . . .

*Monsieur:* Non, merci, ditto . . .

*Kioskman:* 3) Une boîte de matches importés de Russie ou Finlande, contents avérages 14, qui sont un hazard de feu dans toutes les langues . . .

*Monsieur:* Non, likewise.

*Kioskman:* Ou 4) Une grande boîte de 1,000 matches de kitchen, qui tombent sur le floor à chaque opening.

*Monsieur:* Pas likely. Donnez-moi un lighter français chuck-away.

*Kioskman:* Bon. Voilà.

*Monsieur:* Et un bar de choco.

*Kioskman:* Nous avons le Twister (choco de mint), le Hunky (choco de biscuit), le Honeymoon Special (Hunky avec fancy wrapping), et le Big-Bite (choco de macho).

*Monsieur:* Je désire le plain chocolat.

*Kioskman:* Ah, monsieur, nous n'avons pas le plain chocolat. C'est old-fashioned.

*Monsieur:* Alors, donnez-moi un bar de choco français chuck-away.

*Kioskman:* Bon. Quelque chose d'else ?

*Monsieur:* Oui. Une plume de point de balle.

*Kioskman:* Français chuck-away ?

*Monsieur:* Of course.

*Kioskman:* There vous allez.

*Monsieur:* Vous avez d'autres choses françaises et chuck-away ?

*Kioskman:* Beuh . . . non. Ah, oui ! Les Gitanes . . . les singles de Sacha Distel . . . les purple cachous avec flaveur d'after-shave . . . les miniatures de plonk . . . les remainders de Tin-Tin . . .

*Monsieur:* Je les prends tous !

*Kioskman:* Bon. Ça fait £14.60 . . . À propos, vous êtes un loony millionaire français ou quoi ?

*Monsieur:* Non. Je fais la recherche pour la publication : *Lequel ?* Vous êtes nominé comme un best buy.

*Kioskman:* Ah non, ah non ! Si vous mettez ma kiosque dans *Lequel ?* j'aurai une invasion de week-end shoppeurs français.

*Monsieur:* C'est curieux. Toutes les kiosques disent ça.

*Kioskman:* C'est parce que les Français sont les shop-lifteurs les plus ingénieux de l'Europe.

*Monsieur:* C'est vrai ?

*Kioskman:* Oui. Ils viennent over here et (*Censoré par le Board de Relations de Race*).

# RAILCARTE FRANGLAISE

## OFFRE SPECIALE AUX READERS!

**Jacques Saville OBE dit:**

"Hi, guys et filles! Maintenant Rail Britannique vous offre une speciale railcarte franglaise. Howzabout cela? Terrif, hein?

"C'est très facile à operer. Si vous *commencez* votre voyage dans une gare en Angleterre, et si vous terminez le trip dans une gare *française*, votre railcarte vous entitule à—

Un verre de vin libre

Un paquet de pills de mal de mer

Un map du Channel

Insurance comprehensive contre bloquage naval, trawlerpersonnes enragées, action industrielle Sealinkienne, etc., etc...

*Vous* payez la full fare. Mais vous pouvez prendre avec vous, absolument gratuitement, une girlfriend, un gigolo, votre au pair, un string d'oignons, un lamb anglais, une bicyclette, une quartette de string, un vanload de Marks et Spencer, etc., etc.

Pas mauvais, eh? Donnez-lui un whirl!"

Pour extra détails, écrivez a:—

Encore une Offre Crazy de Rail Britannique

Railcarte Maison

Platform 14

Junction de Clapham

London SE21.20 (excepté Samedi)

# NOUS REGRETTONS, NO SUPPORTEURS DE FOOTBALL!

# Let's Parler Franglais
# One More Temps

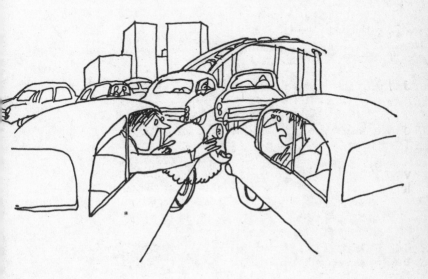

# Preface

## par Det-Inspecteur "Sting" de la Police

Bonsoir, tous.

Le plus fameux rock star du monde ici.

Dans la Police, nous recevons beaucoup de criticisme, vous savez. Un lot de stick. Well, c'est part du job.

Frexemple, on dit que la Police est toujours absent quand ils sont needed. Au Japon ou à Nouveau York, mostly.

Frexemple, on dit que la Police emploie des gadgets electroniques tres sophistiqués pour le monitoring du sound.

Frexemple, on dit que la Police souffre de undermanning, avec seulement trois membres.

Oui, c'est tout vrai !

Dans la Police, nous faisons un excellent job sous des conditions très difficiles. Mais il y a un criticisme qui sticke dans mon craw, me monte au nez, me fait le choking-off, obtient ma chèvre, ou whatever. C'est quand les gens disent : "Oh, il n'y a pas de culture avec la Police, vous savez."

Mon dieu, j'ai busté mon gut pour être culturel. J'ai fait l'acting sur la TV avec David Hemmings. J'ai frappé le big-time avec "Brimstone et Sirop", avec Lady Laurence Olivier et Denim Elliott. J'ai écrit des lyriques très meaningfuls.

Et maintenant, je suis au top, avec l'invitation d'écrire la préface de *Let's Parler Franglais One More Temps* ! Pour moi, c'est le grand moment dans mon career brillant.

Après, je vais probablement retirer, pour faire du golf et gardening.

Merci pour cette chance, M. Kington.

Bonsoir, tous. Mind comment vous allez.

*" Sting "*

Cette preface est available aussi en 45 single et cassette.

# Introduction

## Par l'auteur, en personne

Bonjour.

Le titre de ce livre est "Let's Parler Franglais One More Temps (Vol IV)".

Je regrette le titre.

Mais pour le quatrième (4ème) volume, les titres sont toujours difficiles.

Préférez-vous "Grand-son de Let's Parler Franglais"?

Ou "Fourth (4th) Time Lucky avec Let's Parler Franglais"?

Ou "O mon Dieu, pas un autre Let's Parler Franglais"?

Non?

Moi non plus.

Brahms, probablement, avait la même trouble avec sa Symphonie No 4. Pauvre vieux Brahms. Il va au publisher avec le manuscrit. Le publisher péruse la symphonie. Il agit les mains un peu, comme un conducteur, et fait le humming. Puis il dit à Brahms :

"Jolie petite symphonie, Johannes, vieux chap. Des charmantes mélodies, etc, que les message-boys vont siffler dans la rue. L'orchestre est un peu grande, un peu expensive. Oh well, never mind. But le *titre* . . . c'est un non-non."

"Symphonie No 4?" dit Brahms. "Je l'aime, moi. C'est sweet et simple."

"Non, mais regardez," dit le publisher. "C'est boring. C'est un grand yawn. Pourquoi pas . . . 'La Symphonie Pathétique' ou 'Une Sexy Symphonie' ou 'L'Inter-City Symphonie'. . . ."

"Vous êtes fou," dit Brahms. "Symphonie No 4. Prenez-le ou laissez-le. Je suis solide sur this one."

"Comme une matière d'interêt," dit le publisher, gàme au last, "vous allez composer d'autres symphonies? Symphonie No 5, etc?"

"Non, je ne crois pas," dit Brahms. "Composer les

symphonies, c'est comme le repainting du Pont du Forth. Interminable*."

"Alors, pourquoi pas appeler cette symphonie *La Finale Symphonie de Brahms ?*"

"Allez prendre un running jump," dit Brahms.

Moi, j'ai eu une conversation très similaire avec mon publisher, Monsieur Robson. Un bloke affable, mais, comme tous les publishers, crazy pour la publicité. Il avait des suggestions comme "The Joy of Franglais" . . . "Le Franglais Cookbook" et "Le Vieux Express Franglais".

Moi, je suis avec Brahms.

Franglais No 4, c'est OK par moi.

OK par vous ?

Bon.

Nichs "Kington"

* Brahms a composé sa Symphonie No 4 en 1885. Le Pont du Forth ne fut complété qu'en 1889. Curieux exemple de prognostication par le fameux compositeur.

# Acknowledgments

(Continué de Vol III)

. . . à Harold Evans, qui m'a donné ma grande chance sur La Times quand j'étais unemployed (maintenant c'est vice versa—c'est un drôle world, et no mistake), à Georges Harrison, qui a mis £2m dans ce projet, à la petite ville de Kington, Herefordshire, que je n'ai jamais visité mais donnez-moi du temps, messieurs, à Ken Livingstone qui a introduit un peu de couleur dans le GLC (pink, mostly), aux galants inhabitants des Îles de Falkland s'il y a toujours quelqu'un là, à Michael Parkinson qui ne m'a jamais invité sur son show dans onze (11) ans, pas de hard feelings, Mike, aux baggage handlers de Heathrow qui m'ont donné deux étranges valises contenant cocaïne à la valeur de £4m (merci lads !), à Tom le fantôme drummer, au Pontif Pape Jean-Paul II, au grand DJ de la BBC, Pape John-Peel I, à Colin Godman de ''Scoop'' pour quelque assistance avec les questions avant le programme, au late great Django Reinhardt, à Charlie et Fred les chats, à la girlfriend, à la wife, à Emily et Edith Bird de Cheltenham qui n'ont pas laissé leur adresse, au cousin Laurence de Blairgowrie qui m'a forcé de faire le Scottish dancing, à Caroline et Isabel, un team fabuleux, aux producteurs de pisco le drink national de Peru (qui frappe tequila dans un cocked hat), à E. J. Barnes pour assistance avec la bike (mais les gears sont still sur le blink), à Clive Jenkins pour m'avoir dénoncé au Press Council (ah, vous Welsh—si impétueux !), à Richard Ingrams qui m'a toujours encouragé à vérifier mes références, à Film '82 qui m'a donné un big break que je n'ai pas accepté, quelle ingratitude, sorry Rog, à Simon Elmes dans les Archives pour sa patience monumentale, à Pete Odd, à Frank Smith et tout le gang de Trinity, à la nation de Japon, qui prouve qu'il est possible d'aller au top de la classe sans une bombe nucléaire, au Club Garrick qui est toujours ouvert (mais pas pour moi, qui ne suis pas un membre), à P. C. Jaggs de Chelmsford, à Sophie qui fait le tidying de mon desk. . .

(Continué dans Vol V)

# Lessons

# L'Homme du Board de Sandwich

*Passant:* Excusez-moi . . .

*Sandwichman:* Oui ?

*Passant:* Mais votre message . . .

*Sandwichman:* LA FIN DU MONDE EST NIGH?

*Passant:* Oui. C'est vraiment all over?

*Sandwichman:* Oh, oui. Définitivement. Pas de doute, squire. C'est le big one. C'est Doomsjour, parce qu'il est écrit dans Le Livre de Révélations que . . .

*Passant:* Oui, oui, mais quand exactement?

*Sandwichman:* Quand quoi?

*Passant:* La fin du monde. C'est absolument nigh? Ou très nigh? Ou seulement un peu nigh? Parce que j'ai beacoup de choses à faire.

*Sandwichman:* Ah non, c'est très, très nigh. C'est bloody imminent. Vous avez le clean underwear?

*Passant:* Oui, je crois . . .

*Sandwichman:* Bon. Parce que, au Jugement Final, tout compte, vous savez.

*Passant:* Le Jugement Final? C'est très sérieux, alors.

*Sandwichman:* Vous êtes too bloody right que c'est sérieux. Votre Maker a beaucoup de questions à te poser. Il est plus tough que Robin Day. Il connaît la score, all right. Il va demander: qu'avez-vous fait avec Kathie Cartwright, âgé 11? Pourquoi vous n'avez pas écrit chaque weekend à votre pauvre mère? Quand avez-vous commencé ce tax fiddle avec le second-hand tyre lark?

*Passant:* Comment connaissez-vous tout cela!?

*Sandwichman:* Jamais vous mindez. Répentissez, répentissez! La fin du monde est autour du coin! Vivez maintenant, payez dans un moment!

*Passant:* Pouvez-vous me donner un time-check plus approximatif sur le Trump Final?

*Sandwichman:* Eh bien—un jour —deux jours—non, samedi je vais à la launderette—trois jours.

*Passant:* Bon. Cela me donne le temps de mettre mes affaires en ordre.

*Sandwichman:* Vous voulez un bon accountant? Mon M. Withergill est superbe. Je ne paie *nul* taxe depuis 1951. Tenez, je vous donne son adresse . . .

*Passant:* Un moment. Vous travaillez depuis 1951? Comme sandwichman?

*Sandwichman:* Oui.

*Passant:* La fin du monde a été nigh *pendant 30 ans?*

*Sandwichman:* Oui. La fin du monde est toujours nigh, *mais elle ne vient jamais.* Curieux, non? J'ai beaucoup pensé dans mes 30 ans, et ça c'est ma conclusion. Malheureusement il n'y a pas d'espace sur mon sandwichboard pour la seconde partie. Et maintenant, excusez-moi . . . Répentissez, répentissez! Grand closing down! Tout doit aller . . .!

# Le Proposal de Mariage

*Lui:* Eeuh ∴.. hmmm . . .

*Elle:* Oui?

*Lui:* Oh, rien, darling.

*Elle:* Funny. J'ai entendu un speaker. Il avait ta voix.

*Lui:* Oui, well. Look . . . Explique-moi ton attitude avec regard à mariage.

*Elle:* Ah—c'est un proposal!

*Lui:* Non, non, non . . . Seulement, je pensais, sort of, que nous n'avons pas discuté le concept de wedlock dans une société libérée. Tu sais.

*Elle:* Non, je ne sais pas.

*Lui:* Blimey, le going est très lourd. OK, regarde-le this way. Quel concept de mariage correspond most nearly à votre idée personelle? i. Un partnership pour la vie. ii. Un limited partnership pour une saison. iii. Un système de bondage. iv. Une belle excuse pour une partie avec beaucoup de bubbly, et le meilleur homme qui est sick après, et un dustbin lid attaché à la voiture getaway, et trois semaines de confetti dans l'underwear.

*Elle:* Ah—c'est un proposal!

*Lui:* Oui, je suppose so.

*Elle:* Ce n'est pas comme le Prince Charles l'a fait.

*Lui:* Quoi ? *Prince Charles t'a proposé le mariage* ? Ah, le scallywague !

*Elle:* Non. Mais il faut aller sur un knee, etc.

*Lui:* OK. (*Il prend une position de kneeling.*) Puis-je avoir ta main en mariage etc ?

*Elle:* Non, etc.

*Lui:* Ah, je suis heart-broken, etc. Pourquoi pas ?

*Elle:* Parce que le mariage, pour moi, signifie le life-sharing, la drudgerie domestique, la captivité, la jalousie, le plate-throwing.

*Lui:* Mais nous avons tout cela déjà ! Nous vivons ensemble depuis 1973 ! Nous sommes mariés aussi près que dammit !

*Elle:* Oui. Mais c'est de mon libre will. J'ai une vie banale. Mais c'est une vie banale *volontaire* . . . Par le way, quand tu as proposé, tu savais la réponse en avance ? Tu savais que je dirais Pas sur ton nelly ?

*Lui:* Naturellement.

*Elle:* Alors, pourquoi tu as proposé ?

*Lui:* Pour te faire plaisir, chérie.

*Elle:* C'est très gentil . . . Tu sais, j'aimerais beaucoup une partie avec bubbly etc.

*Lui:* Mmm, moi aussi. Tell you quoi—lançons une partie *sans nous marier* !

*Elle:* Terrif ! John et Susan vous invitent a une réception !

*Lui:* Sur l'occasion de leur non-mariage !

*Elle:* Ah, darling ! Quel proposal romantique ! La réponse est Oui !

# Le 24-Heure Plumber

*Monsieur:* Vous voilà enfin! Dieu merci!

*Plumber:* Savez-vous quelle heure il est? Bleeding 4 am. Vous avez interrompu mon sleep de beauté.

*Monsieur:* Mais vous êtes un 24-heure plumber.

*Plumber:* Right, right. Mais nous avons un système spécial. *Vous* appelez le plumber. Le plumber vient 24 heures plus tard!

*Monsieur:* Je suis sorry. Je suis terriblement grateful que vous êtes venu. Maintenant, pouvez-vous réparer ce leak?

*Plumber:* Quel leak? Je ne vois rien. Rémovez vos mains.

*Monsieur:* Si je rémove mes mains, l'eau va couvrir le floor. Je suis ici depuis 3 heures, avec mon thumb dans le trou, comme le petit Dutch boy.

*Plumber:* Quel petit Dutch boy? Vous avez appelé un plumber de *Hollande*? Un Dutch cowboy plumber? C'est le dernier straw.

*Monsieur:* Non, non. C'était une allusion récondite.

*Plumber:* Si vous dites so, squire. Maintenant, au travail! Donnez-moi beaucoup de boiling water.

*Monsieur:* Eau bouillante? Pourquoi?

*Plumber:* Pour une tasse de char, of course.

*Monsieur:* Mais je ne peux pas laisser le leak.

*Plumber:* Demandez à votre femme de faire un cuppa.

*Monsieur:* Je . . . je n'ai pas de femme. C'est a dire, nous sommes séparés.

*Plumber:* Still et tout, vous pouvez lui donner une tinkle, lui demander à venir over et donner une main . . .

*Monsieur:* C'est bleedin' 4 am!

*Plumber:* Oh, je vois, je vois. C'est OK, un 24-heure plumber, mais une 24-heure femme c'est différent, hein? . . . Avez-vous un calculateur de poche? Rien de flash.

*Monsieur:* Un calculateur? Pour calculer les mésurements?

*Plumber:* Non. Pour préparer l'estimate. Je reviens demain pour faire le job.

*Monsieur: Je ne peux pas rester toute la nuit comme ça!*

*Plumber:* OK. Je fais le job maintenant. Donnez-moi boiling water, calculateur, tools, sandbags, blankets et un grand feu.

*Monsieur:* Un grand *feu*?

*Plumber:* Pour le soldering.

*Monsieur:* Mais si vous brûlez la maison . . .

*Plumber:* Fair est fair, guv. Quand la brigade de feu arrive, que fait elle? Elle ruine votre maison avec l'eau! Quand le plumber arrive, il brûle votre chambre. C'est justice poétique. (*Bleep bleep*) Ah, c'est mon bleeper! Un moment . . . Ah, sorry, mate. Il y a un grand job a Kensington Swimpool. Un superleak. Je reviens demain. N'oubliez pas le thé. Bye.

# Dans le Magasin de Sportskit

*Monsieur:* Je veux acheter un tracksuit.

*Assistant:* Bon, bon, bon. Nous avons beaucoup de lovely tracksuits ! Il y a le Cheap 'n' Vilain Jogsuit à £4.99, pour le un-off joggeur. Pour le joggeur qui est dans le PR, il y a le Postersuit à £8, avec mediaspace au dos. Il y a le Tracksuit Incognito à £15, avec hood, specs de soleil et fausse moustache, pour le bloke qui revient dans les petites heures de l'apartement de sa maîtresse, ou morceau de stuff. Il y a . . .

*Monsieur:* Je désire seulement un simple jogsuit. Pas de frills.

*Assistant:* Pas de sweat, pas de bother. Voila ! Le Frill-Free Jogsuit. C'est £16.99. Basiquement, c'est le même que le Jogsuit Adidas à £14.99.

*Monsieur:* Pourquoi les deux quid extra ?

*Assistant:* Pour couvrir l'expense de rémover le label Adidas.

*Monsieur:* Bon. Aussi, dans le trotsuit, je désire des poches très expansifs.

*Assistant:* Eh bien, il y a des poches. Il y a pocketspace pour un hanky, un latchkey, une carte de donor de kidney . . .

*Monsieur:* Non, non ! Dans mes poches je veux porter le

journal. Un paquet de cigares. Une bouteille de Scotch, comme Noir et Blanc, Professeurs, Cloches etc.

*Assistant:* Monsieur, vous n'êtes pas un sportsman sérieux !

*Monsieur:* Vous avez frappé le nail sur la tête. Je suis un malingéreur. L'exercise me dégoûte.

*Assistant:* Mais . . . mais pourquoi vous achetez un tracksuit, alors ?

*Monsieur:* Parce que ma femme est sous l'impression que je fais le jogging. Chaque soir, à 1800 heures, je laisse la maison. 'Au revoir, la femme !' je dis. 'Bon jog,' dit-elle. A 1802 heures je suis dans le snug bar du local avec un jar. A 1830 je reviens, avec un puff et un pant. .

*Assistant:* Mais . . . si vous allez au pub, pourquoi vous désirez un jogsuit avec les poches pour le Scotch, etc. . . . ?

*Monsieur:* Parce que maintenant ma femme va au pub. Et moi, je vais au parc avec mon Scotch, etc.

*Assistant:* Mais . . . si votre femme est au pub, pourquoi pas rester chez vous pour un snifter silencieux ?

*Monsieur:* Parce que la budgie me déteste. À la retour de ma femme, elle dirait : 'He never went jogging !' Sale bête.

*Assistant:* Hmm. Vous êtes dans un no-go situation, monsieur . . . Ah ! J'ai la solution ! Ce tracksuit top a £3.99 !

*Monsieur:* Je ne vois pas . . .

*Assistant:* Pour mettre sur la cage de la budgie ! Pour cacher ses yeux !

*Monsieur:* Vous avez absolument raison. Voilà £3.99.

*Assistant:* Bon non-jogging, monsieur.

# La Téléphone Recordmessage

*Téléphone:* . . . parlez after the bleep. Merci. (*Il remplace la téléphone.*)

*Monsieur:* Oh, bougre. C'est une réponse-machine. Je déteste les réponse-machines. Les réponse-machines sont toujours plus intellectuelles que moi. Oh well. Jamais dire mourir. (*Il téléphone.*) Âllo? C'est la réponse-machine de Charles?

*Téléphone:* Âllo. C'est Charles ici. Je ne suis pas ici en ce moment—j'ai été remplacé par une machine! Non, mais sérieusement. Je ne suis pas

*Monsieur:* (*à la téléphone.*) Âllo? Charles?

*Téléphone:* Âllo. C'est Charles ici . . .

*Monsieur:* Bon. Look, lunch aujourd'hui, c'est un peu tricky . . .

*Téléphone:* . . . mais si vous voulez laisser une message . . .

*Monsieur:* Charles? C'est vous?

ici pendant mon absence mais si vous voulez laisser . . .

Monsieur: (Il rehearse.) 'Charles? Walter ici. Lunch est dodgy aujourd'hui.'

Téléphone: . . . votre nom et adresse . . .

Monsieur: (Dress rehearsal.) 'Quelque autre temps, vieux bean?'

Téléphone: . . . parlez after the bleep. Merci.

Monsieur: Charles, Walter ici. Pouvez-vous m'écouter? C'est la première fois que je parle à votre gadget. Testing. Un-deux-trois-quatre-etc. OK? OK. God, je déteste ces gizmos. Right, here nous allons. Charles, c'est Walter ici. Non, j'ai dit ça. La chose est . . . Oh, bouge! J'ai oublié ma message. Sorry, Charles. Call back dans un jiffy. (Il remplace la téléphone.) Damn, damn, trois fois damn. J'ai paniqué. J'avais stage-terreur avec une machine. C'est ridiculeux! . . . Cette fois, je vais écrire ma message, en avance. Un script, quoi. (Il

écrit. Il rehearse. Il téléphone. Il est confident.)

Téléphone: Âllo. C'est Charles ici. Je ne suis pas ici en ce moment etc. . . .

Monsieur: Oui, oui! Je sais! Get on with it!

Téléphone: . . . after the bleep. Merci.

Monsieur: Bonjour, Charles. C'est Walter ici. Je ne suis pas ici en ce moment, mais c'est la calling-machine de Walter, pour dire que lunch, aujourd'hui, c'est un peu dodgy. Quelque autre temps, vieux bean?

Téléphone: OK. Jeudi?

Monsieur: Mon dieu! C'est une machine avec conversation! Un gadget de chit-chat!

Téléphone: Pas du tout. C'est moi, Charles. Je suis back. J'ai déactivé la machine. La machine a été remplacé par une personne. Ça, c'est le progrès.

# Le Public Speaking

*Speaker:* Mes lords, mes ladies, mes gentlemen, M. le lord mayeur, mes amis . . .

*Chorus:* Get on with it !

*Speaker:* Oui. Tonight, comme vous savez, est le 35ème anniversaire du fondement de notre organisation. Beaucoúp de choses ont changé entre 1964 et 1981. Beaucoup d'eau a passé sous le pont. Nous avons eu une révolution sociale . . .

*Chorus:* Oui, oui, nous savons !

*Speaker:* Bon. Mais il y a une ou deux choses qui ne changent pas. Dans le hurly-burly de la vie, c'est très important que nous adhérons aux standards éternels : la charité, la générosité, la service . . .

*Chorus:* Plus VAT !

*Speaker:* Quite. Et notre organisation, qui a toujours . . . qui a toujours . . .

*Chorus:* Striven.

*Speaker:* Oui, striven . . . striven à . . .

*Chorus:* Uphold.

*Speaker:* Oui, à uphold les objectifs de nos fondateurs . . .

*Chorus:* Etc, etc.

*Speaker:* Merci. Eh bien, ce soir nous avons un guest speaker. Mais avant de l'introduire, j'ai deux choses très importantes à dire. Le Charity Disco. Il y a un Charity Disco le 17ème de next month. C'est essentiel que nous avons une bonne attendance. Madame Witherspoon et son wonderful gang de willing volunteers a travaillé *très* dur pour le success de cet undertaking, ainsi *beaucoup* de membres en attendance *svp.*

*Chorus:* Yawn, yawn.

*Speaker:* J'ai presque fini. L'autre chose, c'est la Dîner/ Danse dans le Regency Room de la Post House sur Midsummer Jour, avec la musique de Fred Rogers et les Bluecoats. C'est essential que nous avons une bonne attendance. John Gratton et son great gang de keen volunteers a travaillé très dur . . .

*Chorus:* OK, skip it!

*Speaker:* Bon. Maintenant nous venons au guest speaker, M. Manchester.

*Guest Speaker:* Muncaster.

*Speaker:* Quoi?

*Guest Speaker:* Mon nom est Muncaster.

*Speaker:* Bon. Je suis sûr que nous avons tous lu les livres de M. Muncaster . . .

*Guest Speaker:* Je n'écris pas les livres. Je suis un producteur de filmes.

*Speaker:* Alors, c'est mon grand plaisir d'introduire M. Muncaster, notre guest speaker. Oh, et une last chose. Le bar *doit* fermer à 11 pm. Sorry, mais le voilà. J'ai aussi une message. Le chauffeur d'une Cortina bleue RGS 765S, qui bloque le carpark, veut-il . . .

*Chorus:* Non! C'est assez! Get 'em off! Fiche-nous la paix! Blimey O'Reilly *etc, etc.* . . .

# La Rénunciation de Smoking

*Mari:* C'est trois jours, huit heures et trente minutes.

*Femme:* Quoi, c'est trois jours etc?

*Mari:* Je n'ai pas fumé dans trois jours etc. Pas une seule cigarette. Pas une cigare.

*Femme:* Bon.

*Mari:* Bon? C'est smashing! Maintenant j'ai mon appétit et mon smell!

*Femme:* Oui, c'est vrai. Tu manges comme un cochon. Et tu fais ce sniffing infuriant tout le while.

*Mari:* (*Pause.*) Je suis dying pour un fag.

*Femme:* Résiste.

*Mari:* Mais je résiste, bon Dieu ! Tous les muscles dans mon body résistent ! Resister, c'est une full-temps activité ! Sois fair.

*Femme:* OK, OK.

*Mari:* God, je suis dying pour un puff.

*Femme:* Tu as déjà trouvé des activités substitutes.

*Mari:* Oh yeah ? Comme quoi ?

*Femme:* L'aggro conversationnel. La monomania. L'over-eating. L'intolérance. L'obsession. Le fiddling avec les clés de voiture.

*Mari:* Tu veux que je résume le smoking ?

*Femme:* Non, mais . . .

*Mari:* Parce que c'est un saving énorme. Dans les deux décades que j'ai fumé, j'ai dépensé l'équivalent du defense budget de Monaco.

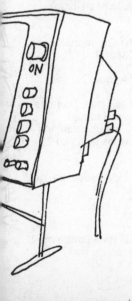

*Femme:* Qui va attaquer Monaco ?

*Mari:* Je ne sais pas. Liechtenstein ?

*Femme:* Tu crois que Prince Rainier a fait le stopping du smoking pour armer Monaco ?

*Mari:* Look—ce n'est pas le point ! Dans trois jours, huit heures et trente minutes j'ai fait le saving de £4.30 !

*Femme:* Et tu l'as dépensé en snacks, chewgum, bonbons et clés de voiture.

*Mari:* God, je suis dying pour un drag.

*Femme:* Tu n'es pas spéciale. Nous sommes tous dying.

*Mari:* Oh, très drôle, je ne crois pas—courtesy l'Oxbook de Cheap Quotes, je suppose.

*Femme:* Non, comme une matière de fact. Courtesy ce programme l'autre soir à la TV.

*Mari:* Ah, la télévision. Voila un drug, si tu veux ! Et si on faisait le giving-up de la TV ?

*Femme:* Ah non ! Pourquoi ?

*Mari:* Parce qu'elle produit la stupéfaction, le rotting de l'intellect, la nausée, le loss de l'appétit, la posture incorrecte etc. C'est comme le smoking.

*Femme:* Non, non, mais non ! (*Pause.*) God, je suis dying pour un programme.

*Mari:* Résiste.

(*L'argument continue . . .*)

313

# Le Final de Cup

*Maman:* C'est fini ?

*Papa:* C'est fini, quoi ?

*Maman:* Le match. Le whatsit. La chose de Cup.

*Fils:* Oh, Mam ! Il n'a pas *commencé* ! Il commence à 3 pm.

*Maman:* Mais . . . maintenant il est 12.30. Pourquoi vous êtes là devant le box comme un gang de Muppets ?

*Fils:* C'est pour le build-up, Mam. Il y a les hautes-lumières du semi-final et du quart-final . . .

*Papa:* Le filme du policier sur le cheval blanc en 1926 . . .

*Fils:* Le final historique de Matthews . . .

*Papa:* Le chorus communal de 'Abidez avec moi' . . .

*Fils:* La présentation à Lady Di . . .

*Maman:* Ah ! Lady Di est là ? Elle est mignonne, la petite. Mais je ne savais pas qu'elle jouait au football.

*Fils:* Oh, Mam ! Elle ne *joue* pas. Elle donne un shake-hand aux 22 joueurs.

*Maman:* Pauvre petite. Ça commence, le heart-break de la routine royale.

*Papa:* Sssh ! On interviewe Jacques Charlton.

*Maman:* Pourquoi ?

*Fils:* Je ne sais pas. Toujours on interviewe Jacques Charlton. C'est une tradition perdue dans les mists du temps.

*Maman:* Incidentellement, qui est dans le Final ?

*Fils:* Pardon ?

*Maman:* Qui joue contre qui ? Il y a deux teams, non ?

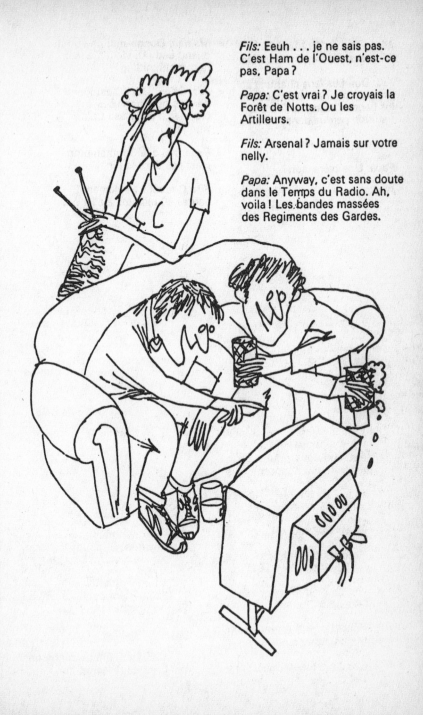

*Fils:* Eeuh . . . je ne sais pas. C'est Ham de l'Ouest, n'est-ce pas, Papa?

*Papa:* C'est vrai? Je croyais la Forêt de Notts. Ou les Artilleurs.

*Fils:* Arsenal? Jamais sur votre nelly.

*Papa:* Anyway, c'est sans doute dans le Temps du Radio. Ah, voila! Les bandes massées des Regiments des Gardes.

*Maman:* Je n'écoute rien.
C'est complètement inaudible.

*Fils:* Oui. Les fans chantent
toujours pour rendre inaudible
les bandes massées. C'est une
tradition perdue dans l'histoire.

*Maman:* Charmant.

*Papa:* Une bière, son?

*Fils:* Ta.

*Maman:* Donne-moi un shout
quand Lady Di vient. Je vais
faire mon knitting.

*Fils:* OK . . . Ah! C'est Kevin
Keegan qui donne ses
pre-match pensées! Cela
signifie . . .

*Papa:* . . . que Southampton
n'est pas dans le Final.

*Fils:* Correcte. Seulement 2
heures 20 minutes à aller . . .

# Dans le Minicab

*Chauffeur:* OK, squire. Où nous allons?

*Passenger:* A Jameson Drive.

*Chauffeur:* Où?

*Passenger:* Jameson Drive.

*Chauffeur:* Oui, je sais. Je suis pas deaf. Où est Jameson Drive?

*Passager:* A Streatham.

*Chauffeur:* Streatham? C'est au sud du Thames, non?

*Passager:* Oui.

*Chauffeur:* Blimey. Ce n'est pas mon parish. Streatham est presque Brighton, n'est-ce pas?

*Passager:* Vous êtes un taximan ou vous n'êtes pas un taximan?

*Chauffeur:* Oui et non. Oui, je conduis un minicab. Non, je suis un plumber. Je fais un favour pour mon frère, qui est seul propriétiare de World Wide Cabs.

*Passager:* Comme une matière d'interêt, combien de cabs il y a dans World Wide Cabs?

*Chauffeur:* Deux. Mais l'autre chauffeur est dans un rock group et ils ont un gig ce soir.

*Passager:* Saint mackerel. C'est mon lucky soir. Oh well—vous avez un *A-Z*?

*Chauffeur:* Un quoi?

*Passager:* Oubliez-le. Simplement traversez le Pont de Chelsea, et après je vais vous donner des instructions.

*Chauffeur:* Pont de Chelsea. Pont de Chelsea. C'est le pont avec les fairy lumières, ou le pont featuré dans la Boat Race?

*Passager:* Vous êtes un Londoneur?

*Chauffeur:* Pas really. St Albans, c'est mon beat. Tenez, vous voulez aller a St Albans?

*Passager:* C'est gentil, mais non merci. Je vous dis quoi—

allez au bout de la rue et puis tournez à gauche.

*Chauffeur:* OK, mate. Vous êtes le boss. (*Pause.*) C'est comique. Le car ne commence pas.

*Passager:* Vous pressez le cigarette-lighter.

*Chauffeur:* Blimey. Silly moi ! OK, si *cela* est le lighter, et *cela* est la choke—non, un moment . . .

*Passager:* Êtes-vous un driver qualifié ?

*Chauffeur:* Sure ! Absolument ! Voilà ma licence.

*Passager:* C'est pour les juggernauts.

*Chauffeur:* Oui, mais . . .

*Passager:* Montez dans le back. Moi, je vais prendre le wheel.

*Chauffeur:* Suitez vous-même.
Ah, incidentellement, si vous
allez à Streatham . . .

*Passager:* Oui ?

*Chauffeur:* Droppez-moi à
Victoria, voilà un pal.

# La Conversation de Pub

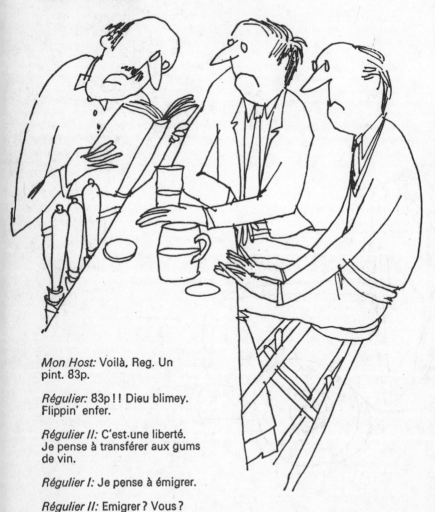

*Mon Host:* Voilà, Reg. Un pint. 83p.

*Régulier:* 83p!! Dieu blimey. Flippin' enfer.

*Régulier II:* C'est une liberté. Je pense à transférer aux gums de vin.

*Régulier I:* Je pense à émigrer.

*Régulier II:* Emigrer? Vous? Où?

*Régulier I:* Je ne sais pas. En Italie, peut-être. Où le plonk est cheapo-cheapo.

*Régulier II:* Et l'unemployment est 20%.

*Régulier I:* Je peux jouer pour Juventus.

*Régulier II: Vous*? Vous jouez au football comme un cheval de wagon.

*Régulier I:* Oui, mais je n'accepte pas les bribes! Le footballeur italien qui n'accepte pas les bribes, c'est très rare. Pensez à John Charles, le premier joueur anglais qui ait emigré. On l'a appelé Honnête Jean Charles.

*Régulier II:* Whoa là. Il n'était pas le premier. Le *premier* émigré anglais, c'est Jim Cambourne, qui fut transféré de Sheffield Mercedi à Real Madrid en 1952.

*Régulier I:* Un moment. Un moment. En 1937, Ted Fawkes, ex-Albion de Hove et Brighton, a joué pour Vanderlinck dans la Division II de Hollande. Ted m'a dit ça. Il est un vieux mate de moi. Il a joué parte-temps, mais even so. C'est le premier.

*Mon Host:* Pas si vite. Pas si vite. Je vais consulter le Bon Livre.

*Tous:* Le Bon Livre???

*Mon Host:* Le *Guinness Book d'Arguments de Pub*. Regardons . . . premier joueur . . . hmm . . . Ah! C'est le Right Honorable Rodney Stainforth qui, en 1887, fut transféré des Oxford Casuals au New York Fifth Avenue Smart Set XI. Il n'a pas joué personellement. Son valet l'a fait pour lui. Mais c'est un first.

*Régulier I:* Cor. Quel conversation-stoppeur. (*Pause.*) 83p. Quelle horreur.

*Régulier II:* En 1936, on pouvait prendre trois pennies et manger un cinq-course banquet. Avec champagne.

*Régulier I:* Still et tout, l'income nationale était seulement une average de £0/17/6.

*Mon Host:* Wrong, tous les deux. Dans le *Guinness Book d'Arguments de Pub* il dit que le cinq-course banquet en 1936 coûtait 17/6. Et que la wage nationale etait 14/-.

*Régulier II:* Ah. (*Pause.*) C'est un conversation-killer, ce livre. (*Pause.*)

*Mon Host:* Le brewery m'a envoyé une nouvelle cassette pour le background.

*Tous:* Ah non! Pas de musique! Pas les ex-copyright hits de yesteryear!

*Mon Host:* Non, non, ce n'est pas la musique. C'est une cassette de conversation de background. Essayons . . .

*Cassette:* 'Bonsoir, Reg . . . bonsoir, Major . . . bonsoir, tous. Un pint, s'il vous plaît. 83p? C'est très raisonnable. Vous avez vu le match à la TV? Diabolique. Et ce Tony Benn? Un twit. Et Ronnie Biggs? Bon vieux Ronnie . . . (*Etc, ad nausée.*).

# Le Théâtre: La Première Nuit

*Punter:* Tout le monde est ici.

*Punter II:* Pardon?

*Punter:* Everyone est arrivé. Tous les grands noms. Les grand-wigs. Anyone qui est quelqu'un. L'A-à-Z de showbiz.

*Punter II:* Ah, oui? Je ne vois pas de célébrités.

*Punter:* Non, pas les célébrités. Les critiques fameux. Voilà Henry Irving-Wardle des *Temps*. Michel Billingsgate du *Gardien*. L'homme de Kaleidoscope, déjà asleep.

*Punter II:* Critiques fameux? C'est une contradiction en termes. Les critiques sont des parasites, des hangers-on, des chasseurs d'autographes glorifiés. Ils sont les 12èmes hommes de showbiz. Il n'y a pas de critique fameux.

*Punter:* Clive Jacques?

*Punter II:* Clive Jacques est un Australien multi-talenté. Un freak de nature. C'est différent.

*Punter:* Hmm. Vous n'êtes pas un first-nighteur habituel, je le prends?

*Punter II:* Pas particulièrement. J'aime le théâtre, c'est tout. Sauf Shakespeare.

*Punter: Sauf Shakespeare??* (Il fait le signe de la croix.) Vous blasphémez.

*Punter II:* Le Shakespeare *moderne*. Vous savez, *Hamlet* transposé à un factory moderne de bacon au Danemark. *Othello* dans un setting d'un Match de Test de cricket, avec Iago comme le selecteur bent. *Les Deux Blokes de Vérona,* etc.

*Punter:* Oui, c'est un peu vrai. Vous préférez les musicals, peut-être?

*Punter II:* Comme un trou dans la tête. Il y a deux sortes de musicals. 1) Les révivals, c'est-à-dire la nécrophilie, ou Oklahomicide. 2) Les musicals modernes, c'est-à-dire sans melodie, comme *Je mets mon acte ensemble, et je vais sur le road, mais je ne peux pas penser d'une title*.

*Punter:* Vous êtes un hard nut à craquer. Ah! vous voyez l'homme là? Très distingué? Avec toutes les nymphètes blondes, et les gens qui tirent le forelock, et un entourage d'admirateurs?

*Punter II:* C'est St Jean-Stevas?

*Punter:* Hardly. C'est un grand wheel du Council d'Arts.

*Punter II:* Le Council d'Arts? Je crache dessus! Je dis, mort au Council d'Arts!

*Punter:* Pourquoi?

*Punter II:* Je ne sais pas. Parce que tout le monde le fait.

*Punter:* Dites-moi. Si vous êtes si désillusioné, et dépissé, pourquoi vous êtes ici ce soir?

*Punter II:* Parce que je suis l'auteur du play. Et vous?

*Punter:* Je suis le topman du Council d'Arts.

*Punter II:* Ah.

(*Silence jusqu'au rideau final*)

# Dans la Cour du Magistrat

*Magistrat:* Next !

*Clerc:* E. J. Swithin, abode pas fixé. Drunk et desordonné.

*Magistrat:* Comment plaidez-vous ?

*Prisonnier:* Guilty, avec circonstances extenuantes.

*Magistrat:* Comme quoi ?

*Prisonnier:* J'étais délirieux avec le news du hammering que les Anglais ont donné aux Hongrois.

*Magistrat:* Il y avait 50,000,000 Anglais qui ont reçu le news sans être malade dans le gutter. Pas d'excuse. Fine de £50. Next !

*Clerc:* Cordelia Lear, abode pas fixé. Un peu de shoplifting.

*Magistrat:* Comment vous plaidez ?

*Prisonnière:* Guilty, avec une belle excuse.

*Magistrat:* Allez, essayez-moi.

*Prisonnière:* Je suis hongroise. J'étais délirieuse avec grief après le 3-1 hammering.

*Magistrat:* Vous croyez que je fus né hier? £50 fine. Next!

*Clerc:* Lord Badham, de Badham Hall. Conspiracie internationale de drug-pushing.

*Magistrat:* Mon Dieu, c'est Buffy! Comment ça va, vieille prune?

*Prisonnier:* Pas mal, Jimbo. Peux pas plaindre.

*Magistrat:* Et que faîtes-vous maintenant?

*Prisonnier:* Oh, un peu de ceci, un peu de cela.

*Magistrat:* Bon, top trou. Eh bien, qu'est-ce que c'est que toute cette nonsense de droguerie?

*Prisonnier:* Rien. Absolument rien. Grosse erreur sur la part du fuzz. J'avais un paquet de cocaine dans ma poche, pour mon médicament personnel, et la douane a sauté à une conclusion incorrecte.

*Magistrat:* Ghastly pour vous, vieux chap. Discharge inconditionnelle. Donnez mon amour à Zuleika. Et le next!

*Clerc:* J. M. Fotheringay; adresse, Seat A43, le Shed, Chelsea. Tirage de la corde de communication dans un train, sans raison.

*Magistrat:* Eh bien?

*Prisonnier:* Monsieur, je suis un fan de soccer. J'étais dans ce train, right? Et je voulais savoir la score du match à Budapest, right? Eh bien, j'ai tiré la corde à Oxford et j'ai demandé au porteur.

*Magistrat:* A Oxford? Le samedi? Ah, c'était *vous*!? Moi, j'étais dans ce train, moi! J'ai été en retard pour *Roots* à la TV! Deux ans de prison ou fine de £800. Et le next!

# A la Classe de Keep-Fit

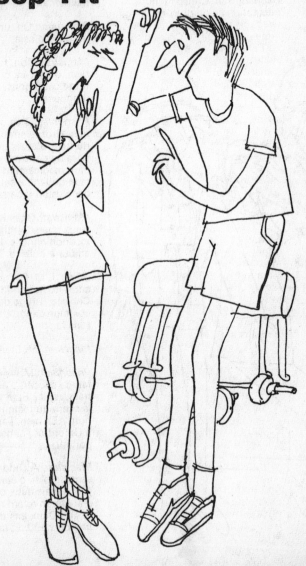

*Instructrice:* Bonjour, monsieur. Vous êtes un beginner de keep-fit?

*Monsieur:* Oui. Je suis un late starter.

*Instructrice:* Jamais trop tard, monsieur! Maintenant, vous êtes un spécimen misérable avec un stoop, un cough de fumeur et la couleur de plâtre de Paris. Mais en quatre, oui seulement quatre! (4) semaines, vous serez un Apollon, avec du printemps dans votre stride!

*Monsieur:* Eh bien, le fact est que je n'ai pas l'ambition d'être Apollon. J'ai des demandes assez . . . spécialisées.

*Instructrice:* Des requests *spéciaux*? Le dernier type qui a demandé ça, je lui ai donné l'ordre de la botte!

*Monsieur:* Non, non. Je veux donner de l'after-care à ma physique, oui. Mais seulement à ma main droite et à mon bras droit. Donnez-moi un strong right arm, et je serai votre serviteur.

*Instructrice:* C'est curieux, cela. Si vous developpez seulement votre bras droit, vous serez lop-côté. Vous avez une raison?

*Monsieur:* Oui. Vous voyez, dans trois (3) semaines, mon cousin vient chez nous passer quelques jours.

*Instructrice:* Je ne vois pas . . .

*Monsieur:* Mon cousin est un extroverte. Il est la vie et soul de la partie. Il est hail-fellow-bien-rencontré, thump sur le dos, cheer-up-il-n'arrivera-jamais-peut-être. Je le déteste.

*Instructrice:* Oui, mais . . .

*Monsieur:* Quand il arrive, la première chose qu'il fait c'est me donner une handshake de gorille. Vous savez, la handshake qui laisse tous les doigts comme une omelette? Et la seconde chose, c'est me challenger au wrist-wrestling.

*Instructrice:* Le wrist-wrestling?

*Monsieur:* Oui. Les elbows sur la table. Les mains claspées. Et puis, pouf! Je me trouve avec 1) un bras presque fracturé 2) l'esprit humilié. Donc, je veux développer ma main et mon bras. Je veux écraser ce monstre. Je veux lui donner sa venir-uppance!

*Instructrice:* Monsieur, je n'approuve pas l'humiliation, et la dominance physicale. Ah, vous hommes! Vous êtes si violents. Le keep-fit, c'est une activité pacifiste. Je suis contre la bombe, contre la guerre et contre le wrist-wrestling.

*Monsieur:* Mon cousin est aussi un chauviniste, espèce mâle cochon.

*Instructrice:* C'est vrai?

*Monsieur:* Oui. Il dit toujours: comme-le-bishop-dit-à-l'actrice. Il fait le nudge ditto, wink ditto. Il donne des pinches aux derrières des jeunes filles.

*Instructrice:* Ah! Le salaud! La bête! OK, vous gagnez. Je vais développer votre bras droit, et vous allez essuyer le floor avec votre cousin. Let's aller, buster!

# La Commentaire de Wimbledon

*Commentateur No. 1:* Et welcome à Cour 23, où nous avons un encounter très absorbant, très adhésif, entre le seed No. 49, Grunt Smash de Tchécoslovakie, et l'outsider de Nouvelle Zélande, Bruce Jameson.

*Commentateur No. 2:* Et après quatre sets très gruellants, très grippants, la score est 7–6, 6–7, 7–6, 6–7. C'est une set-piece entre deux grands serveurs, n'est-ce pas ?

*No. 1:* Oh oui, absolument. Smash a une service fantastique très forte, très vite. Et la service de Jameson est comme un whiplash.

*No. 2:* Leurs services sont presque injouables.

*No. 1:* Il n'y a pas de réponse à des services comme ça.

*No. 2:* Et en fait, tous les deux hommes ont gagnés toutes leurs services.

*No. 1:* Oui. Nous n'avons pas vu un single return de service.

*No. 2:* Amazant.

*No. 1:* Incrédible.

*No. 2:* C'est peut-être un peu monotone.

*No. 1:* Oui, il y a un peu de . . . tedium ?

*No. 2:* Oui. Pour moi, c'est absolument soporifique.

*No. 1:* C'est une totale waste de temps.

*No. 2:* Mais tout de même, c'est très grippant.

*No. 1:* Très excitant. Et maintenant, c'est Smash à servir . . . Il prend la balle . . .

*No. 2:* Il la fait bouncer deux fois . . .

*No. 1:* . . . trois fois . . .

*No. 2:* Il regarde son opponent . . .

*No. 1:* Il va dans une petite trance . . .

*No. 2:* Et il fait sa service—et c'est une autre ace !

*No. 1:* Non, le juge de ligne a crié : Faute !

*No. 2:* Hmm. C'était une décision difficile. C'était très adjacent.

*No. 1:* Smash n'aime pas la décision. Il va à l'umpire. Ils échangent des mots furieux.

*No. 2:* Et Smash prend l'umpire par la gorge. Oh dear.

*No. 1:* Et maintenant il essaie de le throttler. Quelle shame.

*No. 2:* On sait que les top joueurs expériencent de grandes pressures, mais tuer un umpire, c'est excessif.

*No. 1:* Oui. Et maintenant l'umpire est mort. Il faut le remplacer, je suppose.

*No. 2:* Et mettre Smash sous arrêt ?

*No. 1:* Oui. Mais après le match, j'espère.

*No. 2:* Oui. Oh dear, quelle grande pitié. C'est un blot sur le match, cette assassination.

*No. 1:* Qui. Mais, sur l'autre main, c'est le premier moment de vrai interêt.

*No. 2:* Oui. Il y a toujours cela.

# Dans le Hardware

*Hardwareman:* Bonjour, monsieur.

*Monsieur:* Bonjour. Je désire un pen-knife.

*Hardwareman:* Un canif? Oui, m'sieu. Quelle sorte de canif?

*Monsieur:* Oh, rien très snob. Un commun ou jardin pen-knife.

*Hardwareman:* Comme cela?

*Monsieur:* C'est quoi?

*Hardwareman:* C'est le Waiter's Friend. Il consiste d'un cork-pull et une blade.

*Monsieur:* Vous n'avez pas quelque chose de plus ambitieux?

*Hardwareman:* Oui, m'sieu. Il y a le Deb Delight's Friend, avec cork-pull, blade et flash-camera. Il y a le Constable's Friend, avec cork-pull, blade et canister de gaz de larme.

*Monsieur:* Pourquoi un cork-pull dans un pen-knife de policeman?

*Hardwareman:* Pour remover les pierres des hoofs de chevaux de police.

*Monsieur:* Hmm. Vous avez quelque chose de plus ambitieux encore?

*Hardwareman:* Well, nous avons le canif d'Armée Suisse, avec seize (16) fonctions.

*Monsieur:* Seize (16)? Comme quoi?

*Hardwareman:* Les nail-clippeurs, le screw-driveur, le tweezeur d'eyebrow, le comb, le mascara . . .

*Monsieur:* C'est un pen-knife *de l'Armée?*

*Hardwareman:* Oui. De l'Armée Suisse de Femmes.

*Monsieur:* Oh. Vous avez quelque chose de plus ambitieux même?

*Hardwareman:* Oui. Nous avons le pen-knife d'Armée Japonaise.

*Monsieur:* Pour le hara-kiri?

*Hardwareman:* Je vois que monsieur aime sa petite joke. Non, le pen-knife de l'Armée Japonaise comprise tous les avancements technologiques typiques de cette nation jaune et inscrutable. Les blades, un calculateur, un radio, un alarm avec snooze, un disco en stéréo d'état solide . . .

*Monsieur:* Non, merci. Vous n'avez pas quelque chose de plus sérieux?

**Hardwareman:** Nous avons le pen-knife d'Armée Afghane.

**Monsieur:** Huh?

**Hardwareman:** Oui. C'est un canif sans blades, sans rien.

**Monsieur:** Je vois que vous aimez votre petite joke, vous aussi. Et cela?

**Hardwareman:** C'est le pen-knife d'Armée Américaine, modèle Reagan.

**Monsieur:** Avec quelles spécialités?

**Hardwareman:** Un stick de marijuana, Les Etoiles et Stripes, et une mini-barbeque.

**Monsieur:** Et ce petit knob rouge?

**Hardwareman:** Non, monsieur! Laissez-le!

*(Trop tard. Le hardwareshop disparaît dans une holocauste nucléaire.)*

# A la Réception de Mariage

*Le Catereur:* Messieurs! Mesdames! Priez silence pour les speeches.

*Les Guests:* Ssh! Encore un verre de bubbly, pour l'amour de Mike, etc.

*Le Catereur:* Le Meilleur Homme!

*Le Meilleur Homme:* Oui. Merci. Well. Nous sommes ici, aujourd'hui, pour célébrer le mariage de Nigel et Christine. Pour le couple heureux, c'est une occasion joyeuse. Pour moi, c'est une tragédie. Parce que j'ai fancié Christine quelque chose de rotten. (*Petit laughter.*) Et j'ai dit à Nigel, 'Que le best man gagne!' (*Petit laughter.*) Non, mais sérieusement. La cérémonie était fantastique. Ce n'était pas la Cathédrale de St Paul, exactement. Sur l'autre main, il y avait assez de seats pour tous les invités. (*Pas de laughter.*) Non, mais sérieusement. J'étais un ami de Nigel à Oxford. J'étais dans le même team de rugby avec lui. J'étais dans le même scrum. Moi, j'apportais les cigarettes, il avait la bouteille de Scotch. Et là, dans le privacy du scrum, on fumait un peu, on buvait un peu, on parlait beaucoup. Et Nigel me disait toujours : Un jour, je vais laisser ce scrum. Je vais faire le growing-up. Je vais rencontrer une fille parfaite. Et maintenant, il a rencontré Christine. C'est la réalisation de ses rêves. (*Applause.*) Et moi, j'ai rencontré les bridesmaids. Elles sont toutes de crackères! Pauvre Nigel. Lucky old moi! (*Absence complète de laughter.*) Yes, well. Maintenant, je vous donne le toast—la bride et groom!

*Les Guests:* Quel ghastly speech etc.!

*Le Catereur:* Le père de la bride!

*Pere de la Bride:* Pour moi, c'est wonderful de voir tous mes vieux amis ici. (*Cri de 'Vieux? Parlez pour vous-même!'*) Il a été une occasion wonderful. Christine est une fille wonderful. Mais Nigel est aussi un garcon wonderful. Le weather, aussi, est wonderful. Et le catering, par Outside Meals de Cambridge, a été wonderful. Expensif, mais wonderful. (*Petit laughter.*)

*Les Guests:* Il est drunk, le vieux sot.

*Le Catereur:* Mesdames, messieurs! Maintenant le groom va répondre.

*Les Groom:* Merci, tout le monde. Merci pour les gifts. Merci que vous avez trouvé le temps de venir. Merci à Tante Catherine, qui a fait les fleurs. Merci au Rev Flemming, qui a donné un sermon meaningful. Merci à mon père-en-loi, qui a footé le bill. Merci . . . (*Dix minutes de mercis . . .*) Et merci surtout à Christine! (*Ovation.*)

*Les Guests:* Les speeches étaient pathétiques. Le food était so-so. La marquée est trop petite. Le mariage ne va pas durer. Elle est une flirt. Il est un accountant. Mais le bubbly est libre! Mangeons, buvons et soyons merry, car demain il y a le hang-over!

# Sur la Fringe d'Edimbourg

*Visiteur:* Bonjour.

*Box-office personne:* Bonjour, monsieur.

*Visiteur:* Je veux réserver des tickets pour tous les événements de la Fringe. J'ai un nouveau world record dans mes sights ; je veux visiter tous les shows de la Fringe !

*Box-office:* Même le Théâtre de Mime Abo de Sydney, qui présente 'Colonial History seen as a Five Day Test Match' ?

*Visiteur:* Même le Théâtre Abo de Sydney etc.

*Box-office:* Holy Tattoo. En bien, c'est impossible.

*Visiteur:* Pourquoi impossible ? J'ai mes sprint-pumps et mon flask de Scotch.

*Box-office:* Voyez-vous. Il y a 471 attractions sur la Fringe. 37 ont collapsé dans le preview stage. 4 ont déjà transféré au West End. 6 oneman shows ont commis la suicide. Les Air Traffic

Controllers Players de Seattle ne sont jamais arrivés. Et le Gay Brecht Festival a eu un accident terrible.

*Visiteur:* Mon Dieu. Dites-moi the worst.

*Box-office:* Le Gay Brecht Festival jouait dans un bus-stop dans le Lothian Road. C'était intime mais effectif. Eh bien, hier soir le vent fut ghastly, non-stop, Beaufort No. 13½. Ce matin, les Gaybrechtiens étaient conspicueux par leur absence. Le bus-stop aussi.

*Visiteur:* Il n'y a pas une clue?

*Box-office:* Les coastguards dans le Firth de Quatrième ont reçu un appel de secours: 'Mayday, darlings!' Après, rien.

*Visiteur:* Par la Chaise d'Arthur, c'est horrible. Eh bien, j'ai changé mon mind. Donnez-moi un ticket pour la revue de Cambridge. C'est toujours sauf.

*Box-office:* Quelle revue de Cambridge?

*Visiteur:* Combien y en a-t-il?

*Box-office:* Cinq. La revue normale. La revue breakaway. La revue de Cambridge, Mass. Not the Cambridge Revue. Et la revue des Vieux Footlighters, qui étaient ici en 1980 comme sous-graduates et qui sont maintenant des gouverneurs de la BBC, mais qui rentrent nostalgiquement avec exactement les même gags.

*Visiteur:* Hmm. C'est difficile.

*Box-office:* Allez voir le 'Royal Wedding Revisited', présenté par le Motor Spare Parts Company de Redditch.

*Visiteur:* Pourquoi?

*Box-office:* Parce que c'est leur last night, et ils n'ont pas vendu un single ticket.

*Visiteur:* Hmm. Non, je vous dis quoi. Je prends un ticket complètement à random.

*Box-office:* OK. Fermez les yeux. Pas de cheating. Fermés? Bon. Prenez . . . Ah! Vous avez un ticket pour le 'Gay Brecht Festival Disaster' présenté par les Coastguard Players de Queensferry. C'est un nouveau show, mais très bon. Et le next!

335

# La Cube
# de Rubik

*Femme:* Michel?

*Mari:* Mmm?

*Femme:* Parle-moi!

*Mari:* Mmm?

*Femme:* Pendant trois jours solides, tu es là comme un dum-dum. Heure après heure, comme une pôle de totem. Avec cette cube. Cette chose de Rubik.

*Mari:* J'ai maintenant huit

morceaux verts. Le vert est presque complet. Mais si . . .

*Femme:* Michel ! C'est moi ! Ta femme !

*Mari:* Mais si je complète les verts, je vais ruiner les jaunes . . .

*Femme:* Je vois maintenant. C'est un enchantement. Cette cube a jeté un spell sur toi. Tu es le plaything de la cube, l'esclave de Rubik. Tu es devenu un zombie.

*Mari:* Ah ! Ce n'est pas vrai !

*Femme:* Non ?

*Mari:* Non, je ne vais pas ruiner les jaunes après tout ! Si je fais un twist . . . maintenant j'ai ruiné les rouges ! Bougre !

*Femme:* Oui, tu es un homme possédé. Un robot de Rubik. Rubik . . . Rubik . . . c'est un nom un peu Egyptien. Je suppose que Rubik fut le dieu-prêtre d'Egypte, et la cube était . . . deux pyramides ! Oui, c'est vrai ! Une cube, c'est deux pyramides cémentées ensemble ! La Grande Pyramide, c'est seulement une vaste cube de Rubik, semi-submergée dans la sable. Michel ! Écoute !

*Mari:* Mmm ?

*Femme:* J'ai découvert le secret de Rubik !

*Mari:* Moi aussi. Je suis presque là.

*Femme:* C'est inutile. Tu n'écoutes jamais.

*Mari:* Mmm ?

*Femme:* Je veux être divorcée. C'est fini.

*Mari:* Mmm.

*Femme:* J'ai été infidèle. J'ai été infidèle avec Paul. Et Bob. Et Brian. Et le milkman. Et le BBC Orchestre de Symphonie. Je prends les drugs. Je suis une mass-assassin. Les enfants ne sont pas tes enfants. J'ai caché Lord Lucan dans l'attic. Il est le père !

*Mari:* Ah ! Voilà ! C'est fini !

*Femme:* Quoi ?

*Mari:* J'ai fait la cube. Bon. Maintenant je peux la jeter dans le bin. Adieu, sale cube !

*Femme:* Adieu, sale . . . ?

*Mari:* Oui. Chérie, je t'ai négligée. Allons célébrer, avec champagne, et un steak dinner, et tout le bang-shoot !

*Femme:* Oh, oui !

*Mari:* Par le par, qu'est-ce que tu disais tout à l'heure ? De Bob et Brian ?

*Femme:* Oh, rien. Du gossip. Du flim-flam.

*Mari:* Bon. Get your manteau, get your chapeau . . .

*Femme:* . . . Laisse tes worries sur le door-step . . .

*Ensemble:* Seulement dirige tes pieds. Sur le sunny side de la rue !

(*Orchestre. Tap dance. Rideau. Crédits finals. Happy ending.*)

# Le Hard Sell

Le Rep: Bonjour, monsieur le petit shopkeeper!

Petit Shopkeeper: Bonjour.

Rep: Bon, bon! Et comment sont la bonne dame, et les nippeurs, et la twinge d'arthrite?

Shopman: Raisonnable, merci.

Rep: Bon, bon! C'est un beau spot de weather, n'est-ce pas?

Shopman: Non. Il pleut.

Rep: Oui, mais c'est bon pour le jardin, n'est-ce pas? C'est un vent mauvais, je dis toujours . . .

Shopman: Look, j'ai tout mon VAT à faire.

Rep: OK. Well, cette mois j'ai quelque chose de fantastique. C'est un nouveau pizza produit.

Shopman: Une pudding pizza?

Rep: Oui. Nous l'appelons Pizzapud. Il y a un choix de six toppings : Raspberry Romanoff, Banana Miracle, Tutti Frutti, Scotch Sundae, Coffee Toffee et Caramel Surprise.

Shopman: Scotch Sundae?

Rep: Oui. So-called parce que c'est totalement vide! Une petite joke. Well, never mind. Combien en voulez-vous commander? 200 de chacun?

Shopman: Je ne veux pas voir une single Pizzapud dans mon petit magasin.

Rep: Vous n'êtes pas sérieux?

Shopman: Look. Avec votre dernière visite, vous aviez un nouveau wonder product. Le Vite-Fry Chinese TV Dîner.

Rep: Je ne me souviens pas . . .

Shopman: J'ai acheté 300. Vous voyez ce stack là-bas? C'est 297 Vite-Fry Chinese TV Dîners.

Rep: Ah! Vous avez vendu 3? C'est bon.

Shopman: Non. J'ai mangé 3. Ils étaient dégoûtants.

Rep: Look. Vous ne comprenez pas. Vous êtes un petit shopkeeper. Nous sommes Pakfud, la plus grande compagnie du monde. Si vous jouez hard to get, nous pouvons vous écraser comme ça. Pouf!

*Shopman:* Vous dîtes ça chaque fois. Je ne vous crois plus. Maintenant, out !

*Rep:* Vous n'avez pas entendu le dernier de moi. (*Exit. Entre un client.*)

*Client:* Bonjour, M. le petit shopman. Une pizzapud, s'il vous plaît.

*Shopman:* Hélas, monsieur. Nous n'avons pas de pizzapud. Mais nous avons le Vite-Fry Chinese TV Dîner !

*Client:* Il y a de télévision en Chine ?

*Shopman:* Oh, oui. Et c'est délicieux.

*Client:* Yum. Bon. Je prends 297.

*Shopman:* Ah, vous me menacez maintenant ?

*Rep:* Oh non, squire. c'est simplement que, si vous n'achetez pas la Pizzapud, votre magasin sera un no-go arrondissement. Une ruine. Toxteth-style.

# Dans le Folk Club

(*Applause.*)
*Chanteur:* Merci. Merci. C'était une chanson par Long Jean-Paul Sartre, appelée 'Vous ain't rien qu'une red-hot existentialiste Momma', avec lyriques additionnelles par Rambling Albert Camus. C'est sur mon nouveau album, 'Solidarité Blues'. Si vous voulez acheter mon nouveau album, 'Solidarité Blues', n'allez pas dans les record stores. C'est un rip-off capitaliste. Vous pouvez l'acheter ici, après le show, aussi en cassette, merci. (*Il joue une chorde sur sa guitare. Il fiddle avec les strings.*) OK. Quoi maintenant ? (*Il consulte une liste.*) Oh yeah

Maintenant je vais chanter un autre cut de mon nouveau album, 'Solidarité Blues', available à la porte. C'est une chanson que j'ai collectionnée dans le Caribbéen. Dans le summer j'aime à mener la vie simple, sur un island, avec la mère Nature. En 1980 j'étais sur l'île de Slugg, dans les Hébrides Intérieures. C'était horrible. Il y avait 84 habitants, et 79 étaient des chanteurs de folk. (*Il manipule les knobs de sa guitare. Il strumme un peu. La guitare est toujours off-target.*)

Yeah, well, c'était mind-bogglant. Il y avait 79 buskers dans l'île, right ? Et un gendarme, right ? Et chaque matin il faisait un tour de l'île, disant : 'Move along, s'il vous plait. Vous causez une obstruction. Le busking est défendu.' Sale fuzz.

So anyway, je pensais, en 1981 je trouverai une île dans le soleil, et je suis allé au Caribbéen. C'était great. Pas de moutons, pas de buskers, pas de pipes de bag. Et après un peu de bumming, je suis arrivé à Moustique. Oh, dat île dans le soleil. Quel paradis. (*Il essaie la guitare encore une fois. Inutile. Il l'abandonne. Il produit un banjo.*)

Yeah, well, so anyway, j'étais sur la plage un matin, écoutant le dawn chorus. En Moustique le dawn chorus est something d'else. C'est un chorus de parrots. Vous dormez sur la plage et soudain il y a ces voix : 'Wakey wakey, whitey ! Montrez une jambe, trash blanc ! Black est beau !' Yeah, well, très ethnique, fair enough. (*Il strumme le banjo. Il est discordant. Il ramasse une mandoline.*)

Et il y avait cette dame sur la plage. Petite, mais jolie. Blanche et anglaise. J'ai dit, 'How are you ?' et elle a dit, 'One is very well.' Dialecte local, je suppose. Anyway, j'ai chanté deux chansons pour elle, qui étaient sur mon nouveau album, et elle a dit, 'Jolly bon.' 'Chantez quelque chose pour moi,' j'ai dit et elle a dit, 'OK,' et elle a chanté une chanson qui s'appelle 'Big Sister Blues'. C'est about cette dame qui a une grande soeur qui habite dans un palais et désapprouve le behaviour de sa petite soeur. C'est très triste. Je l'ai apprise par coeur, et maintenant la voici. (*Il commence à chanter. Tout le monde va au bar.*)

# Dans le Bistro

*Garçon:* Monsieur est ready?

*Monsieur:* Oui, monsieur est ready. Monsieur le garçon est ready?

*Garçon:* Oui, monsieur.

*Monsieur:* Bon. Tout le monde est ready. Quel fun.

*Garçon:* Pour commencer, monsieur?

*Monsieur:* Le potage Quincy. Qu'est-ce que c'est?

*Garçon:* Un broth de cress d'eau et avocado, avec une infusion de pineapple, preparé avec stock de poisson.

*Monsieur:* Cher Dieu. Et black pudding a l'Hongroise ?

*Garçon:* Monsieur, c'est un black pudding plain et simple, avec un coating de Gruyère et poivre, puis un morceau de bacon et des filets d'anchovy, avec jus de lemon.

*Monsieur:* C'est grotesque.

*Garçon:* C'est très populaire.

*Monsieur:* Pas dans ce neck des bois. Je vais commencer avec un hard-boiled egg.

*Garçon:* Oui, monsieur. Quelque chose avec votre egg ? Dressing de cheese bleu ? Salade de carotte ? Seaweed sauté ?

*Monsieur:* Non. Un egg. Nu. Complètement seul. Egg solo.

*Garçon:* Bon, monsieur. Et à suivre ?

*Monsieur:* Veal Sebastopol. C'est quoi ?

*Garçon:* Une escalope battue, roulée, déroulée, réroulée et puis stretched.

*Monsieur:* Ah, c'est une interrogation, hein ? Vous donnez un hard time aux escalopes, un grilling, 3ème degré, quoi ? Et elle parle, votre escalope ?

*Garçon:* Non, monsieur . . .

*Monsieur:* Brave petite escalope ! Quel courage pour un morceau de vâche ! Et elle dit pas un mot sous torture !

*Garçon:* Puis l'escalope est marinée dans du yoghurt, puis elle est injectée avec du garlic, puis elle est ever-so-légèrement grillée, puis anointée avec une sauce de basil et cayenne.

*Monsieur:* Et *puis* elle parle, elle fait le spilling des haricots ?

*Garçon:* Non, monsieur . . .

*Monsieur:* Bravo ! Un héroisme sans parallel.

*Garçon:* Monsieur va prendre le veau ?

*Monsieur:* Non. Monsieur va prendre un autre egg.

*Garçon:* Un egg ? Comme main course ?

*Monsieur:* Un egg. Un egg de chicken. Pas un egg de gull, pas une omelette à 34 herbes, pas un egg mariné dans Marsala. Un egg sur son tod. Tout seul. Unaccompanied egg. Comme ça, il n'y a pas de risque.

*Garçon:* Bon, monsieur. Et à boire ? Vous voulez le wine list ?

*Monsieur:* Non. Je veux de l'eau.

*Garçon:* Oui, monsieur. Perrier, Malvernois, Vichy, Pétain, Laval . . .

*Monsieur:* Eau de tap.

*Garçon:* Bon, monsieur.

*Monsieur:* Et ne torturez pas mon egg.

# Dans L'Autoshop

*Monsieur:* Vous vendez les accessoires de motoriste?

*Assistant:* Oui, monsieur.

*Monsieur:* Bon. Donnez-moi un carb-intake-jet-filter-plug.

*Assistant:* Ah, monsieur, nous ne sommes pas un garage. Notre stock n'est pas pour le car—c'est pour le *motoriste*.

*Monsieur:* Eh? Comme quoi?

*Assistant:* Les dangle-soccerboots, les gants de sheepskin, le headrest, le wire hanger avec change de jacket pour les sales reps, le stéréo, les quad-earphones . . .

*Monsieur:* Earphones en *quad*? Pour ça il faut quatre oreilles, non?

*Assistant:* Non. Deux earphones dans les oreilles, deux attachés aux jambes. On me dit que c'est une sensation all-over; érotique, même.

*Monsieur:* Mon Dieu. Penser que j'ai passé 40 ans sans avoir quadphones et dangleboots. Quelle vie sans meaning.

*Assistant:* Monsieur peut être sarcastique si monsieur veut, mais il y a beaucoup de demande pour les autocomforts.

*Monsieur:* Autocomforts? Dieu me donne du strength. Et quelles nouveautés avez-vous pour 1982?

*Assistant:* Nous avons une grande range de Rubik Cubes pour le motoriste. La dangle-cube. La sheepskin cube. La cube en leatherette. La cube avec covers de tartan.

*Monsieur:* Jésus.

*Assistant:* Monsieur peut blasphémer si monsieur veut, mais ils vont très bien. Et il y a cette téléphone de voiture . . .

*Monsieur:* Une phone dans le frontseat ? J'en ai besoin comme d'un trou dans la tête. Etre dans un traffic jam, c'est déjà atroce ; être dans un traffic jam avec un crossed line, c'est unimaginable.

*Assistant:* Ce n'est pas just une phone ; c'est un call-box. Oui, pour la première fois, une coin-phone dans la voiture ! Un fun-thing. Calls sur wheels !

*Monsieur:* Oh, great. Terrifique. Vous installez une coin-phone dans le car. Vous laissez le car pendant deux heures. Vous rentrez. La phone a été vandalisée. Quelqu'un a écrit 'RITA BLONDE MODEL 262 6767' partout. Et il y a une odeur de Glasgow, samedi soir.

*Assistant:* Monsieur peut être scathing si monsieur veut . . .

*Monsieur:* Et vous téléphonez en route. Vous diallez. Une voix dit, 'Âllo, Rita ici.' Vous mettez 10p. Le 10p tombe par le trou. Il tombe dans vos socks. Vous baissez pour le trouver. Vous traversez la réservation centrale. Pouf !

*Assistant:* Si monsieur ne veut rien acheter . . .

*Monsieur:* Je prends le hint. Au revoir et merci pour rien.

# Le Salesman d'Insurance

*Salesman:* Bonjour, monsieur !

*Monsieur:* Bonjour.

*Salesman:* M. Didcot?

*Monsieur:* Non. M. Didcot a émigré au New Wales de Sud en 1979. Un nouveau start en vie.

*Salesman:* Ah. Et vous êtes . . . ?

*Monsieur:* M. Latimer.

*Salesman:* Eh bien, M. Latimer, M. Didcot était un *très* bon client de notre compagnie . . .

*Monsieur:* Quelle compagnie ?

*Salesman:* Le Rock Solid Life Company. Quel âge avez-vous ?

*Monsieur:* 45.

*Salesman:* 45 ! Parfait ! Nous avons juste le policy pour vous. C'est un all-over, quids-in, no-worry policy. *Vous* payez 40p chaque semaine. *Nous* payons £600,000 à l'âge 65.

*Monsieur:* Bon.

*Salesman:* Si vous êtes mort.

*Monsieur:* Mauvais. Je ne suis pas marié, et je n'ai pas prochain de kin.

*Salesman:* Ah—j'ai juste le policy ! C'est le Lone Swinger, Good Time Policy. *Vous* payez seulement 10p par semaine. A l'âge 60, *nous* jetons un monster party pour vous et 500 guests, champagne, avec go-go filles !

*Monsieur:* Et si je suis mort ?

*Salesman:* Le même, mais un party de funeral.

*Monsieur:* Je n'aime pas le party-going. J'aime seulement mon travail.

*Salesman:* Et pour vous il y a l'exacte policy, ici dans mon sac de Samsonite . . . oui, ici. Le Top-Exec, tous-profits, super-manager policy, avec sandwiches. *Vous* payez £20 chaque mois.

*Monsieur:* C'est tout ?

*Salesman:* Oui. Ah, non. A l'âge de retirement, nous vous donnons un job !

*Monsieur:* J'ai déjà un job pour la vie.

*Salesman:* Meaning . . .

*Monsieur:* Je suis le chairman du Supersafe Life Company, le plus grand insurance firm du pays.

*Salesman:* Gulp. Well, voilà un policy très amusant. *Vous* payez £1,000 par semaine.

*Monsieur:* Et à l'âge 60 ?

*Salesman:* Nous faisons un flit de minuit !

*Monsieur:* Ha, ha. Très drôle. Maintenant, j'ai la reste de ma via à conduire, *si* vous n'avez pas une objection.

*Salesman:* Non, un moment, un moment. Dites-moi, M. Latimer, avez-vous des vacancies à Supersafe ? Rock Solid est un bum firm. Il est sur le brink de désastre.

*Monsieur:* Quel cheek. Vous voulez m'insurer avec un firm qui collapse ? Vous pouvez vendre un no-hope, last-gasp, dans-le-drain policy ?

*Salesman:* C'est mon job.

# La Lesson de Ski

Mary: C'est glorieux !

Jenny: Oui. La neige, comme wool de coton . . .

Mary: Le soleil, comme un grand verre de Cointreau . : .

Jenny: Le ciel . . .

Mary: Werner . . .

Jenny: Qui est Werner ?

Mary: Notre instructeur de ski. Regarde ; le voilà maintenant.

Jenny: Ah ! Qu'il est beau.

Mary: Qu'il est hunky.

Jenny: Qu'il est blissful.

Werner: Guten morgen, tout le

*Mary:* Que dit-il ?

*Jenny:* Il fixe une date.

*Mary:* Blimey. Il travaille vite.

*Jenny:* Il se fancie quelque chose de rotten.

*Mary:* Mais il est adorable.

*Werner:* OK ! Vous avez maintenant vos skis en position. Next, les sticks.

*Mary:* Monsieur, je ne vois pas exactement . . .

*Werner:* Wie so, fraülein. Et ton nom est . . . ?

*Mary:* Lena Zavaroni.

*Werner:* Quel nom délicieux ! Comme une soupe Italienne. (*Dans un whisper.*) Ce soir ? Au bar ? A 2300 heures ?

*Mary:* Oui, si vous êtes fini avec votre previous business.

*Werner:* Et maintenant, tout le monde—regardez. Le premier mouvement—aaaagh ! (*Il tombe. Il ne se lève pas. Il s'est cassé la jambe. Un stretcher le remporte.*)

*Mary:* Eh bien, bye bye, Werner, et bye bye romance.

*2eme Instructeur:* B'jour, tout le monde ! Je suis Barry, votre hunky substitu pour Werner, qui s'est cassé la flammante jambe. Quel drongo !

*Jenny:* Qu'il est beau !

*Mary:* Qu'il est édible !

(*Etc, etc, pour deux (2) semaines.*)

monde. Je suis Werner, votre hunky instructeur, et cette chose hier—wissen Sie was es ist, actuellement ?

*Jenny:* Quel lingo parle-t-il ?

*Mary:* Search-moi, squire.

*Werner:* C'est un ski. Vous avez zwei (2) skis. OK. Skis auf !

*Jenny:* Was ? I mean, quoi ?

*Mary:* Skis on.

*Jenny:* Monsieur, pouvez-vous m'aider ? C'est très difficile.

*Werner:* Natürlich, meine kleine demoiselle. Comment tu t'appelles ?

*Jenny:* Jenny.

*Werner:* Quel joli nom ! (*Dans un whisper.*) Ce soir. Rendezvous. Dans le bar. A 2200 heures.

*Jenny:* Hm. Peut-être.

# Sur le Demo

*1er Marcheur:* PAS DE
BOMB! PAS DE BOMB!

*2ème Marcheur:* Pas de bomb.
Pas·de bomb.

*1er Marcheur:* NON À
VIOLENCE! THATCHER
MORTE!

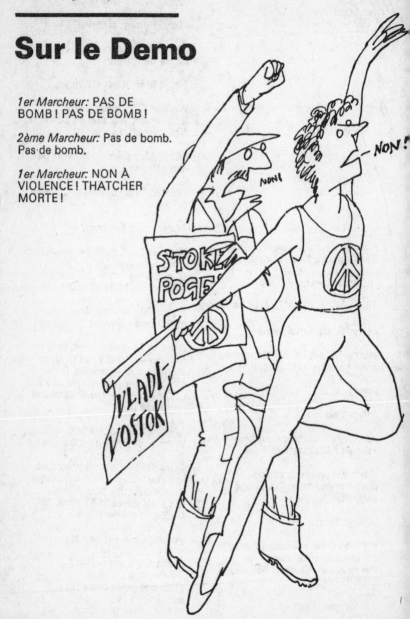

*2ème Marcheur:* Non à
violence. Thatcher morte.

*1er Marcheur:* LA CND
COMMITTEE DE STOKE
POGES ARTS ET CRAFTS
FESTIVAL DIT, PAS DE
BOMB !

*2ème Marcheur:* Le Ways et
Means Committee de
Vladivostok dit, pas de bomb.

*1er:* Pardon ?

*2ème:* Pardon quoi ?

*1er:* Vous avez dit—
Vladivostok.

*2ème:* Oui. Vladivostok est
mon neck des bois.

*1er:* Ee, par heck. Vous êtes
loin de home.

*2ème:* Oui. 2,000 milles,
comme le corbeau vole.

*1er:* Mais . . . mais vous êtes
russe. Pourquoi vous venez
sur un demo anglais ?

*2ème:* Stands to raison. Si
*vou*s êtes contre le bomb
anglais, *moi*, je suis doublement
contre le bomb anglais.
VOTEZ BENN !

*1er:* Il y a beaucoup de russes
ici ?

*2ème:* Pas beaucoup. 30,000 or
40,000. Pas plus. C'est un
day trip.

*1er:* Day trip ? Vous venez ici
en charabancs etc. ?

*2ème:* Oui. Comme vous.

*1er:* Quelle liberté diabolique.

*2ème:* La liberté est diabolique ?
C'est un concept curieux.

*1er:* Ne devenez pas smart
avec moi, mate. Si vous voulez
aller sur un demo, allez sur
un demo en Russie.

*2ème:* Aller sur un anti-bomb
demo en Vladivostok, c'est
difficile. Presque impossible.
C'est pour ça que nous venons
en Angleterre.

*1er:* Hmm. Et vous êtes contre
le bomb russe aussi ?

*2ème:* Oh, oui. BREZHNEV
OUT !

*1er:* Hmm. Pour moi, c'est très
puzzling. I mean, le CND russe
. . . je n'avais jamais pensé . . .

*2ème:* Marquez-vous, je ne
suis pas *très* contre le bomb
anglais . . .

*1er:* Et pourquoi pas ?

*2ème:* Il n'y a pas beaucoup
de danger. Le gouvernement
anglais a seulement un bomb.
Et il ne va jamais le deposer
sur Moscou.

*1er:* Pourquoi pas ?

*2ème:* Parce que le
gouvernement anglais est si
secretif, si hush-hush, que
personne ne sait où il est.
Même le gouvernement.

*1er:* C'est vrai ? Comment vous
savez ça ?

*2ème:* Ah. J'ai mes ways et
means. VLADIVOSTOK DIT
NON AU BOMB !

*1er:* Et Stoke Poges aussi. Je
suppose.

Lesson Vingt-Six

# Dans le Photocopie Shop

*Assistant:* Monsieur ?

*Monsieur:* Oui. Je désire une copie de ce document.

*Assistant:* Ce document avec HAUT SECRET stampé sur le top ?

*Monsieur:* Oui. Et TOTALEMENT CON-FIDENTIEL stampé sur le bottom.

*Assistant:* Bon . . . C'est légal ?

*Monsieur:* Quoi, c'est légal ?

*Assistant:* La réproduction d'un document marqué HAUT SECRET.

*Monsieur:* Oh, oui. C'est pour mon business.

*Assistant:* Bon . . . Quel est votre business ?

*Monsieur:* Je suis un spy. Maintenant, une copie, svp.

*Assistant:* Oui, monsieur . . . C'est un diagramme, n'est-ce pas ?

*Monsieur:* Oui. C'est le plan du nouveau sub Polaris. View intérieur. Chic, n'est-ce pas ?

*Assistant:* Look, je ne suis pas dans mon depth ici. Vous êtes un spy. Vous avez le plan du Polaris. Vous désirez une copie. Et c'est normal ?

*Monsieur:* Oui. Je suis un spy de la magazine *Idéale Maison*. Le kitchen du Polaris est absolument way ahead, un kitchen knock-out, *le* kitchen des 80s. Donc, *Idéale Maison* veut faire un splash feature sur le Polaris cooking area. Regardez le oeil-level griddle-plateau.

*Assistant:* Fabuleux.

*Monsieur:* Et le dispensateur de croissants.

*Assistant:* Oh, c'est super.

*Monsieur:* Et le grogomat, une Navy invention !

*Assistant:* Terrif !

*Monsieur:* Alors, une copie, svp.

*Assistant:* Tenez vos chevaux. Just un moment.

*Monsieur:* Vous avez une objection ?

*Assistant:* Oui. Dans le kitchen, il n'y a pas d'extracteur d'air pour les grotty smells de cabbage, spam, chipolates et fry-ups similaires.

*Monsieur:* Hmm. C'est vrai.
Mais dans un sub, vous savez,
l'extraction d'air est tricky. Si
vous extractez l'air, et laissez
un trail de bubbles dans
l'ocean, le Navy USSR dit:
'Ah, le cooking anglais!
Quelle espèce de giveaway.'

*Assistant:* Très vrai, très vrai.
Ah, c'est compliqué, le cooking
dans une guerre alerte situation.

*Monsieur:* Vous ne kiddez pas.
So, une copie?

*Assistant:* Coming up
maintenant, monsieur.

# Le Meeting du Board

*Chairman:* Messieurs, welcome à ce board meeting de Flexi-Souvenirs et Cie Ltd.

*Wilkins:* Merci, Chairman.

*Chairman:* Shut up, Wilkins. Eh bien, comme vous êtes aware, nous avons un problème ginorme. Nous avons un stockroom qui contient (a) 2,000,000 mugs de Charles et Di. (b) 2,000,000 boîtes de thé Earl Gris, avec les likenesses de Charles et Di. (c) 2,000,000 boîtes de biscuits avec la couple heureuse ditto. Les souvenirs de mariage sont un drug sur le market. Nous sommes ruinés, si on ne peut pas les shifter.

*Wilkins:* Chairman, j'ai une idée brillante. Pourquoi pas incorporer le thé, les mugs et les biscuits en un *tea-time faites-le-vous-même kit* !

*Chairman:* Wilkins, vous êtes un idiot. Quelqu'un d'else ?

*Exécutif:* Peut-on faire un dumping des souvenirs sur le 3ème Monde ? Faire un deal avec Oxfam, peut-être ?

*Chairman:* Hmm . . . possible.

*2eme Exécutif:* On peut les vendre comme props de théâtre pour les filmes, drames etc. ? Avec un setting de 1980, natch.

*Chairman:* Hmm . . . possible.

*Wilkins:* Est-ce que vous avez une suggestion, vous, Chairman ?

*Chairman:* Wilkins, vous êtes un impudent. Regardez-le. Oui, en effet, j'ai une idée.

*Tous:* Mon Dieu ! Terrif !

*Chairman:* Si nous faisons une extra inscription sur les souvenirs : SOUVENIR DU BÉBÉ ROYAL.

*Tous:* (*silence*).

*Chairman:* Vous n'approuvez pas ?

*1er Exécutif:* Oh oui, Chairman, c'est une conception cosmique, mais c'est un peu . . . un peu . . . cheapo-cheapo.

*Chairman:* Oh, c'est comme ça, eh ? C'est un coup d'état ? Un take-over bid ?

*1er Exécutif:* Non, Chairman, mais . . .

*Chairman:* Regardez la compétition. Wedgwood a annoncé un pot de chambre royal. Hamleys ont annoncé une range de corgis qui disent Maman. Heinz va produire des boîtes de bébé food royal— venison, grouse, fillet of swan, etc. Et nous—QU'EST-CE QUE NOUS FAISONS ?

*Wilkins:* Chairman, c'est un shot dans le noir, une idée du top de ma tête, mais—si nous vendions les mugs, biscuits et thé comme un tea-set de kiddy ?

*Chairman:* Wilkins. Vous êtes un génie. C'est une idée de simplicité breathtaking. Avec un portrait de Papa et Maman sur le lid. Je l'aime !

*Wilkins:* Merci, Chairman.

*Chairman:* Shut up, Wilkins. C'est mon idée maintenant.

# La Bibliothèque et le Livre dans une Overdue Situation

*Monsieur:* Monsieur . . .

*Librarien:* Oui ?

*Monsieur:* J'ai ce livre sur loan. C'est 'Heureux Jim', par Kingsley Amis.

*Librarien:* Bon. Vous le retournez ?

*Monsieur:* Oui. Il a été sur ma conscience.

*Librarien:* Conscience, eh? Vous avez versé Nescafé dessus? Il y a des missing pages? Le chat a fait une piddle la-dessus?

*Monsieur:* Non, non, c'est A1 chez Lloyd. Tout est ship-shape, façon de Bristol. Mais c'est un peu . . . en retard.

*Librarien:* Voyons. La date de retour est . . . mon Dieu. Le 14 Novembre 1967.

*Monsieur:* Oui. Il est, comme je disais, un peu en retard.

*Librarien:* Et comment! Combien de fois vous avez lu le livre? 200? 500?

*Monsieur:* Pas exactement. A être brutalement honnête, je ne l'ai pas lu du tout.

*Librarien:* Le livre est chez vous depuis 1967? Et vous ne l'avez pas commencé? Tenez, vous êtes un slow-reader.

*Monsieur:* Non, ce n'est pas ça. Mais le livre est allé missing. Perdu. Walkabout. Disparu.

*Librarien:* Ah, monsieur, les livres ne peuvent pas marcher. Ils ne prennent pas un constitutionel. Ils sont en hibernation permanente.

*Monsieur:* Oui, je sais. Il était caché derrière un autre livre sur le shelf. 'Gâteaux et Bières' par Maugham, actuellement.

*Librarien:* Bon. Eh bien, il y a une penaltie financière.

*Monsieur:* Une amende? Oh. Combien?

*Librarien:* Un moment. Il faut mon calculateur de poche. 14p par jour . . . 14 années . . . *plus* trois leap years . . . ca fait £715.

*Monsieur:* £715 . . . Mais c'est impossible.

*Librarien:* Pas du tout. Pour nous, votre livre représente un investment considérable. C'est comme un policy qui mature.

*Monsieur:* Mais pour moi c'est comme le bankruptcy!

*Librarien:* Tough.

*Monsieur:* N'avez-vous pas une amnestie?

*Librarien:* En 1978, oui. Une amnestie complète. Nous avons reçu 600 livres, une encyclopédie Britannique, une table, deux chaises et quelques shot-guns. Mais c'est fini maintenant.

*Monsieur:* En ce cas, je laisse sans payer.

*Librarien:* Doris! Sheila! Ne laisse pas sortir ce gentleman!

*Monsieur:* En ce cas, je demande une extension pour le livre.

*Librarien:* Vous voulez *prolonger* le loan period?

*Monsieur:* Oui. Maintenant, je vais lire le livre. Et puis je vais rentrer payer le £715.

*Librarien:* En trois semaines.

*Monsieur:* Ou en 14 années. Au revoir jusqu'à 1996.

# La Monologue Victorienne

C'était jour de Noël dans
   l'Antarctique,
   Le jour le plus froid de tout,
Et Santa dit à ses reindeers,
   'Je suis périssant froid—et
     vous?'

'Nous likewise,' disaient les
     reindeers,
   'C'est 40 degrès below,
Le TV set est busted,
   Et il n'y pas de *Parkinson
     Show*.'

'Je sais!' dit Papa Christmas,
   'Allons en Australie!
C'est seulement 2,000 milles
   Au pays du billabong tree.'

Père Noël et tous les reindeers
   Partirent sur leur petit trip;
Un spot de lunch sur la plage,
     peut-être,
   Et après—pourquoi pas?—
     un dip.

Barry et sa femme Sheila
   Croyaient qu'ils étaient fous.
Des *reindeers* ici à Sydney?
   Mais c'était flaming true.

Les reindeers avaient leurs
     Fosters,
   Père Noël un bowl de punch.
'Je vois que vous êtes Aussie,'
     dit Barry,
   'Vous prenez un liquid
     lunch!'

Sheila leur donna du turkey,
   Qu'ils mangeaient très bien,
Sauf Ernest, un des reindeers,
   Qui fut végétarien.

Père Noël prit son dip dans le
     briny,
   Son beard était dripping wet!
Et les reindeers parlaient shop
     avec Barry,
   Qui était le local vet.

358

Ils rentrèrent tous à
    l'Antarctique,
  Le pays des singes de cuivre,
Mais leur vol de retour fut
    wobbly,
  Parce que tous les reindeer
    furent ivres.

'Même chose next year,' dit
    Santa,
  'Mon Dieu, je déteste le
    snow!
Les Aussies ont tout à fait
    raison;
  Vivre ici—c'est idiot!'

C'était jour de Noël dans
    l'Antarctique,
  Le jour le plus ghastly de tout,
Et Santa dit à ses reindeers:
  'Roll on, 1982!'

'Heigh ho!' dit Santa, 'C'est
    tea-time,
  Il faut que nous partions.
Dites merci à Barry et Sheile.
  Maintenant, où sont mes
    gants?'

# Les Lettres
# de Thank-You

*Maman:* Tu as fait tes lettres de thank you? Pour les gifts de Noël?

*Petit:* Oui, Maman.

*Maman:* Laisse voir.

*Petit:* C'est-à-dire, je suis dans une near-completion situation.

*Maman:* Laisse voir.

*Petit:* Non, je n'ai pas commencé.

*Maman:* Oh, Bobby! C'est presque mid-janvier, et tu n'as pas écrit tes lettres pain-et-beurre! Tu n'avais que huit à faire.

*Petit:* Neuf, avec Granny.

*Maman:* Oh, horreur! Tu n'as pas écrit à Granny? Mais j'ai expliqué pourquoi c'est si important d'écrire à Granny, au Jour de Pugilisme, si possible.

*Petit:* Parce que Granny est riche, et elle va popper ses clogs.

*Maman:* Où tu trouves ces expressions? Non, ce n'est pas pour ça. Eh bien, c'est un peu pour ça. Mais surtout c'est pour la politesse. Pauvre Granny. Elle habite toute seule. Une letter de toi, cela fait beaucoup de différence.

*Petit:* Mais j'ai donné un gift a Granny. Un Superman diary pour 1982.

*Maman:* So quoi?

*Petit:* Eh bien, a-t-elle écrit une lettre de thank-you à moi,

eh? Où est *ma* lettre de Granny?

*Maman:* C'est différent.

*Petit:* Oh, oui, c'est différent. Je suis jeune, et je ne suis pas riche, et je n'ai pas fait un will. Donc, nulle lettre de Granny.

*Maman:* Oh, Bobby.

*Petit:* Et moi aussi, j'habite tout seul. Une lettre de Granny, ça ferait toute la différence.

*Maman:* Tout seul? Mais tu habites chez Papa et moi!

*Petit:* Papa et toi, c'est gentil, mais ce n'est pas company pour un growing lad.

*Maman:* Quelle horreur! En tout cas, c'est irrélévent. ECRIS À GRANNY! C'est facile. 'Chère Granny, Merci pour le . . .'

*Petit:* Pour le . . .?

*Maman:* Que t'a-t-elle donné?

*Petit:* J'ai oublié.

*Maman:* Moi aussi. Oh well, écris: 'Chère Granny, Merci pour ton super gift', et puis tout ton news.

*Petit:* 'Chère Granny, merci pour le gift, à Noël j'ai été malade comme un chien, Papa m'a battu pour mon cheek . . .'

*Maman:* Bobby! Je perds ma patience. C'est ton dernier warning. ECRIS À GRANNY!

*Petit:* OK, chief.

# Un Interview avec Votre Manager de Banque

*Manager:* Ah, bonjour, M. Dobbins. Glad de vous voir.

*Monsieur:* Nice de vous voir, de vous voir nice.

*Manager:* Well, oui. Je vais venir directement au point, M. Dobbins. Je ne vais pas battre autour du bush. Je ne suis pas satisfait avec le handling de votre account. Le level de votre borrowing est inacceptable.

*Monsieur:* Pouvez-vous être plus spécifique?

*Manager:* Certainement. La limite de votre borrowing, comme negotiée, est £400. Votre overdraft est à present £8,931.75.

*Monsieur:* Je suis très sorry.

*Manager:* La pénitence n'est pas suffisante.

*Monsieur:* Vous avez une suggestion?

*Manager:* Oui. Réalisez vos assets. Vendez votre maison. Floggez votre voiture. Mettez votre femme dans un part-time job. *Mais donnez-moi mon argent!*

*Monsieur:* Impossible. Ma maison est mortgagée jusqu'au hilt. Ma voiture est un crock. Je n'ai pas de femme, seulement une girl-friend avec des goûts expensifs. Cigare?

*Manager:* Non, merci. Alors, vous avez une suggestion, vous?

*Monsieur:* Oui. Donnez-moi un loan de £2,000.

*Manager:* Moi? Vous? Donner? Un loan? C'est votre idée d'une joke?

*Monsieur:* Pas du tout. See, squire, j'ai un petit plan. Si tout va bien, je vais être riche.

*Manager:* Impressionez-moi.

*Monsieur:* Donnez-moi £2,000. En sept jours je vais vous donner £10,000.

*Manager:* Ah, vous me prenez pour un sucker. . . . Quelle sorte d'opération?

*Monsieur:* Un bank raid.

*Manager:* Un quoi?

*Monsieur:* Un bank raid. C'est très simple. J'ai fait toute la recherche. 'Donnez-moi le lolly, ou je réarrange vos features! Vite! Vroom vroom! Et Bob est votre oncle.'

*Manager:* C'est monstrueux. Le £2,000, c'est pour quoi?

362

*Monsieur:* Acheter une voiture. Acheter un revolver. Acheter un stocking de nylon.

*Manager:* Le raid, c'est sur quelle banque?

*Monsieur:* Sur Natglynn. Votre rival léthal.

*Manager:* Hmm . . . Eh bien, c'est très irrégulier, mais je vous avance le £2,000. C'est votre dernière chance, monsieur.

*Monsieur:* Mes amis m'appellent Buster.

*Manager:* C'est votre dernière chance, Buster. Compris?.

*Monsieur:* Dieu bless, squire.

*Manager:* Nous sommes ici pour encourager l'entreprise privée. Good luck—et mum est le mot.

*Monsieur:* Croiser mon coeur, espère à mourir.

# Dans la Départment Store

*Monsieur:* Excusez-moi . . .

*Assistant:* Monsieur, je suis à votre service.

*Monsieur:* Bon. Je veux donner un butcher's à votre selection de cuff-links.

*Assistant:* Nous n'avons pas de cuff-links.

*Monsieur:* Mais . . . c'est ici le Département de Hommes, n'est-ce pas?

*Assistant:* Spot on, monsieur, mais . . .

*Monsieur:* Cuff-links. Petit gadget primitif. Pour réunir les cuffs.

*Assistant:* Dans Fashion Accessories, monsieur.

*Monsieur:* Ha! Nous sommes ici au ground floor. Fashion Accessories est au 5ème étage. C'est du bon planning, cela?

*Assistant:* Non, mais . . .

*Monsieur:* Maintenant je dois chercher les lifts. Mais les lifts sont toujours chock-a-bloc. OK. So je cherche les escalateurs. Mais dans une département store les escalateurs sont toujours 'up' si vous voulez descendre, et 'down' si vous voulez monter. Vrai ou non?

*Assistant:* Eeuh . . . oui, un peu.

*Monsieur:* Alors, après beaucoup d'aventures, après une période de panique dans Soft Furnishings, j'arrive à Fashion Accessories. Et là, à Fashion Accessories, quelle est la réponse à mon request pour les cuff-links?

*Assistant:* Je ne sais pas.

*Monsieur:* A Fashion Accessories on dit: 'Monsieur, les cuff-links sont dans le Département de Hommes'.

*Assistant:* Ah, non.

*Monsieur:* Ah bloody oui! J'étais dans Fashion Accessories à 1.15 pm. On m'a donné votre adresse. Je suis ici, à 1.37 pm. *Et je reste ici!* JE DESIRE MES CUFF-LINKS!

*Assistant:* OK. Un moment. Je vais consulter M. Thoroughgood. M. Thoroughgood est le buyer. M. Thoroughgood!

*Thoroughgood:* Vous avez un spot de trouble, M. Jenkins?

*Assistant:* Non, mais ce gentleman désire les cuff-links et . . .

*Thoroughgood:* Ah. Les cuff-links sont dans le Giftshop.

*Monsieur:* Ah non! (*Il collapse.*)

*Thoroughgood:* Oh dear. Il est mort.

*Assistant:* On va alerter le département de funeral?

*Thoroughgood:* Non, non. Je n'aime pas le fuss. Vous connaissez le changing-room fermé? Qui est réservé aux boîtes vides et aux hangers avec metal fatigue?

*Assistant:* Oui.

*Thoroughgood:* Dumpez le late customer là. Les cleaners le trouveront le matin. Ah—regardez!

*Assistant:* Quoi?

*Thoroughgood:* Dans la showcase. Des cuff-links. Oh dear, oh dear. Oh well, lunch-hour.

# Jour de St Valentin Special: Le Pregnancy Test

*Mari:* Vous avez des lettres intéressantes dans le post?

*Femme:* Pas exactement. Cousine Liz dit que sa sciatica lui donne merry enfer. K Shoes annoncent une monster sale. Ron Threlfall, 24-heure plumber, dit que son service est unbeatable. Et vous?

*Mari:* J'ai une lettre, seulement. Mais c'est très intéressant.

*Femme:* Mmm?

*Mari:* Apparently, je suis pregnant.

*Femme:* MMM!?

*Mari:* Oui. C'est une lettre du Lab Confidentiel, Slough, Bucks. Elle est définie. Elle ne mince pas ses mots. Elle vient directement au point. Elle dit: Votre test est positif—vous êtes preggers.

*Femme:* Oh, Harry.

*Mari:* Oui, il n'y a pas de doute. J'ai un dans le spout. J'ai une

*Femme:* Tu . . . tu as demandé ce test?

*Mari:* Non. C'est totalement gratuit.

*Femme:* C'est une erreur. C'est un cock-up par Telecom Britannique.

*Mari:* Phrase infortunée, si j'ose dire. Non, l'adresse est claire. 'H. Caldecott, 14a, Villas de Mafeking.' Henri Caldecott, c'est moi. Mon Dieu. Le boss va être furieux.

*Femme:* Ou Harriet.

*Mari:* Pardon?

*Femme:* Harriet. Notre fille teenager. Elle est aussi 'H. Caldecott'.

*Mari:* Aaaagh! Je n'avais pas pensé. Quelle horreur! Notre petite Harrietkins, pregnant! Son career, ruiné! Elle ne sera pas jamais une stewardess, maintenant. Une cabingirl avec un brat, c'est la fin de tout. Ah, la slag! La tarte, la hussy!

*Femme:* Harry—il faut etre understanding. Elle est notre petite Harriet, après tout.

*Harriet:* Bonjour, papa. Bonjour, maman. Quel beau jour !

*Papa:* Pas pour long. Il y a une lettre ici pour toi, Harriet.

*Harriet:* Ah, bon . . . (*Elle lit*) Ah. Bon !

*Maman:* Bon ? Je ne comprends pas.

*Papa:* Tu és pregnant et tu dis : Bon ? Ah, je vais te couper sans un penny !

*Harriet:* Mais non, papa, je ne suis pas pregnant ! C'est une joke !

*Papa:* Joke ?

*Harriet:* Oui. Ce pregnancy test positif est une carte de St Valentin pour la head-mistress de l'école. La 6ème classe l'a organisée.

*Papa:* Mais . . . mais comment tu as organisée un test positif ?

*Harriet:* C'est quelque chose qu'on a appris dans notre A-Level Biologie.

*Papa:* C'est fantastigue, l'education moderne. Dégoûtant, mais fantastique. N'oubliez pas que la poste est maintenant 15½p.

# Dans le Camping Shop

*Salesman:* Bonjour, monsieur. Vous avez votre oeil sur quelque chose?

*Monsieur:* Oui. Je suis dans le market-place pour équipement de climbing.

*Salesman:* Ah. Où allez-vous pour le climbing? Snowdonie? Le Districte du Lac?

*Monsieur:* Non. Sur Evérest.

*Salesman: Evérest?* Mont Evérest?

*Monsieur:* Il y a un autre?

*Salesman:* Et vous achetez tout votre équipement ici, à Kilburn Camp et Hike Shop? Ah, c'est notre lucky jour!

*Monsieur:* Non. Nous avons tout l'équipement déjà. Je fais seulement un check-up.

*Salesman:* Vous avez les anoraks, les goggles anti-glare, les woolly chapeaux?

*Monsieur:* Oui.

*Salesman:* Les crampons? Pitons? Croûtons? Cantons? Tampons? Slaloms?

*Monsieur:* Oui.

*Salesman:* Alors, monsieur, vous avez tout.

*Monsieur:* Pas exactement. Vous voyez, c'est une expédition un peu spéciale.

*Salesman:* C'est la première qui commence à Kilburn?

368

*Monsieur:* C'est la première qui fait l'ascente d'Evérest *sans l'aide de l'alcool.*

*Salesman:* C'est révolutionnaire. C'est héroique. C'est, si je l'ose dire, lunatique.

*Monsieur:* Nevertheless.

*Salesman:* Alors, vous avez des bonbons ?

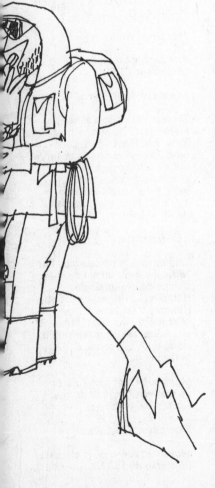

*Monsieur:* Comme quoi ?

*Salesman:* Des mints. Des mints imperials. Des mints extra-forts. Aussi, les traditionnels Amis du Pêcheur, les lozenges V-Victoires, les gums de fruit etc.

*Monsieur:* Excellent ! Je prends une crate de chacun.

*Salesman:* Et le chew-gum, naturellement. J'ai trois flaveurs himalayens. Patchouli, marijuana et essence de rhododendron.

*Monsieur:* Yuk.

*Salesman:* Mais non, les sherpas adorent ça. Vous avez des sherpas ?

*Monsieur:* Oui. Nous avons même le fameux sherpa, Parka Tensing.

*Salesman:* Alors, le chewgum exotique est un naturel. Vous avez le cocoa, les tablets de Horlique, la poudre d'Ovaltine, l'eau de Perrier . . . ?

*Monsieur:* Perrier ? Pourquoi Perrier, avec toute cette neige ?

*Salesman:* C'est la neige naturellement sparkling ? Vous trouvez des lollipops effervescents sur Mont Evérest ?

*Monsieur:* Non, mais . . .

*Salesman:* C'est un must. Aussi les tablets de garlic, les cubes de stock de poulet, les bars de Mars, les sticks de liquorice . . .

*Monsieur:* Hold on, je vais faire une liste.

*Salesman:* C'est mon lucky jour après tout.

# Dans le Stamp Shop

*Stampman:* Bonjour, monsieur.

*Monsieur:* Bonjour, M. le stampman.

*Stampman:* Quelle sorte de stampe vous cherchez? Une bumper enveloppe de 500 assortis, pour donner le kick-off à votre collection? Un paquet de stamps de l'Empire, avec le bon Georges VI et sa charmante jeune femme? Ou bien un something exotique, par exemple ces stamps du Vietnam du Nord avec le striking overprint 'MORT A HENRI KISSINGER!'?

*Monsieur:* Non, merci. Je cherche des stamps de Hungary.

*Stampman:* Les stamps hongrois? Bon. J'ai beaucoup d'odds et ends Magyar Kir Posta. Tenez, voilà un set très pittoresque: un Good Food Guide issue de Budapest, avec 12 restaurants recommandés et un recipe pour goulash.

*Monsieur:* C'est gentil, mais non merci. Je cherche des stamps de ante-guerre.

*Stampman:* Je ne crois pas que CND est très fort en Hungary.

*Monsieur:* Pas anti-guerre. *Ante*-guerre. Ante-bellum. Pre-WW2.

*Stampman:* Hmm. Il n'y a pas beaucoup. J'ai ici un stamp, 1932, 20 filler, rouge, portrait de Franz Liszt. C'est dans votre collection?

*Monsieur:* Non.

*Stampman:* Eh, voila! Seulement £1.50.

*Monsieur:* Non, merci.

*Stampman:* Vous n'aimez pas Franz Liszt? Je sympathise. Pour moi, il est très second-rate. Beaucoup de son et fury, qui ne signifie rien. Un B-feature compositeur. Eh bien, il y a aussi un stamp 1932, 40 filler, bleu, portrait de M. Munkacsy.

*Monsieur:* Qui?

*Stampman:* Je ne sais pas. En 1932, il y avait un set de stamps de célébrités de Hungary. Le drawback est que Hungary a seulement une célébrité: Franz Liszt. M. Munkacsy est un makeweight, along with L. Eotvos, I. Madach etc.

*Monsieur:* C'est triste, ça. Etre un makeweight philatelique. Gosh, how triste.

*Stampman:* C'est vrai.

*Monsieur:* Anyway, je cherche un stamp de 1939. Crown de

St Stephen, 1 filler, rouge.

*Stampman:* Oui, vous êtes en luck. J'ai le very thing.

*Monsieur:* Je désire 20, s'il vous plaît. Mint, sans postmark.

*Stampman:* Vous désirez *vingt*? Et c'est tout?

*Monsieur:* Oui.

*Stampman:* Monsieur, vous avez la collection le plus spécialiste du monde. Vous avez seulement les stamps 1939, Hungary, 1 filler, rouge? Et mint?

*Monsieur:* Oui. Eh bien, ce n'est pas pour une collection. C'est pour ma grande-mère.

*Stampman:* Ah, votre granny est philatéliste?

*Monsieur:* Non. Elle est hongroise. Une génuine granny de Hungary. Elle est attrapée dans un time-warp. Elle croit bien que British Telecom accepte seulement les stamps de Hungary de 1939, la date de son exil. Donc, chaque fois qu'elle écrit une lettre, elle attache un stamp de 1939.

*Stampman:* Et British Telecom accepte ça?

*Monsieur:* Non. Mais moi, j'attache aussi un 15½p stamp. Quand granny ne regarde pas.

*Stampman:* Curieux. Ah, si votre granny est de Hungary, perhaps elle connaît l'identité de ce bloke . . .

*Monsieur:* Quel bloke?

*Stampman:* M. Munkacsy.

*Monsieur:* Bonne idée. Je vais lui demander.
(*Note pour les scolaires: Munkacsy etait un artist de Hungary, dead en 1900 et maintenant totalement oublié. Avec raison.*)

# Sur La Plage

*Papa:* Voilà ! C'est fini !

*Maman:* Quoi ?

*Papa:* Le château. Le château de sable. La sandcastle que j'ai construite tout le matin. Pauvre Bloody Papa Ltd, Architecte et Constructeur de Sandcastles, Turrets une Spécialité.

*Maman:* C'est nice pour les enfants.

*Papa:* C'est murder pour moi. J'ai incorporé douze Jacques d'Union, deux portcullis, six turrets et un outside loo. Maintenant, je crève.

*Maman:* Nonsense. C'est fun pour toi.

*Papa:* Well, peut-être.

*Monsieur:* Excusez-moi . . .

*Papa:* Oui ?

*Monsieur:* C'est vous qui avez élevé ce château ?

*Papa:* Oui, c'est moi. Vous l'aimez ? Il s'appelle Dunjousting.

*Monsieur:* Avez-vous un permis pour le château ?

*Papa:* Quoi ? Vous êtes joking ou quoi ?

*Monsieur:* Je ne fais jamais les jokes, monsieur. Je viens

du Planning Department de Mudford-sur-mer, et je répète ma question : où est votre permis de planning ?

*Papa:* Look. Je suis en vacances. J'ai travaillé tout le matin. Maintenant je veux me reposer au soleil et aller rouge comme un lobster. Donc, push off.

*Monsieur:* Vous êtes obligé de faire une application pour *toute* construction temporaire qui affecte l'environment. Votre sandcastle est bang au milieu de Mudford Plage. Il affecte l'environment énormément. C'est très controversial. *Où est votre permis ?*

*Papa:* Et si je n'ai pas de permis ?

*Monsieur:* Ah ! En l'absence d'un permis, j'ai l'autorité de commander la destruction de votre chateau !

*Papa:* Look, mate, si vous posez un doigt sur Dunjousting, je vais vous déposer dans le briny, bowler et briefcase et clipboard et tout.

*Monsieur:* Ne devenez pas stroppy with me, monsieur. Je suis un homme sérieux. Déjà ce matin j'ai commandé la destruction de deux sandcastles, quatre dunes illicitement modernisées et une modèle du Palais de Buckingham.

*Papa:* Je ne le crois pas. L'homme est un nutter.

*Les Enfants:* Papa, papa ! Viens vite ! La tide est dans le château ! Ton château tombe dans l'eau.

*Papa:* Ah, non ! Eh bien, monsieur, maintenant vous êtes un happy little bureaucrate, eh ?

*Monsieur:* Pas exactement. Aviez-vous un permis pour la destruction de votre château ?

*Papa:* Maman, donne-moi la spade. Je vais commettre mayhem. Sans permis. En garde, monsieur !

# Dans la Machine de Photos de Passeport

*Lui:* Stop un moment. Voilà une machine de photos de passeport. Je suis obligé d'avoir une photo pour ma carte d'étudiant.

*Elle:* Mais dans les photos de machine, vous êtes toujours si terrible, avec votre bouche d'idiot, votre moustache à la mode du Rippeur Yorkais, et vos yeux pleins de feu maoiste.

*Lui:* C'est l'image publique d'un étudiant. C'est cool par moi.

*Elle:* Mais il faut beaucoup de temps pour attendre !

*Lui:* Nous avons beaucoup de temps.

*Elle:* Mais, dans une gare de Tube, c'est embarrassant.

*Lui:* Ah ! Voilà vos réelles raisons ! Voilà les préjudices bourgeoises, votre horreur d'être différente. Moi, j'ai le courage d'être différent !

*Elle:* Entrer dans une machine de photos, c'est un geste révolutionnaire ?

*Lui:* C'est un beginning. Prêtez-moi 30p.

*Elle:* Voilà. Maintenant, entre dans la petite maison, asseyez-vous comme un bon petit garçon, et RESTEZ IMMOBILE.

*Lui:* OK. Un moment pendant que je réarrange le petit rideau et (*flash*) ah non, je n'étais pas prêt ! (*flash*) Et cette fois je blinkais !

*Elle:* Il y en a encore deux. Ne bougez pas !

*Lui:* Je ne gouge pas les lèvres. Gouteille de guière . . . (*flash*)

*Elle:* Les deux last n'étaient pas mauvaises.

*Lui:* Vous croyez ?

*Elle:* Oui. Vous aviez l'expression d'un mass-meurtrier, mais un mass-meurtrier avec un streak

gentil, qui aime les petits chiens et un jar avec les lads.

*Lui:* Ha ha flammant ha.

*Elle:* Qu'allons-nous faire ce soir?

*Lui:* Je ne sais pas. Sans *Time Out* je suis comme un puppet cassé. Je suis perdu.

*Elle:* Sans les listings d'agitprop, c'est à dire?

*Lui:* Non. Sans les Coeurs Solitaires.

*Elle:* Ah, je vous déteste!

*Lui:* Un moment. Voilà les photos.

*Elle:* Oh, mon Dieu. Vous avez les specs noirs. Et un bald patch. Et une barbe Jimmy Hill. La machine est allée autour du twist.

*Gentleman (avec specs noirs, bald patch, et barbe Jimmy-hillienne):* Pardon, monsieur, mes photos, je crois.

*Lui:* Voilà, monsieur.

*Elle:* Oh, regardez! C'est Bob et Tess et Jim et Kate!

*Bob, Tess, Jim, Kate:* Hi! Oh, regardez—une machine de photos! Prenons une photo de tous nous six. (*Avec beaucoup de giggles et difficulté, les six entrent dans le cabinet.*)

*Policier:* Allo, âllo, âllo, qu'est-ce que c'est tout ça? Un meeting du shadow cabinet du SPD, peut-être? (*A ce point, la soirée commence à devenir silly. Laissons-la là.*)

# La Technique de Narration d'une Anecdote

*Femme:* Darling, dites à Ken et Val l'histoire du pigeon dipsomaniaque.

*Mari:* Quelle histoire ?

*Femme:* Ne soyez pas thick. Vous savez. Quand nous étions à Hong Kong. En 1967.

*Mari:* Mais c'est un peu long et boring.

*Femme:* Non, dites l'histoire à Ken et Val.

*Ken et Val:* Oui, dites-nous l'histoire.

*Mari:* Non, vraiment. Honnêtement.

*Femme:* DITES L'HISTOIRE ! ! !

*Mari:* Don't shoot ! Je ne suis pas armé.

*Femme:* Ha ha. Maintenant, l'histoire.

*Mari:* Oui, well, nous étions à Hong Kong en 1969 . . .

*Femme:* 1967.

*Mari:* Je crois, dearest, que c'était 1969.

*Femme:* Non. Je sais. J'étais pregnant avec Rupert.

*Mari:* Nous étions à Hong Kong en 1967 et nous étions à l'Hôtel Mandarin et un jour nous étions dans le lift de l'hôtel et par mistake j'ai pressé le bouton 'UP' et pas le bouton 'DOWN'. Dans un moment nous étions sur le roof! Eh bien . . .

*Femme:* C'était l'Hotel Fleur de Lotus.

*Mari:* Oui, peut-être c'était l'Hôtel Fleur de Lotus. Anyway, nous étions sur le roof, et c'était amazing, parce que le top chef avait tous ces pigeons là, des racing pigeons dans des hutches.

*Ken et Val:* Oh, really?

*Mari:* Anyway, nous avions un petit chinwag avec le top chef, sur le roof, et il nous dit qu'il avait le champion pigeon de

Hong Kong, nom de Confucius, mais qu'il avait une addiction. Il buvait.

*Ken et Val:* Un pigeon dipso ! Un alcoholique aérien ! C'est weird, etc.

*Femme:* Je me souviens maintenant. C'était 1969. J'étais pregnant avec Drusilla.

*Mari:* Anyway, je disais au top chef : C'est un handicap, n'est-ce pas, un pigeon qui boit à excess ? C'est difficile, voler dans une straight ligne. Et le chef dit : Non, le thing est que mon pigeon est toujours fighting ivre et il attaque les autres pigeons dans la race, et il est le seul à traverser le finishing mark.

*Ken et Val:* Ha ha, très bon, maintenant nous allons chez nous, c'est tard pour le baby-sitter, *lovely* dîner, etc. . . . .

*Mari:* Mais l'histoire n'est pas terminée !

*Ken et Val:* Tough. (*Exit de Ken et Val*).

*Femme:* Continue.

*Mari:* Mais . . . ils sont partis.

*Femme:* Ça ne fait rien. Continue !

*Mari:* OK. Anyway, le crunch est que les autorités de Hong Kong voulaient introduire un test de breathalyser pour le pigeon-racing . . . pourquoi je continue ? Vous connaissez l'histoire déjà.

*Femme:* Parce que vous êtes un raconteur abysmal et il faut pratiquer. Continuez !

(*Le mari continue, jusqu'à la divorce.*)

# Dans le Centre de Home-Brew

*Shopman:* Oui, monsieur, vous désirez ?

*Monsieur:* Oui. Je désire un brewkit. Mais je suis un first-time brewer.

*Shopman:* Bon. Pour vous, ma suggestion est un bitterkit.

C'est très simple. Vous avez un petit barrel, un petit funnel, un petit sac de hops et malt, et voilà !

*Monsieur:* C'est tout ?

*Shopman:* Oui. Nearly.

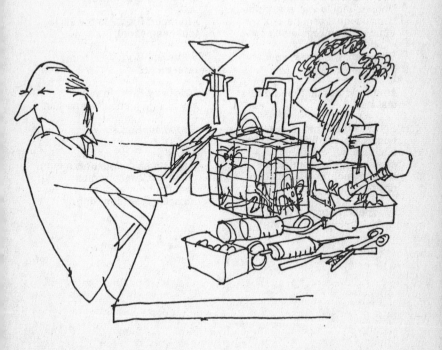

*Monsieur:* Et les labels, et les drip-mats, et so forth?

*Shopman:* Ah, monsieur, c'est une opération de marketing, tout ça. Nous sommes simplement un brewkitshop.

*Monsieur:* Hmm. Et la flaveur?

*Shopman:* La flaveur est délicieuse et traditionelle. Old Goat Pipkin de Tadcaster.

*Monsieur:* Je n'aime pas.

*Shopman: Vous n'aimez pas?* Vous tournez votre nez à Old Goat Pipkin?

*Monsieur:* Oui. Je préfère le keg. Le Reél Ale, pour moi, c'est un turn-off, un mish-mash de vieille végétation. Donnez-moi le vrai, pur, golden, translucent stream de keg. Vous avez un kegbrewkit?

*Shopman:* Monsieur, vous blasphémez.

*Monsieur:* Pas du tout. Je suis réaliste.

*Shopman:* Eh bien . . . Pour le homekegbrew, il faut un tank d'aluminium, des pipes plastiques, un scientiste en blanc overall, une laboratoire, des rats . . .

*Monsieur:* Pourquoi des rats?

*Shopman:* Pour des expériments horrifiants et inmentionables.

*Monsieur:* Bon.

*Shopman:* Et un fleet de tankers.

*Monsieur:* OK.

*Shopman:* Cela vient cher.

*Monsieur:* L'argent n'est pas un objet. Je suis un millionaire eccentrique.

*Shopman:* Ah, oui? Dans ce cas, vous voulez un disco? Des Envahisseurs d'Espace? Une machine à fruit?

*Monsieur:* C'est normal avec le keg?

*Shopman:* Oui, mostly.

*Monsieur:* Right. Je prends le tout bang shoot.

*Shopman:* Bon. Vous faites take-away?

*Monsieur:* Non. Je vais envoyer mon chauffeur ce soir.

———

*Shopman:* Bon.

*Monsieur:* Et donnez des instructions minutieuses à mon chauffeur, car c'est mon chauffeur qui va faire le homekegbrewkitmaking.

# Dans la Yacht Marina

*Yachtman:* Monsieur . . .

*Directeur de Marina:* Oui, monsieur?

*Yachtman:* C'est un emergency. Je suis perdu.

*Directeur:* Lost? Mais non, mais non! Vous êtes dans le HQ de Brightsea Boat Parc, la plus grand marina du Channel. Vous êtes sauf et sound.

*Yachtman:* Eh bien, oui. Ce n'est pas moi qui sois perdu. C'est mon yacht. Je suis dans une missing yacht situation.

*Directeur:* Ah, c'est tragique. Vous l'avez perdu dans un mid-Channel storm? Ou dans une rencontre avec un tanker Liberien, avec le capitaine prenant quarante winks et le crew tous drunk? En tout cas, il faut alerter le coastguard!

*Yachtman:* Non, non. J'ai perdu mon yacht ici. Dans la marina.

*Directeur:* Ah, quelle scandale! Un shipwreck ici dans ma marina? C'est la fin de mes rêves. C'est terrible. Je vois déjà les headlines: 'Wreck dans la Marina, Beaucoup de morts, Questions dans Parlement, Directeur en Prison, etc. . . .'

*Yachtman:* Mais non, monsieur le directeur. Ecoutez. Ce matin j'ai laissé mon yacht pour aller au shopping. Tous les essentiels basiques, vous savez—pétrole, gin, tonique, citron, cigares, aspirines, etc. Maintenant, je suis back. *Et je ne peux pas trouver mon yacht.*

*Directeur:* Un yacht-burglar, vous croyez?

*Yachtman:* Pas même ça. Le fact est, il y a roughly 10,000

yachts ici, tous roughly identiques, et je ne peux pas identifier *Daylight Snobbery*.

*Directeur:* *Daylight Snobbery?*

*Yachtman:* C'est lé nom de mon yacht.

*Directeur:* C'est un nom ghastly.

*Yachtman:* Oui, n'est-ce pas? Mais still et all, je veux le trouver.

*Directeur:* Donnez-moi une description et je vais regarder par mes binculaires. C'est une Contessa Trente-deux?

*Yachtman:* Rien de si élégant. C'est une Coast-Hugger 26, avec sails, mast, etc.

*Directeur:* Tous les bâteaux sont comme ça. Il y a des marques distinguissantes?

*Yachtman:* Non. Ah, oui! Il y a une femme en posture de sun-bathing. C'est ma femme.

*Directeur:* Ah! Avec un bikini encouleurs de supporteurs de Spurs?

*Yachtman:* Non. Avec un vieux one-piece noir.

*Directeur:* Je l'ai trouvé. Avec une grande mole sur l'épaule droite?

*Yachtman:* C'est ça!

*Directeur:* Votre yacht est dans Bassin 2, Row E, Gangway 4, Mooring 49a. C'est seulement un walk de 15 minutes d'ici.

*Yachtman:* Merci beaucoup, monsieur.

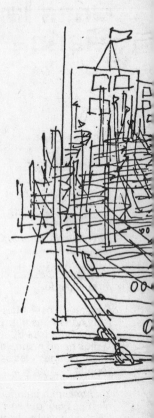

# Un Backword
## par LA PRINCESSE DIANA

Gosh. Well, c'est un moment nerveux pour moi.

I mean, au Mariage Royal l'Archbishop de Canterbourg m'a expliqué toutes les obligations d'une princesse. La Retraite Frappée, la posture, et so forth.

Et puis il a dit : "Oh, and les introductions de livre. Dans la Famille Royale, tout le monde écrit beaucoup d'introductions de livres. OK ? C'est facile quand vous avez le hang."

Well, gosh. Je ne suis pas votre actuelle femme de lettres. Je danse, oui, et j'aime les animaux et les enfants, oui, mais le *writing*. Ce n'est pas mon bag.

So, j'ai dit à l'equerry : "Look. Pour commencer, donnez-moi quelque chose de simple. Pas une énorme introduction. Mais une petite quote. Comme André Prévin et son 'C'est la plus grande picture dans l'histoire da monde.' Pour pratiquer, hein ?" ·

Et l'equerry dit : "Très bien, Votre Altesse Royale." (Il est très suave comme ça. Un vieux smoothy.) "Tenez, j'ai juste la chose ! J'ai une lettre ici de Monsieur Kington, qui produit une quatrième (4ème) volume de Let's Parler Franglais. Quatrième ! C'est comme une machine de sausage. Anyway, il demande s'il y a une membre de la Famille Royale qui peut écrire."

Ah ! Let's Parler Franglais ! J'adore ça. Mais un foreword, c'est long, n'est ce pas ? Et très sérieux ?

"Eh bien, Votre Sérénité," dit l'equerry. (Un peu excessif, je crois.) "Faisons une compromise. Un petit backword. C'est original, et vous aurez carte blanche."

Et voici mon backword. C'est déjà très long ! Mais c'était bon fun.

Et c'est Diana, par le way, *non pas* Di. Je déteste ce nom. Yuk.

Oh gosh, c'est *très* long maintenant. Je vais stopper là.

**(J'acknowledge l'assistance valable de l'Ambassadeur Francais avec les accents. Spelling et looking-up des mots longs par mon mari. Pour les fautes et erreurs, je suis seulement responsable.)**